吾 心 深 处

周丽萍/主编

东北师范大学出版社
长春

图书在版编目（CIP）数据

吾心深处 / 周丽萍主编. —长春：东北师范大学出版社，
2018.5

　ISBN 978－7－5681－4562－6

　Ⅰ. ①吾… Ⅱ. ①周… Ⅲ. ①小学教育－文集
Ⅳ. ①G62－53

中国版本图书馆 CIP 数据核字（2018）第 105220 号

□责任编辑：林炜明　姜学军　□封面设计：禹　思
□责任校对：林炜明　姜宛辰　□责任印制：张允豪

东北师范大学出版社出版发行
长春净月经济开发区金宝街 118 号（邮政编码：130117）
电话：0431—84568003
网址：http://www.nenup.com
南宁诚兴印刷有限公司
南宁市友爱南路 6 号
2018 年 6 月第 1 版　2018 年 6 月第 1 次印刷
开本：170mm×240mm　1/16　印张：17　字数：310 千

定价：69.80 元

编委会名单

主　编：周丽萍

副主编：范　红　郑胜梅　阮　健
　　　　黄焜华　劳颖明

编　委：（以姓氏笔画为序）
　　　　韦一菠　吴竹卫　张明来
　　　　张姗姗　唐莉岚　赖海芸
　　　　魏小方

序

凤翔路小学创建于 2011 年 8 月，"立君子品行，树君子风范"是学校的办学理念。为了发展好学校、培养好学生，我们着力于教师队伍建设。

在师德方面，我们引导教师尊重学生，关心学生。用智慧化解矛盾，用策略处理问题。用自我言行潜移默化地影响学生。

在业务方面，我们提供各种机会和舞台让教师展示自我，教育自我，塑造自我。每周晨会，由教师轮流做国旗下的讲话，旨在培养他们的胆量和表述能力；每周周三下午的学习，全体教师集体吟诵"教师君子风范养成十二项"，帮助他们养成君子核心文化素养；我们以年级组为团队做学校的新闻播报，锻炼教师采集、甄别、选择信息的能力；我们还采取个人讲故事的方式，让教师们分享工作中的点点滴滴、林林种种，促进教师自我反思，自我教育。

这本书讲述的就是凤翔路小学的教师内心深处的往事，或喜悦，或焦虑，或沉思，或欣慰……把他们工作中的喜怒哀乐汇集在一起，不仅是记录他们成长的经历，也是显露他们教育的情怀，更是留下他们生命的痕迹。

这是有关凤翔路小学的教师的第一本书，还会有第二本，第三本……因为他们还在路上！以此为序。

周丽萍

2017 年 7 月

目 录

小事不小 ………………………………………… 周丽萍（1）

宽容的魅力 ……………………………………… 范 红（3）

一张字条引发的思考 …………………………… 郑胜梅（5）

是我，让太阳从东边升起 ……………………… 容建军（7）

我最难忘的学生 ………………………………… 黄焕华（9）

柔和的力量 ……………………………………… 韦一菠（11）

爱的教育——做一名合格的人民体育教师 …… 张明来（13）

捧着心来，两袖清风 …………………………… 黄佳玲（15）

教育是什么 ……………………………………… 李 德（17）

不抛弃、不放弃 ………………………………… 阮 健（19）

那一摊油渍，给我的启示 ……………………… 唐莉岚（21）

不忘初心，方得始终 …………………………… 张姗姗（23）

人人都是美的风景 ……………………………… 劳颖明（25）

在细节培养中与孩子共同成长 ………………… 吴竹卫（27）

蜗牛的梦想 ……………………………………… 赖海芸（29）

甜丝丝的生爱 …………………………………… 杨玉萍（32）

爱的教育 ………………………………………… 胡 培（34）

合适的钥匙 ……………………………………… 何璐莎（36）

让爱如影随形 …………………………………… 侯秋帆（38）

慢慢靠近爱 ……………………………………… 黎思婷（40）

学会赏识，学会爱 ……………………………… 韦银燕（42）

用心关爱学生 …………………………………… 宁 倩（44）

养成读书习惯，培养君子品行 …………………… 陆伟琴（46）

把爱奉献给孩子 …………………………………… 陈　敏（48）

大朋友与小朋友 …………………………………… 黄显惠（50）

放下身份，放飞童真 ……………………………… 叶映娜（52）

每个生命都是惊喜 ………………………………… 欧　丽（54）

退一步海阔天空 …………………………………… 刘绪繁（58）

交朋为师是"益友"——把学生当朋友 ………… 李小花（60）

用爱感化，收获精彩 ……………………………… 李　璇（62）

用爱心和学生交朋友 ……………………………… 黄　蓓（64）

用心绘琼卷 ………………………………………… 余　鳍（66）

等待花开的日子 …………………………………… 王　俊（69）

倾听孩子说禅 ……………………………………… 李　玲（71）

梦想照亮现实 ……………………………………… 毕冬美（75）

让每一个孩子都精彩 ……………………………… 梁丽馨（77）

教育的力量 ………………………………………… 蒋婧怡（80）

赞美的教育，爱的教育 …………………………… 黄姆婧（82）

小荷才露尖尖角 …………………………………… 廖爱丽（84）

孩子，我送你的礼物是挫折 ……………………… 谢丽梅（86）

关爱学生，享受幸福 ……………………………… 顾　燕（88）

灿烂笑容背后的故事 ……………………………… 叶竹君（90）

教育如此美丽 ……………………………………… 汪　飞（92）

你是我的蓝天 ……………………………………… 祝丽丽（95）

发现孩子的闪闪星光 ……………………………… 李念英（97）

我的小太阳 ………………………………………… 庞博玲（99）

用爱滋润孩子心灵 ………………………………… 薄　艳（101）

月亮数不清 ………………………………………… 宋一平（103）

在细微中，多一些关爱 …………………………… 廖坤英（105）

关注细节，耐心陪伴孩子成长 …………………… 卢志葵（108）

留守儿童，我们共同的关注 ……………………… 苏青青（111）

老师妈妈 …………………………………………… 毛春灵（112）

微笑着走进凤翔 …………………………………… 黄梅春（114）

爱与尊重，是教育的底色 ………………………… 张世茂（117）

以学定教 …………………………………………… 刘海艺（119）

元气满满小幸福 …………………………………… 李　彬（122）

小李超人的陈年旧事 ……………………………… 曹雪梅（125）

2

摆渡人……………………………………………张桃花（127）

静待花开……………………………………………吴国娟（129）

用爱心打动学生……………………………………黄世优（131）

用我的爱与责任为你护航…………………………胡自如（133）

爱是孩子成长的原动力……………………………张德萍（135）

69人，一个不少 …………………………………蔡 雪（137）

让孩子学会感恩……………………………………陈海敏（139）

成为孩子前进的踏脚石……………………………谢书莹（141）

爱是沟通心灵的桥梁………………………………黄方欣（143）

教育路上的思考……………………………………何兰敏（145）

心守花开的时刻……………………………………阮金凤（146）

快乐的数学课………………………………………施彦虹（147）

做孩子喜欢的"她"………………………………宋婷婷（148）

一面红旗……………………………………………苏 燕（150）

教师的孩子…………………………………………韦小林（152）

只有爱孩子，才能教育孩子………………………黄文婷（155）

爱在校园里流动……………………………………黄祖美（157）

教师——用爱点亮学生……………………………林 湲（160）

幽默——学生快乐，老师幸福……………………李 彩（162）

点滴中的爱…………………………………………黄如意（163）

教师的爱……………………………………………吴飞霖（164）

鲜花怒放，百里飘香 ……………………………施 婧（166）

静等花开……………………………………………许怀东（168）

一个孩子是一颗花的种子…………………………麦晓燕（170）

用爱播撒希望………………………………………石 颖（173）

与爱同行……………………………………………刘晓霞（175）

赞美的力量…………………………………………杨秀敏（177）

做孩子成长路上的守护人…………………………梁 芳（180）

带着自己和孩子们一起成长………………………何桡迪（183）

倾听花开的声音……………………………………李伟英（185）

舞动的精灵…………………………………………李祉烨（189）

鼓励的魅力…………………………………………陆 健（191）

心灵的触动在科学探究活动中……………………韦杏婷（193）

选择了教师，就选择了一份以爱为主题的职业……黄帼贞（195）

言传身教，身教重于言传…………………………郭宣彤（196）

3

君子之花悄然绽放…………………………………… 蒋 茵 （198）

播撒七彩阳光种植美丽春天………………………… 滕 云 （200）

自信让美术课堂绽放………………………………… 莫媛媛 （202）

美术课堂融入赞美教育……………………………… 韦洁玲 （204）

爱的约定……………………………………………… 张 敏 （207）

关爱与认同伴孩子成长……………………………… 黄兴官 （209）

理解学生，做学生的知心朋友……………………… 杨 朗 （211）

理解与信任…………………………………………… 李钰谦 （213）

努力地做好每一件事………………………………… 许 敏 （214）

为教育梦筑力………………………………………… 黎 莎 （215）

我喜欢横着跑………………………………………… 魏小方 （217）

让学生都能成为课堂中的小主人…………………… 区雁燕 （219）

养成爱护环境卫生的习惯 ………………………… 容向军 （221）

展翅高飞的金凤凰…………………………………… 甘原芳 （222）

让爱伴君子同行……………………………………… 许琳欣 （223）

读孩子的书，走近孩子……………………………… 方 蕾 （224）

孩子，你的成长是我的快乐………………………… 劳东霞 （226）

让孩子在音乐课中感受快乐………………………… 王冬琳 （228）

无畏生长，继续前行………………………………… 韦 奇 （230）

让每一个生命绽放光彩……………………………… 谢欣澎 （232）

有趣的声音世界……………………………………… 韦依杉 （234）

"青"与"蓝"………………………………………… 任 媛 （236）

爱的行囊里，需要一把"戒尺"…………………… 罗 慧 （238）

创意之花遍地开……………………………………… 张 玉 （240）

共同成长，为爱起飞………………………………… 唐 琳 （242）

观察以及引导………………………………………… 农仙蒂 （245）

静待花开……………………………………………… 温欢欢 （246）

快乐的课堂…………………………………………… 李雨茜 （247）

温柔的力量…………………………………………… 冯 梅 （249）

教育随想……………………………………………… 刘春秀 （251）

讲故事在少儿美术教学中的应用…………………… 刘晓东 （252）

较量——平凡的教育故事…………………………… 陈国凤 （254）

守护天使……………………………………………… 包宇声 （256）

一把伞的关爱………………………………………… 容华珍 （258）

真心相待，教育之魂………………………………… 黄素飞 （260）

4

小事不小

周丽萍

人生有多种角色。我与学校的很多女教师一样，是女儿、是妻子、是母亲、是教师，与大家不一样的是我多了一个校长的角色。变换交织的角色，五味杂陈的感受，厚重了我人生，温滋了我生命。我给大家说的是校长与老师的故事。

2012年3月，我从南宁市逸夫小学调到凤翔路小学，成为了凤翔人。来到刚开办半年多的新学校，经过认真的研究和反复的思考后，我确定了学校的近期工作目标：常规管理求规范，队伍建设求发展，文化建设显特色。与此同时我也确立了自己的工作思路：安全第一，德育为首，教学中心。可喜可贺的是在一年多的时间里，在全体凤翔人的努力下，学校步入正轨，办学特色逐渐凸显，社会声誉逐步上升。但也出现了很多让人心生遗憾的问题，最突出的是家长频频告状。告学校、告老师，对此，老师们心中多有不平，我也愤愤不已。多年校长的经历让我冷静下来，换位思考，平心而论，这种种的告发其实都源于社会各界对凤翔这所新学校给予太大的期望、提出了太高的要求。如果我们每一位老师严格履行工作职责，模范遵守职业道德，负起应负的责任，担起该有的担当，家长们会理解我们，会支持我们的。因此，我下定决心，我必须带领班子成员从各个方面加强常规管理，规范教育教学，高标准严要求地完成教育教学任务，办出社会满意家长放心的学校。

4月25日早上，目之所及的一幕，让我处理得那么纠结，那么矛盾，那么隐隐作痛……

那天早上，如往常一样，我进入办公室就打开了窗户，从上往下望去：校门口学生蓄势待发；校门边家长隔墙守望；体育老师李玉谦正从校道走向篮球训练场，足球场上一帮男孩在踢球。此时，我习惯性看了一下时间是7时27分，哎！足球教练还没到位？再等等，我们要求老师是7时30分之前到位的。烧开水、洗杯子、开电脑之后我再次回到窗口，只见总务主任小方教练手摇口哨，不慌不忙来到足球场，我又看了一下时间是7时35分。这一看，我就生气了，生大气了，一线的老师能守时，为什么行政管理人员做不到？孩子在等老师，家长怎么看？但是只不过就迟到了5分钟，要不要说？什么时候说？怎样说呢？我犹豫！我纠结！我矛盾！心中翻江倒海！

面对守望的家长们，面对做操的孩子们，想着心中的责任，想着肩上的担当，我毅然决定：要说，要及时说，而且要把药下重一点——义正言辞地说。

老师跑完了步，学生做完了操，大课间活动进行到第三项——各班自行活动时，谢凯副校长把刚主持完晨练的小方喊到足球场旁的大树下。早已等候的我绷着脸，一字一句问他是什么时候到位的，而学校要求什么时间到位。他支支吾吾地回答了，紧接着我斩钉截铁地指出他刚才迟到的事实……虽然他承认迟到了，但我明显地感觉到了他口服心不服，脸上似乎写着——校长你有点小题大做吧！不就是迟到几分钟，值得这样吗？知道错但还没认识到错误的严重性，药到病未除呀！怎么办？治！继续治！

大课间活动结束后，我改变了先前的态度，平静下来，又把小方叫到办公室，从朋友角度，从管理角度，从家长角度，轻声沟通，细声分析。告诉他迟到的严重性：不仅是违反规定，而且没有以身作则，更严重的是让学生的训练没有保障，存在安全隐患。安全是生命之本，违章是事故之源，小事不小呀！他低下了头，沉默了，心中的不服和不满慢慢消失……

下午行政会，在会上我把小方迟到并已严肃批评的事通报给全体管理人员，再次要求大家以身作则，率先垂范。学高为师，身正为范呀！

下班回到家里，我的心情还久久平静不下来……

我的丝袜破了有老师赶紧送来新的，我身体不适有老师送来了国外的新药，我饮食口味重有老师送来自做的辣椒……而我呢，一次次去查岗，一次次去点名，一次次去批评人……这一份情这一份意换来的都是批评！我是不是太不近人情了，太不善解人意了，太苛刻严厉了……我爱凤翔的孩子，我爱凤翔的老师，因为深爱孩子而严格要求老师，因为严格要求老师而隐隐作痛。这隐隐作痛的爱让我陷于苦恼之中……

如果我不严格要求老师，老师就不会挨批，我不批老师，我心就不会作痛，岂不皆大欢喜一团和气，可是学生的安全谁保障？教学的质量谁保证？准备起飞的学生谁护航？一团和气下面埋着的是地雷！是炸弹！是隐患！这地雷，这炸弹，这隐患既会击碎一个美好家庭的梦，又会让渎职老师丢掉饭碗。孰轻孰重，我别无选择，因为我也要负起校长的责任，担起校长的担当。

甚感欣慰的是，凤翔老师没有因为挨批而耿耿于怀，没有因为挨批而消极怠工，没有因为批评而与我结仇积怨，相反的是他们不断修正自己，提升自己，还与我成了好朋友。这一来，我就不仅释怀了，并且甚为感叹。君子呀！君子之怀呀！凤翔的老师，谢谢你们的理解！谢谢你们的支持！我爱你们，即使隐隐作痛，我也深爱你们！

宽容的魅力

范 红

　　人是有情感的，孩子的成长需要爱。"爱是一种激情，更是一种能触及灵魂、动人心魄的教育过程。""无法引起人的共鸣，不足以震撼人的情感，那就不是成功的教育。"因此，一个合格的教师必须具有爱的情感，宽容的情怀，而这种情感应是一种发自内心的、毫不掩饰的真情。

　　学校的教育是对人的教育，应该把孩子看成是有血、有肉、有感情的活生生的人，他们是自己生命的主体，有被尊重、被理解和接受平等教育的权利，而教师应把握自己的角色和心理，以一种平和、宽容的心态来对待学生。这是爱的基础和前提。课堂上，我努力创设一种民主、和谐的学习氛围，激发学生学习的兴趣和热情，并使他们在学习的过程中有安全感，始终处于一种愉悦的情境中，最后达到获得知识和能力的满足。在学生讨论问题的过程中，我从不轻易否定一个学生的意见，特别鼓励他们提出不同的见解，使课堂始终保持一种热烈、轻松的学习气氛。

　　记得那是一节语文课，讲《桂林山水》。为了使学生能进入课文所描绘的情境中去，我引导学生一起想象，说："现在我们一起来到了美丽的漓江水畔。哎，那还有竹筏呢，大家快上去，我们来荡舟观赏漓江的美景……你们听，四周多静呀！只有微风轻抚耳旁；睁眼快看，透明的江水下，你看到了什么？"刚说到这，一个淘气的学生说："什么也没看到，就看见地板了。"全班哄的一下都笑了，学习气氛一下被破坏了，我当时心里很生气，精心准备的课被一句话全给报销了。但冷静一想，虽说是一句玩笑话，可不无道理，此时批评他情况会更糟糕，不如就势利导。我笑着对他说："你说的没错，我们现在脚下确实是地板，也许你还没有进入课文的情境中去，别着急，静下心来，试着感受一下，也许你会体验到些什么。"那个学生不好意思地低下了头。接下来的学习，他和大家一样学得很投入。这一周的周记，很多学生写到了这节课，都说他们感受到了桂林山水的美，这节课使他们很难忘。我想，学生们难忘的不仅仅是课文中语言文字的美，更重要的是感受到老师的那份宽容和理解。

　　还有一次做单元测试卷，我发现由于学生刚升入高年级，理解能力还不很强，阅读短文时有许多学生还读不懂题，愁眉苦脸地发愣。我就让学生放

3

下笔，带着他们一步一步读题、解题，引导他们思考。学生们茅塞顿开，高兴地做起题来，就连能力不强的学生也露出了笑容。下课了，学生们感慨万千，围着我说："考试的时候老师不但不盯着，还带着我们做卷子，这还是头一次遇见，让我们消除了恐惧感，您这样的老师真特别。"在他们需要的时候，扶他们一把，也许有时不合常理，可收效却是意想不到的。

爱，不仅是教育的手段，更是教育的目的。学生在尊重、理解中，学会的应是尊重、理解他人，在被爱和宽容中学会的应是爱他人、宽容他人，爱周围的一切，这是教育最终要达到的目的。但是，小学阶段的学生认识事物的能力还不完善，缺乏社会经验，各方面都处于形成阶段，这就需要教师在教育的过程中，充分发挥主体作用，引导学生去学会理解爱、体验宽容，进而付出爱。

有一次，上语文课，我给学生听写字词，随意请了两位同学在黑板上听写。听完后，发现其中一个孩子有许多错别字。这时，下面的学生纷纷举起了手，有的说他的这个字写错了，有的说那个字写得不够规范等等。那个学生红着脸低着头，我意识到如果此时处理不好这个问题，对他的心理会产生不好的影响。我问那个学生："小杰，你知道自己的字写得不好吗？"他点点头说："知道。"我紧接着问："那你为什么还敢举手上来写？"他想了想说："我当时什么也没想，觉得自己会就上来写了。"此时教室里一片寂静，我把目光转向大家，笑着问："你们还发现小杰有什么特点？"同学们似乎明白了些什么，有的说他很勇敢，有的说他很坦率……我接着对小杰说："你看，大家都在夸你呢！其实，刚才同学给你提出的意见也是善意的，对吗？"此时，同学们的脸上都洋溢着微笑，课堂上充满了温馨和谐的气氛。

由此看来，无论在课堂上还是在处理学生问题的过程中，教师对学生采取宽容、理解的态度，多站在学生的位置上，设身处地去体验、理解学生的各种感受，就会使师生间的距离拉得很近，关系就会更融洽，师生间也一定会创造出一种美好的境界。

人们常说："孩子是父母的影子，学生是老师的影子。"把学生教育成什么样的人，很大限度上在于教师本身。"教育是民族的基石，是青少年成人成才的保障，也是教师成就自我的事业。"只有"教师实现人生价值，创造人生辉煌，才能有效地带动学生走向成功，实现梦想"。

一张字条引发的思考

郑胜梅

六月的一个星期二，例行的行政听课，我来到四（2）班听英语复习课。还没上课，李老师已经来到教室了，她已经板书了很多 english，都是我不认识的。上课铃响了，学生陆陆续续坐下来，开始做上课的准备。第一组的一个男孩子引起了我的注意，他不停地向后面张望，还做着鬼脸，仿佛在挑衅着谁，很显然，不是我。我刚想看看他在挑衅谁，他又从座位上站了起来，窃笑地跑了过来，绕过我的面前时，我对他说："上课了，回自己座位吧。"他仿佛没有看见我，也没有听见我说话，径直跑到教室后面，在一个学生的背后拍了一掌，又心满意足地跑了回去。就在一瞬间，刚才被拍的学生愤然而起，冲到了他的面前，两个人开始扭打起来。

十秒钟过去了，半分钟过去了，一分钟也过去了，他们显然没有要停下来的意思。教室里开始哄笑起来，我坐不住了。为了保证学生能有序地上课，我走到他们跟前，把他们带出了教室。带出的两个孩子，面目截然相反。被拍的那个报仇了，很平静，一副死猪不怕开水烫的态势；挑衅的那个反而很激动，仿佛受到了莫大的侮辱，青筋暴露，不停地喘着粗气。我询问了事情的过程，平静的那个较为配合，把事情简单的经过告诉了我。挑衅的学生名叫李桂丹，他将同学们写的一张字条"我是痛不欲生"贴到了陈誉升的背上，陈誉升发现后就过来找他算账了。为了不耽误上课，我让冷静点的陈誉升回到了教室。没想到李桂丹不干了，哭闹起来，还把他刚才捡起的字条扔在地上以示反抗，并仇恨地看着我，说："他是什么东西！""你凭什么管我！"我对他说："不管他怎么样，至少他现在冷静了，这件事上，你是有错的。你应该认识到，上课了去做这种玩笑也好、挑衅也罢的事，都是不对的。"他不听，还是继续不休地质问我。我见他如此横蛮无理，也严厉地说："我凭什么管你，你是凤翔路小学的学生，我是凤翔路小学的老师，你说我能不能管你？"他的气焰一下子就消了一半。虽然他不再争辩，但他应该也不会轻易服软，我就简单地讲了点道理，对他说："如果你觉得我说的有道理，就把扔的纸条捡起来丢进垃圾桶，回教室上课吧。我相信你有勇气承认错误。我保证不向你们班主任告状，请你也不要把我们的谈话说给别人听。"他想了想，好汉不吃眼前亏，按照我说的，终于回教室了。

事后我和班主任王老师聊起了这件事，王老师告诉我，李桂丹家庭有些问题，他个人脾气很急很躁，很调皮，自尊心也特别强。他的学习成绩还不错，所以看不起陈誉升。我们觉得不能再在班上就这件事批评他，很多道理他慢慢会懂，多给他一些克制自己的机会锻炼，给他一些等待的时间吧。

我一直觉得这件事处理得还不错，首先能压制住他的嚣张气焰，其次告诉了他就事论事的道理，最后也尽可能地维护了他的自尊心。直到有一天，我和李老师谈起这件事，李老师告诉我：李桂丹为此事郁闷了很久，觉得自己在同学面前抬不起头来。我一听，心想，麻烦了。后事还是没有处理好。

一张字条，一个教学事件，一名尚在迷茫中的孩子，引起了我的思考：

思考一：这一张字条是众望所归吗？李桂丹的一句"他是什么东西"透露出什么？陈誉升在班级得不到认同吗？

思考二：作为行政人员，看到孩子们上课不能进入状态，我应该怎么处理？带学生出教室的行为是"磨刀不误砍柴工"呢还是影响了老师正常的课堂教学？

思考三：除了影响学习外，班级里的学生会如何猜测这个孩子在我这里受到的待遇？（主要是批评）同学们会如何看待他？这应该也正是李桂丹郁闷的原因吧。

思考四：如果当时的情况重演一遍，我应该如何处理才妥当呢？

思考过后，我终于知道，我当时的处理仅限于消防员的灭火，仅限于医生的手术，至于火场的收拾与重建、病人的护理与康复，都被我忽略了。如果我当时能和班主任联合起来，在班级里议一议、辩一辩，孩子自我成长的力量出来了，他的内心才能平和地接受同情、理解、建议和意见。于李桂丹来说，他不会因为被我批评而被同学猜测和瞧不起，于陈誉升而言，他也可以因此感受到自己在班级的状态，在各种不同的声音中找到真实想做的自我。感叹人的工作，永远不是一个"理"字所能解决的，它需要被关注，被重视，被认同，被接纳，才能产生向上的力量，支撑自己不断修正自己，不断向上向前。

路曼曼其修远兮，吾将上下而求索。一个个生动的故事，一次次深入的思考，引领着我不断前行，上下求索。感谢孩子们，感谢你们的生命状态，同时祝福你们，在一次次的事件中，能遇到智慧的老师引领着你们，期待你们的生命终有一天如花绽放！

是我，让太阳从东边升起

容建军

人人都说"老师苦，老师累，每天吃啥都没味。"在我国古代就有"家有五斗米，不做孩子王"的说法；而现在对老师的诠释就更加明朗了，有条手机短信这样写的："小时候把 English 这个英文单词念成'应改历史的'，长大后当了领导；念成'应该累死'的，长大后就成了老师。"我已经忘记这个单词当年我是怎么读的，但长大后，我还是成为一名光荣的人民教师。确实，做一个老师挺苦挺累的，做一个好老师就更苦、更累了，但我们既然选择了这个职业，只有默默地、好好地工作。做好了，孩子会记住你一辈子；做坏了，孩子也会记住你一辈子。

记得有一位专家，在培训会上曾经讲过这样一个小故事：一位老师过世以后，被打入第 19 层地狱，他也知道地狱只有 18 层，为何自己却被打入第 19 层？一天，他跑到阎王那里告状："阎王，我生前是一名老师，难道比住在 18 层地狱的屠夫罪孽还重？"阎王说道："人家是拿刀杀猪，你却是用嘴杀人。"

听完这个故事以后，我对老师这个职业有了新的认识。时刻铭记这么一句话：教育无小事，教师无小节。

在我自己身上，也发生过这么一个故事：新接手的一个班级，刚教学完"位置与方向"这个知识。之后，我布置了这么一道练习题：太阳从（　）边升起，从（　）边落下。有一同学他是这么填的：太阳从（西）边升起，从（东）边落下。改到他的作业，我血压顿时急剧上升，后来我还是极力地控制着自己的情绪。第二天上课，我决定就作业的问题，对他进行提问，没想到他的回答和作业上写的一模一样。

我没有就此罢休，从讲台慢慢地走近他，给了他一点点的思考时间，再问道："请你再想一想，太阳从哪个方向升起的？""西边。"他还是这么回答我。我还在极力地引导他："你确定？"他很肯定地说："西边。"全班的同学再也无法忍受了，笑的笑，跳的跳，也有拍桌子的。

我站直后，深吸一口气，平复了激动的心情，回头走向讲台。没曾想学校巡堂的领导已站在教室的前门，相信她也看到了此番情景，看着巡堂领导面带微笑地转身离开，我百感交集，等收拾完心情，继续我的课堂。

　　课后，我找到了他，再次把这个知识和他进行讲解。显然，他当时已经理解了。可没曾想到，单元测试时，他还是执迷不悟，坚持自己的内心深处的真理："太阳照常从西边升起。"

　　怎么办？我坚信有这么一句话："办法总比困难多。"通过观察和了解，发现他特别喜欢音乐。为此，我找到他的音乐老师，了解了他的一些情况。音乐老师很肯定地说："他是非常喜欢唱歌，也特别爱听音乐，就是五音不全。"此刻，让我想起了赵本山小品里的一句对白："人家唱歌要钱，他唱歌要命！"音乐老师也默认了我的这个说法！

　　他的兴趣是找到了，但问题是音乐和数学的这个知识有何关联呢？果然，皇天不负苦心人。可算得上是"山穷水复疑无路，柳暗花明又一村"。当时，学校准备举行一次唱红歌比赛。广播室利用课余的时间连续播放一些耳熟能详的歌曲，有两首曲子顿时深深地印在我的脑海里。《东方红》里有这么一句歌词：东方红，太阳升……《弹起我心爱的土琵琶》里有一句歌词：西边的太阳快要落山了……这可谓是：众里寻他千百度，蓦然回首，那人却在灯火阑珊处！

　　到了周五，我找到了他，给他布置的作业就是回家学会唱完这两首歌曲。没曾想，星期一刚开完晨会，他主动找到我。自信地说："容老师，你让我学的那两首歌我全会了，唱给你听听。"当时，我迟疑了一下，最后还是冒着"生命的危险"听他唱完那两首歌。歌词一字不差，只可惜在调上的，就没几个字。

　　通过交谈，他也明白了我让他学会唱这两首歌的目的。从此以后，关于这样的题目他再也没错过，只要稍有些模糊，他就会哼着这两首小曲，自信地答道："太阳从东边升起，从西边落下。"悬在我心里的一块大石头终于落下了。

　　每一个为人师者，放弃了一个孩子，可能会减少你的工作压力，但你放弃的却是一个孩子的美好未来，留给自己的也将是一个永远的遗憾！

我最难忘的学生

黄烺华

就在两个月前，应一些旧同事之约，到了原来学校旁边巷子的一个小饭馆吃饭，小饭馆不大，进去后我们就坐在临街的一个包厢里，然后就低头看菜单点菜了，没多久，突然旁边的朋友大喊，嘿，黄烺华，你友仔找你了。我一抬头，看见在临街的大落地玻璃的外面，有个人手舞足蹈地拿着两瓶啤酒在向我飞舞着，已经笑得见牙不见眼了，那熟悉、灿烂、纯真的笑容硬生生地把我的思绪拉回了十几年前。

那是 2003 年的一个下午，我在学校门卫室旁边出板报，当时的板报还是比较原始的，是用粉笔在黑板上写和画的那种，旁边有个老师和我在一边闲聊。突然旁边多了一个矮小的身影，我一看，那可是我们学校的"名人"，五年级的，是个智商发育缓慢的孩子。旁边的金老师就逗他："阿富，你在这干吗？"阿富指了指板报说："漂亮！"得到了表扬，我很开心，刹那间对面前这位脏兮兮的小孩有了一丝好感，接着金老师又问："阿富，你最喜欢哪个老师？"阿富回答说："我喜欢朱老师。"朱老师是他的班主任，"那你喜欢我吗？""喜欢，""那你喜欢这个黄老师吗？"金老师指了指我问，我见提到了我，就停下手中的笔笑眯眯地看着他，希望得到他肯定的回答，但他半天不吭声。金老师又追问了："说啊，你喜不喜欢黄老师？"他还是没回答，但身体慢慢地退到黑板的后面，只露出半个头。"说啊，到底喜不喜欢黄老师？"只见他露出的半个头摇了摇说："不喜欢。"金老师这回来劲了："为什么不喜欢？"只见他犹豫了一下，从牙缝里挤出了一句："长得难看多。"说完撒腿就跑，突然我感觉像掉进了一个冰窟窿，冷飕飕的，而旁边已经响起了上气不接下气的大笑声。从此以后，我认识他了，他也记住我了。

说来也巧，没过多久，由于一个女老师休产假，我负责接他们班的美术课。有一天上课，在众多学生中发现了一个熟悉的面孔正咧开大嘴对着我笑，原来是这家伙，我寻思着等会再修理他。但慢慢地我发现，整个上课过程中他都笑眯眯地听着、看着，做作业的时候也很认真努力地画着，虽然我看不懂他画什么，但我知道，这是他内心想法的表达。看着他的作业，我不由得为自己的小气惭愧起来。经过一段时间的接触，从班主任和同学们的嘴里了解到，他是因为小时候的一场高烧造成了现在智商发育缓慢这种情况，成长在一个单亲家庭，妈妈在离学校不远的地方开了个小卖部。经过专业鉴定，他这种情况又不至于到特殊学校去，所以一直都跟着大家一起上课，但上课时总是坐不住，都是东惹西逗的，缺乏自控能力，所以同学们都不喜欢跟他玩。

有一天，我上完他们班的课回到办公室，刚坐下来，就发现他在门口偷看着，我就说"阿富，过来。"然后天南地北地神侃了一番，临去上课前，还把学校早餐剩下的蛋糕给他，他手舞足蹈、一蹦一跳地走了。从那以后，经常在下课的时间都见他在我办公室旁边徘徊、玩耍，我也时不时地拉上他闲侃着，甚至他在被同学欺负时还拉我帮他出头，然后我又经常给他些小玩意、小零食，有时还从家里专门带去给他，老师们都知道他是我的小友仔，当然也耳闻了他给我的那段"惊世骇俗"的评价。就这样时间过去了一年多，他小学毕业了，我也慢慢地淡忘了这个学生，直到两个月前发生的这一幕。

对于这个学生，我改变不了什么，但我希望我的出现能给他一些美好的回忆，同时他已经给了我一段难忘的记忆。

柔和的力量

韦一菠

凡是和我搭过班的老师都说，你声音不大，人也不凶，用什么方法能让课堂那么有序，学生们都很喜欢你呢？其实我的方法是我深知柔和的力量。

我将这个方法归纳为柔性教育，我理解的柔性教育是一种有弹性的、灵活的教育方式，是润物细无声的美好境界。泰戈尔告诉我们，鹅卵石的光滑，不是因为锤的敲击捶打，而是因为水的轻歌曼舞。柔和，是一种力量，柔和，是一种风格，更是一种境界。

声音柔和了，学生喜欢与你交流；目光柔和了，学生乐意和你亲近；表情柔和了，学生敢于跟你交心。

我遇到过形形色色的潜能生，我知道对这样的学生如果采用一种简单、粗暴的方式，或许会在短时间内形成一种震慑，但是，学生情感的大门，也会在瞬间封闭起来，所以，我会尽量树立一个善良真诚而有才华的老师形象，让他们觉得我值得信任与尊重。我从不当众呵斥孩子，喜欢轻轻耳语，每个进步都夸大赞扬，我不是班主任，却常常有孩子愿意找我谈心和解决事情……当学校里一个自闭症的孩子叫了我5年的妈妈，当一个暴躁的孩子能平静地处理与同学的矛盾，当一个散漫的孩子能安静地拿起画笔，甚至能创作作品参加比赛时，我意识到柔和有时比风暴更有力量，来凤翔后我花时间和精力最多的就是这位：升升。

初次见面，他的言行与举止绝对会直敲你的神经，第一节美术课他就让我傻眼了。按照我一贯的套路，在初次见面介绍自己时，我总会快速地在黑板上展示一下自己的画艺，然后在同学们一片惊羡的眼光和热烈的掌声中，告诉大家如果能认真听课与练习，很快咱们班一定会有很多比老师画得还厉害的人，大家听了，掌声更大了。课继续进行着，当我示范画的时候，突然扭头发现旁边多了一个男孩，镇静自若地拿起笔在黑板上画妖魔鬼怪，见我瞪着他，他更提高了嗓门让同学们照他的画，他是画画天才。尽管一肚子的气，但我尽量维持镇定地说小升同学确实是个天才，把人画得那么与众不同，等会大家在完成老师的作业后，有时间也可以按照他的画，看谁能超过他。从此我记住了他，一个多次转学，父母头疼，老师避之不及的学生。在以后的上课中，几乎每节课我都给他特例：最初的一个月每节课他都要跑到讲台，在我的示范画旁边加上他的画，我说画得非常好，如果能把线条表现得更流畅些，老师就号召同学们照你的画，他马上就改。画画时从来不带学习用具，我从家里特意把我的美术颜料剪刀和打印纸带去，几乎在他嚷嚷着没有工具的时候，我总说：今天小升同学除了不带用具以外其他都表现很好，老师给他奖励画纸。他作画速度特别快，画面潦草，我特意和他说放慢速度，仔细作画，因为老师要把你的作品拿到其他班去做样板。所以每次他都乐颠颠地把他画的画交给我，至今我桌面上课本里放的夹的都是他的作品。如此两个月后，终于有一天，当我讲完课后习惯性地叫他上来拿用具，他大声地说："每节课都让老师帮我准备用具，我不好意思了，我已经自己买了也带来了。"

学期过半，我更是用上了我的绝招：选他做美术班长，并认真的在全班说出理由：他的画很独特，他嗓门很大，便于管理纪律，他的记性很好，可以提醒同学们带用具等等，在大家的惊诧中，他喜滋滋地上讲台管起了纪律。有一天，他跑来告诉我，说他想报名参加美术兴趣班，我高兴地鼓励他好好学，并提出建议，说要推荐他的画参加明年的全国书画赛……在一次次的近乎放弃原则的宽容中，在一次次的鼓励下，他的画越来越完整，色彩运用越来越成熟，上学期期末时，我在他们班举行了一个小型颁奖仪式，他获得的是全国绘画三等奖。那一天他很激动，很兴奋，话一直说不停，能够让这样一个孩子拿起画笔画画，并且能够参加比赛，并且能够获奖，我觉得骄傲……

我不能说对他们的教育是成功的，但是我认为是有效的，其实这个方法很简单却不容易做到，那就是耐心，再耐心。智慧，再智慧。因为我眼中的柔性教育，建立在以智慧为前提的条件下，要不教育将会是苍白无力的唠叨和泛滥的廉价表扬。只有成长自己的内心，才会在不经意间收获柔和。

爱的教育——做一名合格的人民体育教师

张明来

　　我从 2009 年 8 月参加工作以来，一直担任小学体育教学工作，通过自己几年的工作实践，我觉得在小学体育教学中应该注重游戏教学。爱玩好动，是儿童的天性，兴趣广泛，好奇心强，常常以直接兴趣为动力，这就要求体育教学应从学生的情趣特点出发，采取灵活多样的形式，寓教于玩，这样既能增强学生参加体育活动的兴趣，又能在娱乐游戏中体现体育教学内容，达到体育教学目的。

　　游戏是体育教学中运用得比较多的教学方法之一，尤其在低年级的课堂教学中采用得更加突出，为了更好地调动每个孩子的学习热情，我每次都融入游戏中，比如：老鹰捉小鸡的游戏中，我有时扮老鹰，有时扮母鸡；人、虎、枪的游戏，开始我很喜欢把孩子们定为一队，我是另一队来集体参与游戏；在大渔网游戏中，我有时当渔网，有时当小鱼来组织游戏。在各类比赛的游戏中，总帮助孩子们想一些方法来激发小组的积极性，不管孩子取得怎样的成绩，我都和他们一一击掌祝贺，让孩子们从成功的瞬间起就感受乐趣。

　　小学生正处在长身体的时期，他们活泼爱动，很喜欢体育课，乐意参加体育活动。体育教师应抓住这个时机，为他们身心的健康发展打好基础，兴趣是最好的老师，它可以使学生全身心地投入某一项活动中去。每一个体育老师都希望在自己的课堂上学生能够积极的投入学习中去，认真学习技术动作要领，跟着老师的思维和示范一起学习。体育课是室外课，室外课和室内课一样我们都要强调纪律和安全性。有人认为练习是按秩序有序进行，其实不然，现实中的体育课的课堂纪律与练习的实际情况不是那样理想化的。记得有一次上接力课，上完后还有多余的几分钟，我就把男、女分成两大组进行接力游戏，首先是我示范了一下，然后再简单讲解了一下打野鸭的游戏要求，接着就让学生分组参与了，当我宣布游戏可以开始的时候，好多学生就傻眼了：老师，怎么玩？打谁呀，往哪里打呀，打完的鸭子怎么办呀？一大堆规则我和他们白讲了，无奈，我得重讲一次。在我再讲的时候，我发现：队伍很凌乱，很多学生在私底下开小差，反正就没有听我讲。看到这种情况我很生气，他们也太没组织性、纪律性了，如果其他学生都像他们一样，那课堂纪律不就乱套了。于是我集合了队伍，想批评他们，找出违反纪律的学生。可一想还是先调查一下原因吧！当我了解情况后，改变了初衷。原来好多同学都参加了学校的足球联赛，基本上每天一场比赛，把他们累倒了。所以上体育课都不想跑动。在了解情况之后，我集合队伍，开展了一堂主题为"学会放松身心"的放松课，在课后我又安排了 4 节身体放松操。

通过这个案例，我课后也写了一些教学小结，我们体育教师在安排教学任务时候要了解学生的身体状况，包括健康、兴奋、疲劳等方面，在了解学生的情况之后再安排教学任务，力求做到以学生为本。还有，体育课不仅仅是简单的体育训练，身体健康目标只是我们教学的一部分，我们还应把体育课和思想开导疏通相结合，培养学生坚强的意志，吃苦耐劳、顽强拼搏、积极向上的精神品质。

教师在教学中应想方设法为学生提供自主学习的机会，但也不能忽视学生的需要和情感的体验，使学生在教师的引导下潜移默化培养自主学习的能力，使学生的身心得到全面、协调的发展。教师要根据教学内容设计教法，要有选择性和针对性，常变常新，始终吸引学生的学习兴趣。并且多让学生谈感受，大胆地说出自己的想法，让我们每一位学生都能成为新课堂中的小主人。

总之，苏霍姆林斯基说过：成功的欢乐是一种巨大的情绪力量，它可以促进学生好好学习的愿望，无论如何不要把这种内在的力量消失，缺少这种力量，教育的任何巧妙措施都是无济于事的。所以不管采用什么方式教学，我认为最主要的就是要理解、尊重学生，以学生为主体，善于发现他们身上的闪光点，让学生的特长得到充分的发挥，这才是最成功的教学。

捧着心来，两袖清风

黄佳玲

事情要回溯到 2015 年冬天。

已经是学校教导处主任的我，有幸参加了市教科所组织的全市中小学教导主任培训活动。教科所戴启猛所长给我们上的第一课，讲的就是《我们的新生代》。通过一幅幅图片，让我们看到了一个个可爱且有个性的孩子，他们不害怕失败，不害怕挑战，勇敢地面对生活。这一幅幅照片，让我想到了我的女儿。她入学时，还不满六岁，一个稚嫩的女孩，睁着一双纯净而懵懂的大眼睛，背着比自己还大的书包，来到了校园里——什么也不懂的她，幼稚，天真。不知道作业是什么，每天天真浪漫地生活着。所幸，我以一种欣然的心态来迎接她每天的成长和变化。没有去束缚她，也没有强迫她，而是陪伴着她，与她一起成长。所以，她健康成长，更加自信飞扬，更加勇敢坚强。

所以，我们该以一颗怎样的心来教育学生？来热爱他们呢？

从学习中，我感受到：热爱学生包括尊重信任学生、关心爱护学生。对性格孤僻的学生，更多给予热情帮助。坚持与学生平等相处，鼓励他们谈自己的想法，尽量使师生之间形成一种交流的习惯。只有当学生接受了你，才可能以主动的态度接受你的教育。科学施教同时要求教师不断地完善自身、提高业务水平、扩大知识面。教育是一项高难度的工作，要做好它，十分不易。但我相信，只要乐岗敬业，定会有所收获。

回归教学，有一件事情，令我感动。

我刚刚接手了一个新的班级，有一群淘气的小男生，和一群可爱的小女生。他们是那样的平凡，朴实，家长对我的工作也是那样的支持和配合。可唯独有一位学生，她的表现让我觉得很不可思议。

她叫赵屿茵，父母都是消防支队的干部，父母的学历都很高，可是从茵茵的外表，你丝毫看不出，她是生长在高级知识分子家庭。头发凌乱，衣着不整——她的学习与她的外表一样凌乱。作业经常不交，交上来也是只写一部分的。为此，我没少与她的妈妈联系。问题就出在几次沟通当中，她的母亲对于她的表现毫无感知，一副无所谓的样子，直白地告诉我：老师，我不管她的学习，她怎么样就怎么样。

这还不是最气人的，最气人的是，她还在别的家长那里这样评价我：这些老师不就是为了绩效嘛?

我们的努力和付出，在她的眼中，就只是为了那份工资！听到这些话，我的心凉了，我们关心孩子，是出于我们的责任，不是为了所谓的名声，更不是为了钱！钱可以买到的是物质，却无法买到人心。

我本想放弃茵茵，可是，转念一想我们当老师的，不就是为了孩子，为了祖国的明天吗？于是，我当作听不见，不知道，继续认真地教育茵茵，继续严格要求她，她做得不好的地方，一次又一次地与家长继续联系。你想你的，我做我的，我要用一个党员的情怀来证明，我是当之无愧的老师！

功夫不负有心人，一年下来，孩子的小脸干净了，衣着整洁了，作业也开始能够按时完成了。我觉得，这就是一个教师的幸福。我们教书，为的是自己的承诺：捧着一颗心来，不带半根草去。

教育是什么

李 德

当听说要参加学校教育故事演讲比赛后，我就一直在想我的教育故事要说些什么，我想和老师们分享怎样的一种心得体会……在倾听前面大家的演讲比赛时，我不由自主地走进了老师们所描述的世界里，在这一个个不同的"世界"中，我被大家的故事逗乐了，被大家的故事感动了，被大家故事中提出的困惑难住了……我不由得思考："教育是什么?"

教育是什么?海德格尔认为教育是"在路上""在旅途中"。的确，教育虽然具有永恒性，但教育在时间中流淌，具有未成性，更具变动性。

我们要明白教育不是升学，而是使学生通过教育达成幸福。教育不是训练，教育是生活，是创新。在训练模式下培养出来的学生很可能会成同一模式的制成品，那是非常可怕的一件事儿。学生的创新能力是训练不出来的，它是教育引发的结果。所以在数学课堂中，我喜欢创设一些情景，为学生提供一个敢于发表意见、敢于质疑问难的宽松环境，让他们从中提出问题，然后自己尝试去解决这些问题，"启发引导"是我教学中必不可少的"杀手锏"。因为，教育不是管束，是唤醒，是发现。其实孩子们对知识暂时的不理解、不掌握也是正常的，每一个孩子都不一样，只要明白了这一点我们的心态就能放得平稳一些，处理问题时也可以避免一些过激的事情发生了。当然，说着不难，但要做到这一点确实不容易，我也正在努力!在教学中，我会尽量根据孩子自身的潜质和能力去给他们各自定不同的要求：学习接受能力快的孩子，我会鼓励他们担任班上"聪明角"的出题小老师，从课外数学书籍中拓展自己的知识面；成绩中等的孩子，我会让他们担任班里的数学组长、四人小组的组长等小班干，让他们从工作的责任中找到学习的自信；学习接受能力慢的孩子，我会在课堂中把简单问题回答的机会让给他们，只要他们不惧怕学习数学，这也是一种教育的成功……孩子们是一个个鲜活的生命体，所以作为教育者我们的教育方法也要不停地根据孩子的需要而转变!

2011年，我来到凤翔路小学，11月接手现在的六（1）班（也就是原来的五（1）班）。班上的孩子来自于各个不同的学校，学习习惯千差万别。让我印象最深的是班里一个叫莉的小胖姑娘，刚接班时她的数学成绩比较差，听同学们说她在原来的学校从来不听数学课，上课就睡觉。但她是个热情的孩子，特别可爱。我刚接班，她就很爱黏着我。在课间，我与她开玩笑，"莉，听说你在原来的学校一上数学课就睡觉，不会是真的吧?""是呀，我听不懂，闷死了，就犯困。呵呵。""咦? 我的数学课上，你很积极啊! 李老师上得这么好吗? 你都听懂了?""听不懂! 但我喜欢看你上课，嘻嘻。"我顿时无语，只能感慨："活得单纯，才快乐!"可能与我的性格有关，我对孩子的发展一向采取"慢慢来"的态度，对于莉的表现我并不着急。只是上课的时候，我会点她起来回答一些简单的问题用以提神醒脑，以防止她对我的"审美疲劳"。渐渐地，我发现她不再是因为单纯地喜欢我而听数学课了，而是真的因为对数学学科里面的知识感兴趣而积极思考，她有了很大转变。学期期末我和班主任黄老师一致同意颁发给她学校的学习"进步奖"。从这段教育历程中，我体会到两点：第一，孩子学习的好习惯一定要从一年级好好抓起，错过了黄金期确实是会造成孩子学习的缺失。第二，和孩子建立友谊，不用着急，慢慢地让爱从"心"开始!

叶澜教授指出，我们这二十多年教育最大的失误在于，我们忽视了具体的个人。而这个"具体的个人"可以理解为：教育不仅需要思考大问题，教育更需要在小事上持续、耐心地努力；教育不仅需要智慧和艺术，教育也需要耐心。

教育是什么? 我欣赏这样的说法："教育，是一种慢的艺术。慢，需要平静和平和；慢，需要细致和细腻；慢，更需要耐心和耐性。"教育，作为一种慢的艺术，尤其需要合理地对待学生的不足缺陷甚至错误。每个人的成长过程，就是点滴错误、点滴成绩、点滴感悟积累而至质变的过程。这个过程中充满着跌下去和爬起来。他一跌倒，你就去惩罚他，而不是等待他、鼓励他自主地站起来，那他也许会耍性子，干脆不起来，等着你来拉扯他。对学生来说，错误是什么? 错误是一种经历，错误是一种行为，错误是一种认识的暂缓，错误是一种履历性的成长资源。学会使用这种不可再生的资源，需要教师发挥慢的艺术。

老师们，在你们心里，你们认为教育是什么? 观点不同没有关系，只要我们都能用心思考，我想我们凤翔路小学的孩子都将会是幸运的! 我们的教育都将会成功的!

不抛弃，不放弃

阮　健

　　"不抛弃，不放弃"源于电视剧《士兵突击》中的一句台词。"不抛弃，不放弃"在电视中最主要的体现者是"钢七连"的班长史今，史今为了当初对许三多父亲的一个承诺，也坚信许三多是一个好兵，有着平等的尊严和受尊重的权利，因此，无论在任何时候，对许三多都不抛弃，不放弃。

　　看着电视剧中的主角"史今"和"许三多"，跳入我脑海的却是我和我的学生梁文坤的点点滴滴。

　　梁文坤，是2004－1班的一个男孩。说起他，全校师生可以说是无人不晓：刚入学时，他不是把学校的设施拆个支离破碎，就是把其他同学戳个头破血流……上课，不是满地打滚，就是咆哮课堂；至于读书、听课、写作业对于他而言，更是天方夜谭……面对老师的批评，他不仅不屑一顾，恼了，他还顺势给你一拳，帅哥班主任——覃老师，就享受过这样的待遇！最后，大家都无奈地叫他："坤哥！"

　　面对孩子们的告状、任课老师的投诉，我和覃老师绞尽脑汁，尽力面对他不定时的突发状况……却十分默契地坚守着一个秘密："梁文坤，注意力分散性多动症，综合评分67分。"当初，覃老师拿到这个诊断书时，我们着实高兴了一阵，因为按照教育局规定，只要综合评分70分以下，就可以划为学困生，分数不用计入班级的期末统考总分和平均分。但是，把不把这份诊断书备案呢？我们陷入了沉思：其实我俩都知道，梁文坤不是一个智力有问题孩子，学立体组合，别的孩子用两个学具，他却可以用三个以上组合成很有创意的立体图形；让孩子谈谈以小见大的故事和名言，他会出其不意地告诉我："千里之堤毁于蚁患。"考试不及格，完全是他受注意力分散型多动症等心理因素影响，不听课，不学习造成的知识缺失。

　　当然，上交诊断书，对我们是一种解脱，毕竟在应试教育体制下，教学质量既是学生的"命根"，也是老师的"紧箍咒"，少一个这样的学生，我们每个学期的教学质量奖绝对100％，我即将面临的小教高级职称的评选也将少了一个屏障……但是，对于梁文坤来说确实不公平，这样他将彻底被边缘化……经过两天的纠结，我和覃老师做出了同一个选择："诊断书，不上交！"让梁文坤享有与其他学生同等的受教育、受尊重的权利！

心态决定行动！做出选择后，我们变得坦然了，针对他的突发情况，能够更为理智地去看待和处理了，因为我们坚信这不是他的错！同时也总结出了不少应对措施：在学习上，我们不再一一求全，别的孩子默写背诵，他能够读写，我们就给予他赞赏；家庭作业，他写了一点，我给他画上一朵小红花；写了一半，我给他画个笑脸；基本写完，我会画个顶呱呱，写上："加油！梁文坤好样的！"

当他控制不住，在班上歇斯底里时，我和覃老师立即启动"紧急预案"，在确保其他孩子安全的情况下，想办法尽快平复他的情绪，然后悄悄地把他带到办公室，擦干眼泪，摸摸他的头或拍拍他的背："梁文坤，好些了吗？""梁文坤，你有什么委屈吗？"……只要针对他的不同心理状态，及时给予他疏导，问题就不会扩大化；渐渐地我们发现，梁文坤敌对的情绪少了，开心的笑容多了，和老师同学们的沟通交流也多了！尽管学习还是不尽人意，但我们依旧坚持关注他的每一点成长和进步！

在三年级时，对梁文坤的学习教育出现了一次实质性的转机。10月份是学校"爱科学月"活动，每个孩子需要上交一样科技小创作，当梁文坤自信满满地拿出自己的小制作时，迎来了全班同学的一阵惊呼！原来梁文坤掏出的是一艘"挂着小灯、装着马达的小船"，尽管船身制作粗糙，但是打开开关的小船闪烁着彩灯，可以在水中航行！他的作品在此次学校创作大赛中获得一等奖。后来我们得知，原来梁文坤的爸爸是一名无线电工程师，在爸爸的影响下梁文坤从小就对电子制作感兴趣，这次的制作也是他在爸爸的指导下制作完成的。当我们看到梁文坤上台领奖时的自信与骄傲的神情时，我灵机一动，私下找到了他："梁文坤，这次比赛你为咱们班争了光，你真是我们的骄傲！你在这方面这么棒！你的理想是什么呀？""我要和爸爸一样做一个无线电工程师！""嗯，这确实是个技术含量很高的职业！但是你知道吗？你光有技术是不行的，那只能成为工匠，因为你没有知识呀！所以你要实现自己的理想，必须从现在起就要好好学习呀！"梁文坤似懂非懂地点了点头，我不知道他听懂了没有，但是我发现他在改变，能按时完成作业了，考试也不用老师催促了，上课能举手回答问题了……一切都慢慢地进入良性循环中，学习成绩从原来的的不及格，到七八十分……

现在的梁文坤已经是初中三年级的学生了，毕业后他还经常给我信息留言："阮老师，小弟弟长得像谁？""阮老师，我做物理科代表了！""阮老师，我参加市无线电组装制作比赛得了一等奖！"……

是呀，"不抛弃，不放弃"让师爱如涓涓细流，润物细无声吧……请相信，给孩子一缕阳光，他必定还你一片天空！

那一摊油渍，给我的启示

唐莉岚

早上一到办公室，心静神定后我就开始批改学生的家庭作业。批着批着，咦？好家伙！谁的作业本上竟"染"了一张"大花脸"——沾上了一大堆油渍！字迹在那里若隐若现玩起了"藏身术"，作业纸一下子变得透明，仿佛无言地诉说着自己的无辜。一翻封面，原来作业本是苏智东同学的。再来看那一摊油渍，腊黄腊黄，准是这小家伙馋着嘴，边写作业边在吃奶油蛋糕吧！要不就是本子没收拾好，堆放在一边，吃饭时把汤给泼了上去？我眼前也随即出现了小家伙那憨憨的、胖嘟嘟的面容，有关他平时的表现也陆续在我眼前闪过——字迹潦草、作业没少拖拉……他已经养成了"逮着哪儿是哪儿"、边吃零食边做作业的习惯，不会为自己挑选一个安静、整洁的环境来完成作业。似乎有这坏习惯的班上并不只有他一人，我还经常看到个别学生的作业本封面被踩了个脚印，印痕清晰可见；甚至有的作业本仿佛经历了一番"水深火热"的"痛苦"遭遇，弄得"遍体鳞伤"，缺了角的、掉了页的、"长了皱纹"的、不知何物所致而留下了一道"难以愈合"的"伤口"的，有的"脊椎骨"严重受损（装订线散落），真可谓是五花八门，无奇不有了。

想到这儿，我有些汗颜：开学以来，我一直未对这个问题进行过仔细的思索。即使见到被踩上了黑脚印的本子，我也只会是简单地说声"真脏"而就此搪塞过去。仿佛这全都是学生的疏忽和不小心所致，与我这个理应培养他们这方面良好习惯的语文老师丝毫无关。

我虽然看不到学生在家里做作业时的情景，但能想象得到学生在家里做作业时所处的环境是如何的糟糕，我甚至能看到他们那乱成一团的书桌旁还散落着前几天未吃完的零食，有时身边或许还会有奔跑吵闹的小伙伴，中间还夹杂着几声高分贝的叫喊声，他们每天就是在那儿完成我们教师布置的作业。

什么是"一干二净""井井有条"，学生会说得头头是道，可是一旦在现实生活中他们为什么就把这些丢得远远的呢？有的学生竟连诸如"东西要放整齐、用过的东西要放回原处"这样最基本的习惯都没有养成。而同时我们也众所周知，那些成绩优异的学生，通常也都是具有着良好的学习习惯的学生。良好的学习习惯对学生的学习乃至一生的成功都发挥着极其重要的作用。

好习惯一生受用。叶圣陶先生不是说过："好习惯养成了，一生受用；坏习惯养成了，一辈子吃它的亏，想改也不容易。"作业本上的那滩油渍给了我启示。从此，无论是课内还是课外，我处处留心，时时留意注重学生良好行为习惯的养成教育，力争使他们成为文明、自律、自信的新时代少年。

不忘初心，方得始终

张姗姗

2013 年的春天，我由一个大大咧咧的大龄女青年转变成人妻和人母，角色的转换让我对生活和工作有了新的认识。

2014 年的秋天，由于工作需要，我调往当时已经有点儿名气的凤翔路小学工作，对于做了 20 多年语文老师和班主任的我来说，闭上眼睛许多学生的面孔历历在目。走进凤翔，干净舒适的环境让我心情愉快，何况这里还有我的故人，所以我十分向往这所学校。一个学期很快过去了，第二个学期我被调配去教四（3）班的语文，也就是现在的六（3）班，因为是半途接班，所以一开始我就想着与孩子们先培养感情再跟孩子们提出更多的要求。很快我的想法就实现了，不到半个月的时间，我与家长和孩子们就打成了一片，我与孩子们在课堂上既严谨又活泼地完成了学习任务，课后我又以大姐姐的身份出现在他们面前，与家长的相处有时候像朋友一样，我们都是为了孩子才走到一起，孩子们的真诚和发自内心对我的喜爱让我感到很欣慰。

也许是初为人母，我对孩子的教育态度比以往更加柔和，脾气也没那么急了，我也开始允许我的学生在不断犯错中成长。其中最典型的是一个男孩子，他叫李艳阳。这男孩子高个儿，初看上去有点儿帅，给人的第一印象有点儿"坏"，他的特点是有点儿早熟，上课老是分神，甚至打瞌睡，作业也是马马虎虎无心向学，我一看就知道他是那种学习没目标没动力的孩子，于是我特别关注他。有一次我找他谈心，得知他父母是老年得子，且父亲一开始十分宠爱他，母亲也十分溺爱他，到了小学就管不了他了，再没有找到更好的办法来跟他沟通，于是就开始放弃对他的教育。得知这些情况后，我对他怀着一种同情心理。作为他的老师，我更不应该放弃他了。每次语文课，我都特别关注他。很多老师都说他不专心听课甚至扰乱课堂纪律，也有不少孩子提出不愿意跟他同桌。我知道事情发展到开始有点儿严重了，于是再次找他谈心。当我问及他最最害怕别人看穿而又逃避的事实时，他眼里充满了迷茫，至今我还清晰地记得自己当时对他说的话：你是不是特别看不起自己的父母？你是不是特别羡慕别人有幸福的家庭？你的内心是不是特别的自卑而又故意装坚强？……我的问题像一把刀，句句戳在他的心上，他低着头，泪水一点点地在他尖瘦的脸上滑下来，他哭了。说实在的，我也想哭，我心里也很难受，因为我也曾经在年少时有过类似的经历，但是我强忍着，因为我是他的老师是他的长辈，我要给他做出榜样。我让他静静哭几分钟，不久他点点头，诚恳地对我说我问的问题都是他经常想的，也是他感到最痛苦而纠结的事情，他跟我说跟我谈心他舒服多了，好像整个人轻松了很多。他还跟我说了很多关于他的"故事"，我记得我也跟他说过："我们没有办法选择我们的父母，但是我们可以选择自己的人生态度。"我告诉他："正因为自己是生存在所谓不如意的家庭更应该发奋图强，更要为自己争气，也许你的改变说不定也能改变父母的人生观。"我还鼓励他说："只要你重新认识自己，重新树立自己的形象还是来得及的，别人不会因为你的改变而嘲笑你，相反会更加佩服你。"我也跟他说了很多我过去的"经历"，其中也有与他相似的，也许他觉得我像是他的知心姐姐。第二天，他像变了个人似的，上课很认真地听课，还做起了笔记，变得彬彬有礼，见到老师就打招呼，每次下课，我看着他跟同学们有说有笑的样子，心里感到很踏实很自豪！过了一段时间，传来他父母对他刮目相看的消息，可惜我又因为工作的原因离开了这个班。

因为没有再跟踪这个孩子的成长，我感到有点儿遗憾，但很庆幸我还在这所学校。前不久，我看到他跟一位老师在谈心，于是我再次忍不住参与其中。这次交谈后，他每次看到我就远远地打招呼，后来，我还加了他的微信。这两年，在他的身上我感悟到：孩子的内心是那样的脆弱，需要我们作为老师的走进去，了解他的生活环境，做他的领路人，才能不忘初心方得始终地陪伴他们成长。

人人都是美的风景

劳颖明

我所任教的班里，有两个特殊的孩子，一个男孩，一个女孩。现在单讲讲男孩。他很可爱，一年级凤翔杯赛课时，他的活力无限，笑容可爱，得到了在场听课老师的一致认可，从此，人人都记住了二班有个可爱的小胖子，叫王悦诚。

可是，改变发生得那样突然。一夜之间，他成为了班里闻名色变，人人回避，其他家长私下意见极大的问题儿童。怎么回事呢？

原来，父母在他上一年级时便已离异，监护人是父亲。刚入学时，父亲把全部的爱与精力投注到他的身上，陪伴着他，呵护着他，男孩胖乎乎的小脸上洋溢着快乐的微笑。但一年级下学期开始，他变成了"孤儿"。并不是他的父亲不要他，而是家里所有人都开始抢夺他的监护权，人人都认为自己能够带好他，人人都认为自己对他的教育方式是最好的。家人之间开始互相攻击，互相埋怨。孩子每天生活在抱怨与唠叨当中，开始变得无所适从，从那个时候开始，他全变了。

他开始天天迟到，作业潦草，甚至开始不写作业，他成了传统意义上的后进生。更可怕的是，他把家里的一些暴力因素带到了学校，学着父母、爷爷吵架的样子来骂同学，来大声责问老师，与同学、老师的摩擦不断，几乎已经到了失控的边缘。很多科任老师都向我投诉他不听话，不是打同学就是骂老师，才三年级的孩子，已经变得任性妄为，甚至有暴力倾向。我不在场，老师们根本无法控制他——

但是，这真的是一个极其可怜的孩子。他身上的这些负面的影响来自他的父母、他的家庭成员之间的互相攻击，互相推卸责任。每个人都说对他好，然后在他令家人失望时，就会用最可怕的话语来骂他，大冷天把他赶出家门。妈妈还把赶他出门的照片发给爷爷奶奶看，气得爷爷旧病复发，仍不得不从柳州赶来。可是来了几天，又因为他不听话而失去耐心，爷孙对打，而后再度离开。这样的家庭给孩子的不是爱，而是暴力！

在对待他的问题上，我用尽了心思。几乎每天都在给他的家人打电话，父亲总是不接，母亲接了又向我抱怨一通，然后又要打长途联系柳州的爷爷奶奶，一个中午的休息时光就这样全泡汤了。晚上也是这样，七点半他都还在学校里滞留没人接。我又不得不打了所有的电话去找他的家人！

一天，两天，一年，两年，我的生活几乎被他的家庭所占据。有时候我儿子也在抱怨：妈妈，你一天都在管王悦诚，中午回家打电话，晚上在家也是处理他的问题，你什么时候给我讲过故事？说实话，从二年级到四年级的两年时间里，我真的几乎把所有的时间都放在处理他的家庭问题上，电话一打就是一小时，每次都是家庭成员挨个打，就怕他没人照顾，没人接！

也许我们的付出并不都能收到高效的回报，他也不可能从问题重重的家庭中解脱出来。爱与宽容并不一定能够开出花儿来。

但是，我一直告诉他："我不会放弃你，劳老师并不认为你是个无可救药的坏孩子。"

哪怕全班的家长都在投诉他的不良行为，我也在保护着他，尽自己的能力给他正能量。

所以，这个学期，我们看到了他的一点变化：上课，他不再走来走去，影响别人；也不再乱抢别人的东西，更不会追着某个同学打闹。而是安静地在座位上看自己的书；哪怕是同学的挑衅，他也能微笑着面对。尤其是今年的学校运动会上的那一双手。

由于他的身材肥胖，很多比赛项目他不参加。只有拔河，他早早报名，一定要参加。因为这是他最喜欢的活动。一场一场比下来，很累。

到了决赛日。大家都摩拳擦掌，非要争个第一不可。我却一而再、再而三地提醒孩子们，安全第一，最好的胜利是大家一起快乐健康地成长。他那天膝盖已经受伤了，走路也是一瘸一拐的，可还是坚持来了学校，而且要求上场。

我说："你已经受伤了，先休息吧。"他坚持要比。

比赛结束。我们当然取得了胜利，他让我看他的手。白胖胖的小手上全是红红的勒痕，腰上也是。他把粗粗的绳子拴在自己的腰上，为了控制住绳子不甩，拼尽了全力。他使出了多大的力气！给我看了一眼，他就若无其事地走开了，不再向任何人展示自己胜利的伤痕，也绝口不再提。他其实从来没有改变过，他想要的从来都只是父母能好好听他说一说话。

转变一个孩子不是一件容易的事情，尤其是在家庭因素干扰下。但只要我们付出行动，付出爱，总会收获到不一样的感动，不一样的美。孩子们的成长自有他的规律，我们只要不忘初心，鼓励，帮助，人人都是美的风景。

在细节培养中与孩子共同成长

吴竹卫

2011 年 8 月 29 日，我怀着激动的心情迎来了凤翔路小学的第一批学生。可是接下来的一个月却让我感受到了前所未有的压力和挑战。

我当时任教四年级数学，全班 44 名学生来自不同的地区。学习基础差，听课效率很低，作业格式乱七八糟，字迹潦草，有些同学连 0—9 这几个数字都写得不规范。我慌了，到底该怎么办？我再三思考，决定从常规抓起、从细节入手，从提高听课效率开始。学生层次不同，我上课时就把速度放慢些，深入浅出；孩子表达能力不强，我先做示范，再让他们学着说；作业格式我都在黑板上先写好示范，再让孩子们学着写，作业量适当安排少些，先让孩子们慢慢适应。要求孩子们做到的，我自己首先做到，要求孩子们把字写工整，我自己在板书时就特别注意把字写漂亮，给孩子做示范。

教师的行为习惯是学生的模仿对象，所以教师在要求学生养成良好习惯的同时，自己也要养成良好的习惯。因此，作为教师要充分发挥"身教"的作用，时时事事严格要求自己，以自己的言谈举止潜移默化影响学生。我特别注意以下方面的细节：一是生活上的细节，作为一名教师，首先在着装上应尽量整洁、得体、精神，办公桌作业本等物品的摆放、分类，应尽量整齐，不随地吐痰，不高谈阔论与学生有关的事。二是语言上的细节，使用文明语，使用充满爱心的语言。例如，面对一个犯错误的学生，对他说："大家都期待你进步，希望你下次不要这样，好吗？"三是板书上的细节，教师在教学过程中只有注意自己的板书整洁合理，才有资格要求学生的书写整洁。四是教育方式上的细节，比如教育地点不要老是在办公室，可以在花坛边、小池旁，谈话时不要老是让学生站着，让学生坐着效果肯定会更好。五是批改作业的细节。批改作业时，不要只关注题目的对错，还要明察秋毫，把爱心传递给学生，使学生养成良好的学习习惯。经过一段时间的培养，孩子们都有了一定的进步。

有教师认为：我是任课教师，我只要教好我所任教学科就行了，学生的行为习惯与我无关。这是一种错误的认识，教师是教育教学工作者，我们首先应从事的是教育而后才是教学！并且各学科的教学目标中都有一条：对学生进行思想教育，培养学生习惯。由此看出，思想教育是渗透在各学科的教学中的。其实对学生进行思想教育，并不是简单的说教，说教所给予的思想教育是空洞的，学生只是记住但不能在生活中进行应用。比如我们在思想品德课上告诉学生要孝敬父母，学生能在实际生活中体现吗？如果我们将这种教育与学生实际相结合，他的感受要深入得多。再如环境教育，我们在教室里对学生说应该怎样爱护环境，可对学生乱扔果皮纸屑的现象不管不问，这样的教学有效果吗？所以，不管是哪一科的教师，都可以结合任教学科抓住细节对学生进行思想教育，培养学生良好的行为习惯。

"冰冻三尺，非一日之寒"。孩子们学习上的习惯很多都受到生活中细节的影响，作为教师更要加强对孩子们日常生活细节的培养。在这点上，和我搭班的廖爱丽老师给我和孩子们做了很好的榜样，每天我走进班级，教室的讲台总是一尘不染，抽屉里没有任何杂物，柜子里的物品摆放得整整齐齐。还有我们的周校长在办公室的整理和要求上，以身作则，邀请我们到行政办公室参观，让我也深刻地感受到"教育无小事、教师无小节"。教师做事情没有条理，孩子做事也会没有条理。教育是什么？教育不单纯是教师教、学生学的简单过程，教育是师生共同成长、不断自我完善的过程。

什么是细节，细节是今天我头发整齐、衣着整洁了吗？细节是今天我上下楼梯靠右行、轻声慢步过走廊了吗？细节是今天我用过的东西放归原处了吗？这些都是我们学校"君子风范"养成十二项的内容，每周的自省时刻我都和孩子们共同自省，在孩子们成长的过程中，我也在不断反思、学习和完善。俗话说"细节决定成败"，作为学生行为习惯和品格形成的德育工作，更需要注重细节，因为一个人的品格是从点点滴滴的小事件中形成的。注重细节培养，让我们的教育教学更精彩。

蜗牛的梦想

赖海芸

雨后清晨，身负厚重躯壳的蜗牛踏着雨露缓缓向大树顶端爬行。树皮枝叶细滑，可蜗牛奋力前行的脚步却坚定而有力。我18年的教育之路亦是如此，脚踏实地，不断探索。"信息技术与学科教学深度融合"教学时代的到来让我明白，自己肩上扛的是梦想，更是责任。

争分夺秒，即刻出发

思考："顶端"与"三角形"的思维转换。原来，三角形的每一个角都可以变换成每一座高山的顶峰，到达不同的山峰除了需要走不同的路，还能够感受别样的风景，正如孩子们对三角形分类的学习会让自己有不同的收获。因此"三角形的分类"就这样让我和孩子们结缘了。

不断探索，一路欢歌

什么是最有意义的路？蜗牛说，时而滑落倒退，却又坚持不懈的路，是最有意义的路。什么是最好的课堂？不断探索，勇于变革，让孩子们快乐学习的课堂是最好的课堂。

通关卡1：巩固工具书知识，扩充社会知识，让理论和实践相结合。

除了研读《小学数学教育》《小学数学学习策略方法教学问题诊断与导引》等书籍、刊物，还与高年级师生了解学习成果反馈，上网学习优秀案例视频等。

通关卡2：学科知识与信息技术的深度融合，实现教学设计环环紧扣。

根据学段教育特点，"三角形的分类"课程设计为：激趣导入——合作探究——巩固提升。数字化教学从"动态的视角直观地演示三角形分类的过程和让学生深刻地理解各种三角形的特征"着手。

激趣导入环节，以魔术游戏的形式让学生通过猜图形——点变成线、线变成形的过程，感受知识之间的联系。运用希沃3和希沃5的软件功能完成演变过程，并通过希沃5的触发源动画功能设计魔术变化的过程，使学生有如置身在魔术的气场中激发学习热情。

合作探究环节，变"教师主导学生主体"为"学生主体"，变"课前预设问题"为"随即问题"，充分尊重学生的主体意识，大大提高课堂自由度。本环节分 3 个层次进行：第一是设计了探究三角形分类的学习任务单，让 4 人小组通过讨论，用自己的语言探究出三角形的分类情况，教师在这个阶段只做一件事情，那就是把小组探究的结果上传到白板上；第二个层次是反馈交流，让孩子们通过观察和比较，整理出最合理的知识结构，并让敢于表达的孩子到白板上利用希沃 5 的拖移、输入文字等功能对知识点进行归纳小结；第三个层次是利用白板的剪辑功能，将按角的特点分类和按边的特点分类的两种情况投放在白板的同一个界面上，让孩子观察、提问，解决本节课相关概念的教学（如直角三角形、钝角三角形、等腰三角形、等边三角形等概念），本环节因为是涉及概念的教学，所以采取的教学方式是学生说老师写，即主要由老师在白板上板书介绍三角形各部分的名称。本环节的设计，变主导调控为主体优先，使课堂教学具有了主体性，学生学得兴趣盎然。

通关卡 3：感受信息技术魅力，注重延展性。

在巩固提升环节，我主要设计了 3 个有梯度的巩固练习：第 1 个练习判断题，利用白板中趣味分类版块设计练习，让学生通过拖移、配对提升练习的趣味性；第 2 个练习是猜三角形，利用希沃 5 中的涂擦功能让孩子感受信息技术带来的便利；第 3 个练习是画一画，在四边形中加一条线段变三角形，学生通过操作白板中画线的功能，直观、快速地解决问题。整节课中，学生边思考边动手操作白板，在掌握数学知识的同时感受信息技术的魅力，激发学习的热情。

千锤百炼，驾轻就熟

教学设计改革创新让"蜗牛"有了前进的动力，如何才能看准目标，踩准脚步，一路顺水行舟呢？

1. 我们白板的操作还不熟练，怎么办？

除了认真参加城区组织的电子白板交互功能的培训之外，还在平常的课堂教学中经常使用白板功能开展教学活动，使电子白板的操作达到熟能生巧的效果。

2. 如何更好地在希沃软件中制作课件？

首先要熟悉希沃软件的课件制作功能，其次选定一个教学内容自己动手进行课件制作的操练。例如在"三角形的分类"的教学中，我想把练习巩固环节设计得活泼有趣，选择使用了白板功能中的课堂活动版块，并根据实际需要把趣味分类模块中的一些图形更换成学生喜爱的动画图片。在制作过程中使用到了白板软件中的去背景、文本插入、动画设置等功能，所有的方法和技巧只有通过自己不断的实践才能体会，才会运用自如。

3. 试课的每个环节是否流畅、合理？

一节好的课，需要不断地打磨方能出好的效果。在"三角形的分类"这节课中，为了能实现电子交互白板和课堂教学的有机整合，达到人机交互、资源交互等功效，我除了用课余时间在空旷的教室里展开虚拟教学，还5次到班级上进行试教，和听课的老师们一个教学环节一个教学环节地剖析和研磨。

在研磨课的过程中，我深刻感受到了"山重水复"的酸涩、"柳暗花明"的顿悟、"峰回路转"的喜悦。

"我要一步一步往上爬，等待阳光静静看着它的脸，小小的天有大大的梦想，重重的壳裹着轻轻的仰望，我要一步一步往上爬，在最高点乘着叶片往前飞……"追梦的路，必然是充满挫折和艰辛的，请保持一颗蜗牛的心，相信自己，坚持自己，总有一天我们会攀上属于自己生命的最高峰，享受成功的喜悦。

31

甜丝丝的生爱

杨玉萍

　　在教育工作中，爱是师生之间心灵的触动，是筑起感情交流的桥梁。没有师生之间真诚的爱，就没有教育。如果说老师的爱是美丽的山峰，那么学生的爱则是潺潺的溪流；如果说老师的爱是灿烂的阳光，那么学生的爱则是芬芳的花儿。我想从事教育的每一位老师，你们都体验过那甜丝丝的，足以让你一吐情怀的学生之爱。我也有过，还为此感动过。从18岁走上这三尺讲台，距今已有20个年头，有过泪，有过痛，但更多的还是来自学生无私的、充满童真的爱。就在上两周春游那天，我收获了一块糕点，带给我甜丝丝的学生之爱。

　　春游那天，我如同往常一样，牵着班里的特别学生——小杰。领着孩子们一同前往青秀山公园春游。一路上，孩子们唱着儿歌、背着古诗，表现得非常棒。小杰也比往常安静，听话。一到春游地点，孩子们就如同出笼的小鸟，急忙拿出自己的零食与同学们分享。我松开小杰的手，示意他回到同学们当中去。可这次他没走，却站在原地，小心翼翼地从自己的零食袋里拿出一块糕点塞进我的手中，胆怯地说："老师送给你吃，我妈妈昨晚做的糕点，很甜的。"我接过孩子手中的糕点，用惊讶的眼神看着这个每天让我提心吊胆的孩子，听着这迟来的不敢相信的真心话语。孩子往日在校的点点滴滴都浮现在我的脑海里——

　　平时，小杰喜欢迟到，玩沙子，不喜欢参加晨会，做操，即使老师好言相劝把他带到操场，只要老师的手一松开，他就如同一匹脱缰的野马跑得无影无踪，跟你玩起猫捉老鼠的游戏。课堂上，他更是如坐针毡，浑身不自在，一会儿站起，一会儿坐下，时而玩纸屑，时而抓一抓同桌，没有一时处于安静听课状态。每次我找他谈话，教育他、他都用一种无所谓的眼神看着我，然后说一些不着边的话，什么"我的世界我做主，我的生活很精彩"，令我哭笑不得。我多次跟孩子家长沟通，又请家长陪读了一周后，孩子的表现仍没有进步。我难过，我反思，怎么办？难道就这样放弃他吗？这可不是我从教的原则啊！正当我举棋不定时，这样一句话提醒了我："没有教不好的学生，只有不会教的老师。"几天的内心纠结之后，我静下心来寻找新的适合这孩子的教育方法。跟同事多方探讨，向有经验的老师请教，根据学校的办学理念

"立君子品行，树君子风范"，制定家校联系卡，让家长每天计时督促孩子看书或者穿珠子（第一天计时 3 分钟，往后逐渐增加时间，坚持 28 天，一个周期）培养孩子的耐心和毅力。用特别的爱温暖特别的孩子。开始，我每天跟他有一个约定，先从不迟到做起，一到校就来老师身边，当老师的保镖，保护老师，以增强他的自信心；我上课，他听课，其他老师上课，我陪他听课。一天结束，我见他小有进步，就奖励他，奖励他一朵小红花，或者他爱吃的水果、点心，陪他一起看他喜欢的科普画报，聊聊每天的新闻；慢慢地这孩子就黏上我，爱跟我说心里话，喜欢上我了；再也不玩沙子，不乱跑、不迟到了；上课也能坐定一会儿，但是离凤翔小君子的距离相差很远。

教育这样特别的学生，虽然很辛苦，但我始终认为教育就是一个五味瓶，个中滋味只有品尝过的人才知道；教育又是一本书，高深而有哲理，只有认真阅读，才会领略其中的真谛，才会明白其中的道理。关心爱护一名特殊生，只要你用真情去聆听孩子的心声，用行动去呵护孩子身心，我坚信：是冰，总会有融化的那一天，何况他还是一个孩子。

此时此刻，我终于盼来了希望的曙光。眼前这个熟悉的面孔，让我感动至极，我的眼泪夺眶而出，一把将小杰拉入怀里，摸着他的头说："孩子，你终于进步，懂得感恩啦，老师好开心！"孩子睁着圆溜溜的眼睛看了我一眼，笑着跑开了。看着孩子们在草坪上开心地做着游戏，我手里捧着这不起眼的糕点，细细品味着这一个多月辛勤付出换来的孩子进步。反思着这些天自己的种种不愉快，原来我总埋怨自己为学生付出那么多，直到现在才发现：当我们满怀爱心去对待学生时，也悄悄地一直在索取，从孩子们身上索取最纯真的感情，从家长的短信中得到关心和肯定太多太多。

从我可爱的学生身上我终于明白爱的博大精深，爱的无所畏惧，爱的相互真诚，我的"师爱"可能涉及不到每滴雨露，可是"生爱"却让我一直在收获信任，收获最纯真的感动，收获那份像花儿一样开放的爱，那爱甜丝丝的，如糕点，沁人心脾，回味无穷。

爱的教育

胡 培

"教育之没有情感，没有爱，如同池塘没有水一样。没有水，就不称其为池塘；没有爱，就没有教育。"（《爱的教育》）在我看来，教育是播种希望与传递爱的事业。以博大的爱心去爱护每一朵花儿，以爱作为我们和孩子沟通的桥梁。爱的教育是我作为一名教师的基本职业情感。爱应与教育同在。

在现实教育工作中，我感受到了以"爱"收获爱。和一（6）班的孩子们相处将近一年的时间了。现在孩子们在一个讲文明懂礼貌的氛围中和他人相处学习。记得在孩子们迈入小学门槛，正式学习的第一天，我习惯第一个在教室等候孩子们的到来。我想，孩子们来到教室见到老师笑容满面地迎接他的到来，心里一定会平静许多。反之，空荡荡的教室孩子们也许会无所适从。这个时候，无论孩子是否大胆开口问候老师，我都会和孩子们说"早上好"，希望孩子都能感受到老师的亲和与爱心。在慢慢的鼓励中，孩子们感受到了老师的爱与尊重，同样也学会去爱老师和尊重老师。在充满爱的环境中，孩子们的心就会储蓄更多对班级的爱。

在教育教学中，我深刻体会到，要塑造学生的灵魂，教师要先塑造自己的灵魂。教师教育学生既要言教，又要身教，而身教重于言教。所以教师通过爱的教育，找到自己的乐趣，让孩子收获爱的教育。

班级里，这样的事例还有很多，在教育教学中用"爱"去感化每一名学生，我们会收获来自学生更多的爱。在接触孩子过程中，我认为孩子的年龄小，大多数对爱的理解是直接的。谁关心我，我就觉得谁是爱我的，那孩子就会喜欢谁。低年龄段的孩子喜欢吃喜欢玩。每周的午读前，我喜欢准备一些好吃的，和来到教室的孩子们分享我的美食。不管平时学习怎么样表现如何，只要你想吃，老师就会分享给你。这样的小举动能感化孩子，让孩子体会到老师的爱。所以，班里的孩子也比较听老师的话，自然而然地集体荣誉感也会比较强，从而有利于班级的管理。记得上个学期，我荣幸的到杭州外出培训学习。当然，也记得给我的孩子们带来了杭州的特产——龙井牛皮糖。他们不知道我为他们准备了好吃的。回到班级的第一天，孩子们用稚嫩又甜美的声音撒着娇说："胡老师，你终于回来了。"一年级的孩子对爱的表达是这么的简单又令人暖心。孩子的爱也是老师几十年如一日的教学动力。

是啊，教育需要爱，爱就是最好的教育。老师爱学生，学生爱老师，这是人性的根本，也是教育的动力。

　　苏联教育家苏霍姆林斯基曾经说过：没有爱就没有教育。爱学生是教师的天职，没有爱就没有责任感，班主任作为班级的组织者和管理者，应该有更广泛的爱、无私的爱、真诚的爱。关爱学生，尊重学生的人格，用爱心与学生产生情感的共鸣，心心相通，心灵交融，这样才能取得学生的信任，做好班级工作。一切最好的教育方法，一切最好的教育艺术，都产生于教师对学生无比热爱的炽热心灵中。爱是班主任教书育人的动力基础，实践证明，贯穿班主任工作的主旋律便是"爱的教育"。

合适的钥匙

何璐莎

有句话：教书育人，教书容易，育人难。一年前刚毕业的我不以为意，可踏上教师岗位一年后，深表认同。育人的难不在于不知道方法，也不在于不够尽心。

毕业后，我来到凤翔就从事班主任工作了。一（4）班，这是我的第一件作品，我小心栽培，期待他们苗壮成长。可事情并没有想象中的顺利，班里有个"怪"孩子。鲁迅先生说过：教育根植于爱。我自认为是个爱心满满的教师，可在这个孩子身上，我一次次栽跟头，不免怀疑自己，我真的是一位有爱心的老师吗？我能做好教师这个职业吗？

第一次看到他的时候，我是喜欢他的，多可爱的孩子啊！圆圆的肚子圆圆的脸，让人忍不住捏捏他的脸，一副憨厚的样子讨人喜欢。可慢慢的，我发现了他身上的各种问题，如不写作业、不听课、捉弄同学，最可怕的是，他油盐不进，不管是轻声细语讲道理，还是语气严厉地批评，对于他来说就像是一拳打进棉花里——不痛不痒。我想："这种情况的学生，肯定不止他一个。"于是我四处寻找"整治"他的方法，比如给他戴个"大帽子"天天表扬他，还请他帮忙管理班级，想让他感受老师的不易。可坚持还没两天，就宣告失败，方法是多可都收效甚微。

终于有一天，事情有了转机——他嘴馋了！一天，他在我办公室补作业，时不时总往一个方向望，我看过去，原来办公桌的一角放着我早餐还剩的两个面包，看他都快流口水了，我笑着问他："饿不饿，想吃吗？""想啊！"他马上回答，毫不犹豫，那模样不知馋了多久。给了他一个面包，他立刻狼吞虎咽地吃起来。"你中午没吃吗？"看他一副饿了好久的样子，我有些担忧。他边吃边回答我："吃了，可好久没吃面包了，想吃。"说到吃的，他就停不下来了，开始滔滔不绝，讲的全是他爱吃的。我跟他的话题不再只是作业，由吃的拓展到了生活的方方面面，突然发现，眼中懒洋洋的孩子会做菜，还会煮咖啡，不禁对他竖起了大拇指，而这一次，得到表扬的他不再一副无所谓的样子，而是有些害羞。从那一刻起，他逐渐发生了巨大的转变，上课时他不再乱涂乱画书本或是逗弄身边的同学，而是开始认认真真听课，回答问题的次数也越来越多，在作业完成质量上也有了显著的提高，甚至在平时生活中跟同学们相处的时候也变得彬彬有礼，还会主动帮老师做事。他由一个"懒"孩子变成了人见人爱花见花开的班级小明星。

　　每个孩子都是不一样的个体，所以打开每个孩子心门的钥匙都不一样，而对他来说，这把钥匙是食物。这也启发了我，有爱还不够，还需用心观察，因材施教。

让爱如影随形

侯秋帆

陶行知先生曾说"爱是一种伟大的力量，没有爱就没有教育。"教育最有效的手段就是"让爱如影随形"。作为一名一线教育工作者，我深深懂得，教育是爱的事业。这种爱是"一切为了学生，为了一切的学生，为了学生的一切"的博大无私的爱，它包含了崇高的使命感和责任感。"爱心最是有情物，化作春风更催人"。爱是一种信任，爱是一种尊重，爱是一种鞭策，爱是一种激情，爱更是一种能触及灵魂、动人心魄的教育过程。

记得 2015 年上学期刚开学没多久，学校组织春游活动，孩子们听到这个消息欢呼雀跃，每个人的脸上都洋溢着喜悦。可是临近春游的前一天晚上，我突然接到一个电话，是班上那个叫林昊海的孩子打来的，他说："老师，明天的春游我不去了，跟您说一声。"然后就挂断了电话。我赶紧打电话问他的奶奶，原来是因为之前他妈妈答应过给他买春游食品的，但是他妈妈三番五次因为各种原因没有兑现承诺。这个孩子的家庭情况比较特殊，父母离异，他由爸爸抚养，而爸爸在外地上班，每周回家一次。所以他每天由乡下过来的奶奶照顾。我马上意识到，这个孩子是真的伤心了，真的失望了，不然他怎么会轻易说不去春游。我马上打电话给他，轻轻地安慰他说："孩子，别担心，你明天的食物我帮你准备，好不好？"放下电话我看看时间，现在已经快 11 点了，楼下超市也关门了，想帮他买也买不了了。怎么办？我环顾四周，有了！茶几上有一盒朋友从越南带给我的各种口味的水果糖。第二天，当我把水果糖递给他的时候，全班都投来了羡慕的目光。当孩子们知道我为什么给他水果糖的时候，好多人都主动把自己的零食分给他，他的怀里一下子塞满了各种各样好吃的，我看见他又露出了笑脸，眼睛里闪过喜悦的光芒。那一刻，我也被打动了，我看到了孩子们的单纯和友爱，我为我有这么一群孩子而欣慰。

日子流水般划过，转眼到了 2015 年 9 月 10 日，这天，那个叫林昊海的小男孩也出现在了我的眼前。因为那天连着两节课，我也没来得及吃早餐，一下课就急匆匆地往办公室赶，他就一直跟着我到了办公室。我以为他要跟我告状什么的，也没搭理他。等我坐下来，只见他高兴地对我说："老师，祝您节日快乐！"说着递上了一盒糖。我吃了一惊，这个盒子怎么这么眼熟？我快速地搜索着有关它的记忆。天哪，这不是我上次送他的那盒水果糖吗？他继续说着："老师，这是我送你的节日礼物。"说完，不好意思地跑开了。事后我才知道，原来他为了要送我这个礼物，要姨妈带着他逛了所有大大小小卖越南特产的商店，最后在航洋国际上面终于找到了这盒一模一样的水果糖。

我想那应该是我这些年来收到过最有爱最珍贵的教师节礼物了吧，心里充满感动。在我看来，我只是做了一件我应该做的小事，没想到会让这个孩子记得这么久，而且这么有心地为我找这份礼物。我很欣慰，因为我的一个举动，让他感受到了爱和温暖，同时学会了感恩。

我想老师的教育不仅仅只是传授知识，更重要的是让学生的品性得到改变和提高。假如那天我给予学生的是虚假和冷漠，那么我得到的就是虚假和冷漠；而那天我给予学生的是真诚和关爱，所以我收获的也是真诚和关爱。所以，让我们的教育让爱如影随形！

慢慢靠近爱

黎思婷

陶行知先生曾说："爱是一种伟大的力量，没有爱就没有教育。"是的，爱是一股力量，爱是一种尊重，爱是一种信赖，爱是拉近人与人之间距离最有效的途径。在教育事业上，爱是师生和谐相处的前提。

作为一名平凡的小学教育工作者，我深知爱是我教育工作的起点——要爱学生。爱是一种信任，是一种尊重，是一种鞭策，更是一种能触及灵魂、动人心魂的教育，我爱我的事业，我更爱我的学生。

苏霍姆林斯基曾说过："一个好教师意味着什么？首先意味着他是这样的人，他热爱孩子，感到跟孩子交往是一种乐趣。"同时，我们还应不失时机地去激励，去引导。心理学研究表明，人在被赞赏、激励的条件下，其自身潜力的发挥是平时的 2 至 3 倍。"教育艺术的本质不在于传授本领，而在于唤醒、激励和鼓舞。"能让孩子从赏识、夸奖中体验成功的快乐，激励孩子挖掘自身的潜力去更好地表现，争取更大地成功。赞赏在教育实践中起着激励作用，正如林肯所说："每个人都希望得到赞美。"的确，获得他人的肯定与赞美，是人生基本生活需求满足后精神上的高级需求，这种需求贯穿人的整个生命过程。对学生的成功，应给予肯定、表扬、赞赏，并适当提出更高的需求。

班里的一个小男生，性格内向且害羞，不像别的孩子一样喜欢围着我转悠，他从不主动来和我说话，甚至我找他聊天的时候，他都比较腼腆且害羞。有一天他做值日的时候，我在教室陪着他们一起做劳动，在一旁一边指导他们做卫生，一边鼓励他们，并且和他们一起动手摆课桌椅。慢慢地，我发现这个小男生开始冲着我笑了。由于这一组值日生做值日的时候认真负责，我于第二天在全班学生面前表扬了他们。接下来的日子，这个小男生已经开始大胆尝试和我说话了，个性也慢慢变得开朗起来，也开始愿意和我分享他的事情。

我很开心，开心的是因为我的一个鼓励能让孩子慢慢改变，脸上多了一些笑容，也愿意和老师分享。我感到很庆幸，庆幸的是因为我的一个鼓励，拉近了孩子和我的距离，让孩子更相信老师，在校更能体会到老师的爱。因此，作为老师，不要吝啬于爱和鼓励。多鼓励孩子，多和孩子沟通，改变的不仅是孩子，收获更多的是老师，老师付出了自己的爱，收获的必定是更多孩子的爱。

作为一名小学教师，我认为最让我开心的是这些孩子每次叫我的时候，虽然他们不管大小事都会来找老师，但是换个方向想，他们为什么会找我呢？因为我是他们在学校这 6 个小时内最信任、最依赖的人，所以他们遇到什么事会来找老师帮忙，这是他们对我的依赖和信任，也是我给他们满满的爱的体现。

的确，做好小学老师这份工作，首先必须是发自内心地去爱学生，认为和他们在一起是一种快乐，是一种享受。其次，从生活点滴中去关心他们，爱护他们，让他们在学校能感受到爱与尊重。最后，教师在不同的情况下要具体实施正确有效的引导教育，并提出更适合孩子发展的要求。

感谢教师这份职业，让我充满着爱与智慧，让教育之爱闪耀着光芒！

学会赏识，学会爱

韦银燕

尊敬的领导、各位同事：

大家下午好！今天我演讲的题目是"学会赏识，学会爱"。在教育教学上一路走来，拾起这点点滴滴的收获，我才发现教育的秘密不是惩罚和说教，而是真诚地去赏识每一个孩子，学生一旦有进步，哪怕一句鼓励的话语，一个期待的眼神，都会让他们感到无限温暖。他们一旦意识到自己被重视、被赏识，便会表现出积极的配合。

今天我想跟大家说说我班里的一个孩子。他叫傅泊钧。他给我最初的印象是让人头疼：他顽皮，经常在课堂上搞恶作剧，对此，他总是一脸的得意开心；他攻击性强，遇事总喜欢用武力去解决；他学习习惯差，上课随意走动，要么就趴在桌子上信手涂鸦；老师要求完成的学习任务他想做就做。刚开始，我是反复批评说教，打电话跟家长反映，可是一点儿效果都没有。黔驴技穷的我对他失望，生气，无奈。

一次偶然的机会，我在班级 Q 群里看到他妈妈和其他家长的聊天记录，他妈妈说孩子的绘画兴趣其实是上学期黄老师给夸出来的。看到这里我想：能不能也夸夸他，让他把好胜的性格用在学习上呢？第二天在课堂上，我给孩子们讲了一个故事，然后让他们分角色表演。没想到从来不举手参与课堂活动的他这次竟然把手举得高高的，并且在我的疑惑与惊喜中不但把故事中的文字一字不漏地读准了，而且感情丰富，绘声绘色！他出色的表演赢得了满堂喝彩。当天晚上，我收到了他妈妈的短信，她说孩子回来后就跟她说得到韦老师的表扬了，而且兴奋了一晚上。看到这里，我才想起，一直以来，我的眼里看到的都是他的缺点，平时我总感觉他太调皮，很少表扬他。却不知他竟识了这么多字，而且对表演这么感兴趣！看得出他还挺在乎老师的表扬和肯定的。

从那以后，我总是把一些朗读和表演的任务分给他，他的小手也举得越来越勤了。渐渐地，我发现他的进步越来越大：上课注意力集中了，不对同学做恶作剧了；和同学发生矛盾也会用语言向老师报告，而不是冲动地动手解决……他的改变让我想起一位哲人的话：人性中最本质的需求就是渴望得到尊重和欣赏。只有欣赏、激励才能开发人的潜能。赏识的本质是爱，学会赏识，就是学会爱。我相信每个孩子身上都有闪光点，只要我们懂得去赏识，它就会越来越亮，甚至光芒四射。愿在老师的赏识教育下，每名学生都像大自然的野花一样绚丽多彩！

我的演讲结束了，感谢大家的认真聆听！

用心关爱学生

宁　倩

要想受人爱，必须先爱人。小学老师工作的对象是一群稚气未脱而又有点儿叛逆的孩子，如果没有一颗爱孩子的心，是绝对做不了小学老师的。只有老师爱学生，才能换来学生爱老师。一个爱孩子的人常常会从孩子的角度来考虑问题，也会理解孩子的感受和体验，知道什么是孩子所需要的，什么是孩子所讨厌的。而这恰恰是作为班主任所必须具备的心理。

来到凤翔，接这个班时，我忐忑不安，同学们来自不同的学校，行为习惯和学习方式都不一样……要想让学生融入大集体，只有自己先融入学生中，让学生喜欢上自己。

下课时，我跟孩子们谈心，一起做游戏，认真倾听他们的小秘密，细心观察每个孩子的变化。利用班会、午读给他们讲故事、讲道理，教育他们学会谦让、学会宽容，做诚实守信的人。俗话说："精诚所至，金石为开。"我班有个李同学，刚进校时，唯我独尊，任课教师批评他，他漠然处之；同学不小心碰到他，他会拳脚相加。针对这种情况，我不是指责，而是先观察他，发现他独来独往，没有一个朋友。虽然这个孩子脾气很暴躁，但有一个很好的习惯——爱看书，一有空闲，就会看书。于是，在他生日那天，我送给他最爱看的两本书。那一刻，那冷漠的眼神里透出了惊喜。从那以后，他接受了我，愿意把心里话向我诉说。一天下课，他站在走廊上看同学们做游戏，这说明他也渴望朋友。于是，我走过去问他，为什么不加入游戏。他说："他们不要我。"其实，在找他谈话之前，我已经找过其他同学了解，同学告诉我，每次游戏，只要不如他意，他就会打人。我问他："同学们为什么不要你？"他摇摇头。我说："那是因为你不遵守游戏规则，如果你遵守游戏规则，友好对待同学，他们会欢迎你加入游戏"。有一天下课，他气冲冲地跑来告诉我，班上的一位同学往他身上撒尿。我一听，心想：那位同学惨了。赶紧问："你打他了吗？"他说没有，我当即表扬他做得对，并在全班同学面前表扬他学会了宽容，还打电话告诉家长，他的行为值得表扬。从那以后，他越来越有礼貌，与同学越来越友好。

还有一件事，我班有一个姓陈的学生，不爱学习，不讲卫生，座位是脏的，脸也是脏的，全班没有一个同学愿意跟他做同桌，嫌他脏。二年级下学期，他的脚指头被车压了，不能来学校上课，他父母做生意又不在身边，是跟年迈的外婆生活。这时候，孩子需要的是关爱。于是我发动全班同学做贺卡送给他，让他感受到同学的关爱。一有时间，我就到他家给他补课。一周后，他踮着脚来到学校，外婆告诉我，他说要早点儿来校，不让老师那么辛苦。从那以后，他变得爱干净，学习也越来越好，每天早早到校，问我有没有事情要做。

这两件小事让我深深地体会到：教师在与学生的交往中，在感情上要多"投资"，不要吝惜，让学生能感受到教师的"爱"。只要我们用心去爱每一名学生，不歧视，不偏袒，就能赢得学生的尊重和喜爱。

养成读书习惯，培养君子品行

陆伟琴

我国古代伟大的教育家孔子说过"少成若天性，习惯成自然。"这就是告诉我们，一个人从小养成的习惯会和他的天性一样自然，这个时期养成的习惯是坚不可摧的，小学阶段是培养习惯的重要阶段之一。叶圣陶先生也曾指出："什么是教育，简单一句话，就是养成良好的习惯。"为使学生养成良好习惯，我校以"立君子品行，树君子风范"为办学目标，以"读万卷书，行万里路"为本校学风。从我开始接手现在的四（1）班，就深深地思考这个问题：如何围绕学校的这个目标和学风，养成学生读书的习惯，培养君子品行？

记得 2011 年 9 月刚建校时，因为所有的学生都来自不同的学校，有的是从省外转学来，有的是从市外转学来，有的是从外城区转学来，每个人的行为习惯的养成也各不相同，怎样立君子品行呢？因为我是语文老师，自然就想到从语文方面入手，从读书入手。读书具有激活学生德性需求的功能，具有迁移德育信息的功能，读书对人的品行具有很好的指导与启发作用。于是我允许学生可以从家里带自己喜欢的课外书到教室阅读，只要有空都能看，慢慢地爱读书的同学越来越多。我看在眼里喜在心上。可好景不长，很快问题就出现了：有个别学生自制力较弱，不管是上什么课总喜欢拿书出来看，老师讲课也不听，科任老师连续向我反映几次，也提醒学生几次，都不见成效。还有的学生趁机连玩具也一块儿带到教室玩。原本是想引导孩子往正面的方向发展，让学生养成爱读书的习惯，没想到却适得其反。如何改变这种状况呢？我陷入了苦恼之中。适逢当时班上发生了一件事：几个男孩子经常在下午上学之前，提前半小时相约并聚集到学校附近的香格里拉小区二期玩耍，常常玩到学校下午打铃上课的时间才慢悠悠地进教室，造成迟到的现象较严重，这也成了我要解决的问题。

正当我为此束手无措时，碰巧学校给每个班级配置了转角柜，我思考后决定采用"交换制"：所有同学带来的课外书全部集中到教室的转角柜，每天固定下午 2 点半到 3 点是班级阅读时间，下午谁先到教室谁就可以任意地去柜子拿书阅读，可以阅读自己的书籍，也可以阅读别人的书籍，这样既可省去书包整天有课外书，避免上课不专心听讲，悄悄拿书来看，又能让学生相互交换书籍阅读，读的书多了，阅读面就宽了。这一招果真灵，开始有少部分的学生一进教室就很自觉地拿书看，有的同学为了读自己喜欢的书，2点半就到教室，抢着阅读。在这些同学的带动下，另一部分同学也逐步养成下午早到早读书的习惯，去小区玩耍的同学也逐渐地减少了。

当我正庆幸自己能将学生爱读书的习惯延续下去时，新的问题又出现了：班干部向我反映，有的同学不爱护别人的书籍，刚阅读几次有的书就不见了封面，有的书中间被撕坏，甚至于有的书已面目全非。这与学校提出的"立君子品行，树君子风范"相背而驰，这怎么是一个"小君子"的行为呢？

我再次陷入了深深的思索之中。这天有一位家长来校向我提议："老师，我的孩子这段时间带到学校的书都不见了，班上能不能设个图书管理员专门管理书籍？"我一听这个建议真不错，于是马上采纳，在班上招兵买马，谁自愿参与班级的管理，自愿负责班级的书籍保管的，就让他负责。不料想却是班上自我约束最弱的泽楷同学，他第一个举手愿意担任班级图书馆管理员，当时还有同学对他的胜任不满意，我说："机会面前人人平等，让泽楷同学先试试。"现在泽楷同学已负责了大半个学期，见到他放书时的那股认真劲儿，我都会不由自主地感叹："给予每个孩子机会，他常会让你意想不到啊！"现在每天下午班上的图书馆管理员总是第一个进教室，每个同学也都能自觉地到图书馆管理员那儿拿书阅读，到了接近午读的时间，小管理员又有条不紊地收书放入转角柜，摆放得整整齐齐。这样既培养了学生管理能力，又初步养成了学生爱读书的习惯。每天下午值周的老师总是对我说：陆老师，你们班的孩子一进教室就拿书来看，全班可安静了。"听到这儿，我都会感到欣慰。

"让读书成为习惯，让君子品行伴我成长"，这是我的教育目标，下一步我将紧紧围绕学校的子课题"加强课外阅读，提升学生人文素养"，引导学生读好书，用好书，立君子品，做有根人。

把爱奉献给孩子

陈　敏

光阴似箭，日月如梭。转眼间，我从事教育工作已将近二十年。二十年来，我把全部的爱都倾注在孩子们身上。每天除了上好课之外，我还会关心学生身心健康、生活状况等各方面情况。因而，上课之前，我都习惯地环视同学们，如发现哪位同学因感冒发烧而精神不振，便主动上前询问，必要时，便让其他老师代课，带他去看医生，回来安顿他休息后才去上课。这些微不足道的小事可能不值得一提，但对于生病的孩子来说，渴望得到的是关爱，对家长来说也是莫大的安慰。我们班的黄巧艺同学，她因小时候发高烧医治不及时而留下后遗症，有时精神有些异常，一发起病来就抽筋，严重点儿会全身痉挛。我没有嫌弃她，更不认为她是个累赘，反而更加无微不至地关心她，爱护她，还教育同学们对黄巧艺同学不能挖苦和嘲笑，要真诚地对待她。黄巧艺每次犯病，我都一边安慰她消除紧张心理，一边扶她到办公室舒舒麻木的四肢。倘若病情严重，我就立即将她送往医院。有一次，她病得厉害，我急忙背她往医院跑，这时黄巧艺同学已经全身痉挛了，嘴巴歪，口吐白沫，我一直守护着她，医生为她打镇静剂，直到病情有所减轻，我这才松了一口气。老师的一言一行对学生有着巨大的影响，陶冶了他们的情操，也会使他们用真诚的爱心关心别人。

爱有催人上进的力量。有位平果县的学生张媛媛同学转到我班，初来时，新的环境使她感到有些不安——早操不会做，笨拙的动作惹得同学们大笑；她普通话读音不准，常使旁人不知其所云；她写作基础差，习作时常看着稿子发呆……面对她所遇到的难题——是我，伸出援助之手，教她学会早操的动作；是我，耐心地辅导，帮其正音；是我，循循善诱，教她写作文的诀窍。经过半个学期的努力，张媛媛同学各方面都有了很大的进步，她的成功之作《可爱的家乡》在班上被当作范文品读之时，我与她分享了成功的喜悦。

爱还能沟通情感，创出最佳的成绩。我班的韦小伟同学偷了家里的两百元钱，被我发现后，他预料一场严厉的批评即将来临。然而，我在班会上却表扬了他："韦小伟同学偷家里的钱固然不对，但他用钱跟以前不同了，不是随便买东西，而是用来买书，他现在爱上看书了，我们应持一分为二的态度来看待。"意外的表扬使小伟同学决心改邪归正。在老师的多次鼓励下，他消除了思想包袱，树立了信心，学习渐渐进步了。

　　教育需要爱心，儿童渴望得到爱，以母亲般的诚挚胸怀，把自己的爱心无私奉献给孩子们，我想这是我们每一个教育工作者所应具备的道德品格。

大朋友与小朋友

黄显惠

大学一毕业就接任了小学班主任的工作。这个班级很"特别"。为什么说它特别？因为每一位老师都和我说这个班的孩子很调皮，你要做好心理准备，接下来的日子有你累的了。我还不以为然，觉得一定是在吓唬我，心想：调皮的孩子应该是聪明的。

走进教室，他们热情地和我打招呼，甚至有些热情过头。小罗同学站到椅子上冲我喊着："你是谁呀？你是教什么的老师？"随后几个孩子叽叽喳喳："对啊，老师你教什么的？""老师你哪里来的呀？"面对这些突如其来的招呼，我有些不知所措。在我的印象中，小学生看到老师应该是很有礼貌地对老师微笑，说："老师您好，欢迎新老师。"手足无措的我开始相信老师们对我的"忠告"了。这个班的孩子果然不一般。

回到办公室，我寻思着，面对这样不一般的孩子，我要怎么样才能让他们快速地接受我呢？朋友，对，就是朋友。我要尽快地和他们成为朋友，这样他们才能在短时间内接纳我。于是，我便开始了解六七岁孩子的喜好。一下课我就待在教室里和他们聊天，聊他们喜欢的动画片，聊他们喜欢的玩具。慢慢地，我的"朋友"越来越多，每到下课时间，他们总会围着我，和我起劲地聊着。那个时候我心里有种成就感。

可是，渐渐地，在我的课堂上我发现我的"朋友们"开始捣乱了。当我严肃地批评他们不守纪律时，他们总是一副嬉皮笑脸的样子，满不在乎。这使我不禁对"做学生的朋友"这句话有些疑惑和茫然，为什么这种教育上的至理名言到我这里却失去了应有的功效呢？经过认真思考，我发现原因在于我没有学会如何做学生的朋友。

俗话说，一把钥匙开一把锁。班级的每名学生都有不同的个性，对不同学生要采取不同的教育方法。我们班上有很多调皮捣蛋的学生，可在长时间的相处中我发现他们是在用调皮来引起老师对他们的关注。

班上有七八个"小罗同学"。他们以自我为中心，自己想干什么的时候没有人能阻止他们，当被老师或班干部阻止他们"展现自我"时候，他们就会和老师对着干。比如：上课想看课外书被制止之后，他们就会四面八方地找人聊天，甚至自言自语。下课时想和某些同学一起玩游戏，但是不小心发生了身体上的碰撞，他们就会不顾一切地展现自己的"花拳绣腿"，还觉得自己很了不起。除此之外，经常还会做一些破坏公物的事情：掀井盖，破坏课桌椅等。为了满足自己的好奇心，他们常常会做出一些老师家长都想不到的事情来。我也经常为了他们在校的种种表现而烦恼，常常和他们的家长沟通。家长也非常愿意配合我对孩子进行教育，可过后并没有什么效果。

其实，当他们违反纪律，我从"朋友"这个身份转化成教师身份去找他们谈话的时候，他们并没有从"朋友"身份转换成学生。所以在面对我的批评时，他们往往觉得我在和他们开玩笑。久而久之，当我很愤怒地对他们进行长篇大论的教育时，他们也不以为然。我也深深明白这样的谈话就像隔靴搔痒，效果往往不大。出现这样的情况，究其原因，主要有二：一是长篇大论的教育对老师来说可能是一种宣泄某种情绪的途径，但对学生来说，就是紧箍咒，学生们表面服从，但内心无所谓。

学生为什么会不以为然呢？是因为我们老师的谈话内容还不能完全触及学生的内心，不能引起学生情感上的共鸣，不能感动到学生心灵深处那根善良的神经。所以在谈话过后，学生还是会旧疾复发。

思考了很长一段时间过后，我决定以"缺点缩小化，优点放大化"的方式对他们进行教育。每当他们在同学面前展现自身优点时，我会借机放大优点，对其表扬。这样一来"小罗同学"们清楚地认识到了自己身上的优点，并在他们的心中不断放大，最后形成这样的信念：我是优秀的学生，身上有很多优点。老师和同学们都喜欢这样的我。渐渐地，身上的缺点就会被收藏起来。跳出"老师"身份，在课间，我时常假装自己很好奇很羡慕他们所说的事物，并引导他们与大家分享他们喜欢的东西。这样他们就学会了分享，课间的争吵也会随之减少。

我时常放低自己的姿态，与他们平起平坐，尽量让自己融入他们当中去，去了解他们的内心，在他们犯错误时，会先平复自己的情绪，再与学生沟通。

在所有行业中，老师的情绪是最激烈的，或喜或悲，或笑或怒，而引起这些情绪的根源就是学生。要想调节好自己的情绪，就要学会与学生沟通，若以愤怒的情绪与学生沟通，那只会使自己的情绪更糟糕，还会激起学生的不良情绪。若以肯定的、期待的情绪对学生，学生也会回报于你。

常言道"欲晓之以理，须先动之以情。"一个爱的微笑，一句爱的话语，都可能激起学生潜在的能量。班级工作千头万绪，但班主任老师只要付出真情，定能换取真心。教育学生就要蹲下来，只有走进学生的心里，和学生成为知心朋友，才能达到"亲其师而信其道"的目的，从而收获更多的成功和喜悦。

放下身份，放飞童真

叶映娜

初入社会就担任班主任，自己慢慢地从实习期得来的经验去摸索其中门路。

起初接手的二年级，懵懵懂懂，我甚至都是在学生的告知下去操作多媒体，第一天头昏脑涨地到了放学时间，学生跑上来问："老师，今天没有作业吗？"我被问懵了，实习期从来都是帮助我们的老师改作业，原来布置作业是要落实到每一天去的！我急急忙忙地把作业一项一项地列出来，一、二、三……我一共列了五点，心想：这下布置的作业应该够写了吧？殊不知，等日后检查他们的家校联系本的时候，竟有一个学生在我这一次布置的作业头顶写着"2015 年最令人难忘的语文作业"的字样，笔顺之间还仿佛夹杂着无奈、痛苦，连收笔的长横都恨不得奔拉下来。我笑了，笑自己的无知，笑自己的"不近人情"，笑自己竟丝毫不了解学生的心情，那还是二年级的学生啊！我还沾沾自喜地认为自己布置了"一定量"的作业。

"换位思考"是初中思想品德课上就学过的概念，说的是做人要学会站在别人的角度客观地看问题。我也做过学生啊，也是一边写着老师布置的作业一边哭天喊地的啊。怎么一站到讲台上，就产生了思维定式：我是老师了，我可以随心所欲地布置作业了，小崽子们！几乎没有经过天使与恶魔的强烈争斗，就直接演变成了这样的心安理得。

他们那几天脸色渐渐地由红润变为蜡黄，四肢本应肆无忌惮地摆动换成了力不从心地摇晃，原先扑闪扑闪的大眼睛也茫然地眨那么一下、两下。空气中弥漫着无尽的沉闷，我终于忍不住了，大声地在课堂上说："怎么？才二年级就不愿听课了？现在的学生真难教！"到了周末，一位好心的家长提醒了我："老师，能不能少布置一点儿作业呢？小朋友周末或平时都会有兴趣班，孩子已经连续几天晚睡了，都累坏了。"听到这里，我顿时羞愧万分，原来我才是问题的根源，原来孩子一直认真听从老师的安排，原来我错怪他们了……

第二天到了学校，我便开始把同年级的语文老师布置在黑板上的作业抄下来做参考，上到这一课应该只布置哪些书写作业，哪些口头作业；然后把今天准备布置的作业先自己写一遍，计算好完成的时间，再估算孩子们大概用多少时间能完成。那一周的时间，完成自己的上课任务之后，我尽可能地利用更多的时间去听有经验的老师如何上课：怎样导入，怎样过渡，怎样总结……听到学生有趣的回答时，我也和学生们一起欢笑起来。恍然发现，自己的课堂竟是满堂灌！孩子没有表达的机会，自然课堂的参与度不高。在一次又一次的对比当中，我慢慢意识到自己竟是如此的古板与刻薄！我要努力的不只是这一个方向。

我便开始先询问孩子们的意见与建议去布置作业，用不记名的方式去了解他们喜欢的上课方式，再用班会课去知晓孩子们的兴趣爱好与性格特点。根据收集上来的"民意"不断地去调整自己的上课方式与作业的强度；通过不断观察，我慢慢地了解 A 同学内向，心思细腻且敏感，所以当她出现问题时，我会采用在日记本上留言的方式告诉她我的建议；B 同学大胆激进，要明确告诉他必须做到什么，不能怎样做；C 同学好"虚荣"，要通过表扬他人的方式去鼓励他去做同样的事……渐渐地，同学们在日记本里开始出现我的"身影"，在课堂上有了明媚的笑脸，课间主动跑来拉我的手要说心事给我听……我的内心不禁一阵小激动，这怎么跟新交了好朋友一样兴奋？

你说这心里起伏的小小涟漪是不是骄傲？是不是自豪？我放下了"高高在上"的身份，收获了爱我的学生；放飞了他们弥足珍贵的童趣，得到了我人生中的忘年之交！

每个生命都是惊喜

欧 丽

30 岁才走上教育岗位的我，第一次从天真无邪的眼神里看到了颗颗澄澈的心，我坚信，与他们的交集一定会给彼此带来非凡的人生体验！

"说说你喜欢什么样的老师?"

这是我开学第一课给孩子们抛出的第一个问题。也许专家学者们的辩证结论会给我一个理论上的指导方向，但孩子们内心的直白会告诉我接下来班级的成长最需要做什么。

"不发脾气的。"（孩子们希望可以通过交流和沟通解决问题）

"不偏心的。"（孩子们心思细腻，老师心里那杆秤要平，不偏不倚）

"经常组织班级活动的。"（孩子们正处在集体荣誉感培养的关键时期，努力寻求多种方式培养集体意识、团结意识）

"让我们学习更多有趣的知识。"（孩子们在快乐中学习，在快乐中成长，通过课本这类有限的"工具书"探索无限的知识海洋）

……

孩子们的陈述让我既兴奋又担心。兴奋的是这些不都是最简单的需要，身为老师最容易做到的事情吗？正因为如此，我开始担心，成年的人们是否能够不用那个被现实冲刷和鞭挞过的心思去揣度孩子的初心，让最简单的事始终保持平淡和美丽。

于是，我决定与孩子们展开心灵触碰，奠定信任的基石，并不断优化交流的思维和语言方式。

"无痕的才是有力的"

与孩子们的正面接触该从哪里入手？夸一夸他的着装？表扬他的雷锋精神？还是秀一秀他的家庭作业？我捉摸许久，突然想起徐斌老师在他的书《无痕教育》中的"不知不觉""不露痕迹"。

孩子，让我"不知不觉"和你成为朋友吧！业余时间，我与家长们互加微信，通过微信朋友圈了解孩子们的校外生活和亲子体验，关注他们的情感变化，在校内特意通过课间小结"不经意"聊起孩子们的乐事。当我提起某某同学在生日 party 上组织大家玩游戏，某某同学在老家为奶奶洗菜，某某同学在兴趣班超前做起科学实验的时候，大家眼睛一下就亮起来了！"孩子王"小 Y 骄傲地翘起嘴角，乖巧的小 J 羞涩地笑了，那个"科幻小子"小 C 更是兴奋地跳起来——我做的是物理"浮力"实验！下课后，孩子们一拥而上，各类话题瞬间炸开了锅，有些孩子惊喜我怎么会了解他们的兴趣爱好，有些孩子主动邀请我参加他们的家庭活动。就这样，彼此的心房打开了。

孩子，让我"不露痕迹"成为你成长的动力吧！六一儿童节快到了，该为孩子们做些什么来表达节日的问候？一份礼物？一个念想？一句鼓励？还是一种精神的传承？"亲爱的小 M，那天的大课间活动太阳很大，同学们的接力赛，有你帮助大家拿衣物，大家跑得可开心啦！老师不小心看到你用手帮小 Q 擦汗呢！你有一颗善良的心，对待朋友热情体贴。管仲曾经说过：善人者，人亦善之。你一定会有意想不到的收获！"57 份手工贺卡，57 个真实故事，57 句警世名言。现在的你们一定都还留存着，陪伴你们成长的每个日夜。

"每个生命都是惊喜"

每位家长都想多看看孩子在校园里的照片，多听听他们学习生活的细节，因为孩子是他们的焦点，甚至是全部。对于我，每名学生绝不是全班的几分之一，而是完整的独立个体，有思想、有情感，每分每秒都有不同的惊喜！

个性化差异让孩子们呈现出多样的状态，却不等同于"贴标签"。眼光放长远看，或许今天的"闹"就是明天的"活"，今天的"慢"就是明天的"钻"，今天的"静"就是明天的"稳"。

小 H 是班上的"奔跑男孩"，活泼好动的他常常折纸飞机，弄得满地碎纸片。在周围同学的影响下，他慢慢懂得收拾，甚至开始创意课间十分钟活动，折出各类人型，在 A3 纸中间剪开一道口子，和同学们玩起了"皮影戏"，这个游戏在班级里掀起了一阵狂潮。小 L 乖巧可人，每次的逃生演练都是因为动作太慢被同学碰倒，可在她的日记里从未埋怨过演练本身或是碰倒她的同学，字里行间都是感谢那些扶她起身，催促她按路线抓紧时间逃生的人。最近一次的母亲节贺卡制作，我只发了每人半张 A4 彩色卡纸，她耐心十足，充分利用胶泥、彩带、贴贴纸等做出一张立体"宫殿"贺卡，她说："这是妈妈给我的宫殿，也是我和妈妈一起生活的地方!"小 W 文静恬美，热爱阅读。她的同桌曾经是个"小魔王"，课堂上无论怎么调侃她，她总是莞尔一笑，就又专心听课了。渐渐地，"小魔王"被成功改造，俩人常常共读一本课外书，分享手工和绘画，最精彩的一幕就属每次的单元测试写话环节，文思泉涌，行云流水，你追我赶，好个痛快!

惊喜不是本身存在，它需要一种推动力和影响力，把它带入正轨，添注营养液，使其孕育、生长、健康迸发。

"我们做在'静待花开'以前"

理解"快乐学习，快乐成长"，不妨尝试思考这两个疑惑：是追求一时的放松而快乐，还是品嚼勤奋刻苦后获得成功的喜悦?是在被动地接受综合性成果中成长，还是在一次次亲身磨炼后自省感悟?恐怕是仁者见仁，智者见智。

小 C 生病了，根据医嘱，病症消除后仍需在家隔离一周。她一次次用电话手表给我打来电话，询问学校的情况，言语中透露着焦急和盼望，她想尽快回到集体中来。经过商量，我们决定通过微信交流学习。

"CC，CC，晚上好，现在是第一条录音。主要为今晚的学习内容和几个思考问题……"

"嗯，现在是第二条录音。主要针对上一条录音中的几个思考问题给出参考意见。"

（也许五六个小时已经过去，我已经休息）

"喂喂喂，这里是 CC 频率，现在汇报今天学习成果，某某知识点已按要求学习，某某知识点存在疑惑……"

无论你是谁，只要你愿意伸出小手，踏出求知探索的一步，我愿向你走出剩下的九十九步。"用心浇灌，静待花开"是我的态度。

"教学相长"

孩子们是课堂的主体，也是这个时代的主角，他们教会我的，同样用之不尽。班干部们从未与其他同学有口角之争，大家和谐相处，其乐融融。某一次的班干会中，班长小 Z 告诉我："我们并不想追着同学登记名字，做好给他们看，比批评他们更厉害!"我忽然间想起一条大学校训："学高为师，身正为范。"那些我们从未手把手教过孩子们的事情，通过日复一日德行品性、谈吐气韵的浸润，终会自悟。

足球联赛，拉拉队员们自发地创作了一幅幅醒目的手绘加油海报，并编写励志加油口号；接力赛结束时，糊涂的孩子们把几乎整个赛场的小外套搬回了教室；为了整齐美观，一名女生用自己连衣裙上的腰带把另一位同学湿漉漉的雨伞系上；他们什么时候发现我的红笔笔帽掉了，偷偷做了一个女王头像的纸质笔套，还不忘写上：加油！老师！

"路漫漫其修远兮，吾将上下而求索"，我要坚持初心，守护原则，取舍中正，严谨治学，做新时代的读书人。

"老师，我非常想您，我希望您出差学习回来之后能给我们讲更多的知识。我现在已经积累了六面小红旗了，这周五能不能抽一次奖呢？嘻嘻，下一次的测试我一定好好答题，争取比上一次更优秀。我要睡觉了，晚安！"我常常手捂孩子们的信件入眠，回味童真的字里行间，如春雨之绵长，夏蝉之鸣脆，秋风之畅达，冬雪之皑明。

退一步海阔天空

刘绪繁

"小不忍则乱大谋"，古人在处理问题上对"忍"做了完美的诠释——在一些小细节上要学会忍耐，只有这样才不会影响大局而导致事情一败涂地。在我们的教育生活中，难免会遇到各种问题。这时，我们首先要学会忍耐，必要时还要懂得退一步！

上过四（2）班课的老师，一定会记得我们班的双胞胎兄弟。哥哥小松长期考试不及格，就连平时的作业，都难以完成。弟弟小霖虽然学习勉强能跟上，可坏毛病一大堆，最令人头疼的就是隔三差五地偷别人的东西。

我刚到这个班的时候，一周至少有三天早操排队时是找不到家霖的。等我带同学前脚一走，他后脚就溜回教室开始"淘宝"：同学的课外书、小玩具，甚至零花钱……只要是他感兴趣的，他都毫不客气地拿走。我三天两头就接到班里孩子的投诉，为了这个问题，我苦口婆心地跟他和他的家长一遍又一遍沟通，但仍然收效甚微。最后，我只好请小班干盯着他，又让班上管教室钥匙的同学在做早操、上体育课的时候把教室的门、窗都锁上，尽量让他没有作案的机会。

2012年9月25日，我刚走进教室，七八个孩子就朝我跑过来，领头的小宇同学一边把一张纸条塞到我的手里，一边喊："刘老师，刘老师，你快看，这是小霖写给小雨的情书！"我一听，特别意外！因为在我的印象中，小霖除了喜欢看漫画就是玩游戏机，我一下子没办法把他和写情书这件事联系起来，于是，我下意识地去寻找小霖，当时他站在离我不远的地方，满脸涨得通红，一个劲儿地说："没有，我没有……"这时，我虽然对事情大约猜到了几分，但并没有马上去看纸条的内容，而是毫不在意地把纸条夹到我的课本里，一边对大家说："我们先上课，下了课我再进一步了解这件事。"

下课后，我把小霖请到我的办公室。我从课本里拿出了小纸条，一边看，一边问："这纸条是你写的吗？"小霖听我这么问他，紧张地摇了摇头，我温和地说："小霖，其实我看笔迹已经知道是谁写的了，但是老师喜欢诚实的孩子，所以我再问一遍，这纸条是你写的吗？"他终于点了点头，这时我才开始慢慢地对他说："刘老师和你的想法一样，我也很喜欢小雨，她不仅人长得漂亮，学习也很优秀，还是学校的领操员，这样的同学，不仅我们两人喜欢她，其他科的老师，还有班里的很多同学都喜欢她，所以你喜欢她是很正常的。"听我这样说，一直不敢抬头看我的他显得没那么拘谨了。看着他稍微放松了一些，我又笑着问他："那小雨喜欢你吗?"他听我这样问，又开始紧张起来，沉默了一会儿，他终于摇了摇头，小声地说："不喜欢。"我接着问他："为什么?"他又沉默了，我又对他说："小霖，其实你是一个聪明的孩子，如果你平时注意一些个人卫生，把自己的位置收拾干净，我想同学们会更愿意到你的位置去和你一起分享课外书和玩具;如果你在借同学东西的时候能先征求他们的意见，得到同学的许可再把物品借走，我想大家会喜欢和你在一起……"

其实和他说这番话的时候，我没有指望马上改变这个孩子。看时间差不多了，我便让他回教室继续上课。他默默地转身向门口走去，没想到的是，他走到门口又转过身来，对着我深深地鞠了个躬，还对我说了句："谢谢你，刘老师!"那一刻，我觉得他的内心是有所动容的。

令我没有想到的是:从那以后，他每天都和我们一起排队做操，体育课、信息课他也不搞单独行动了。现在，虽然小霖同学的成绩还在低分处徘徊，虽然他的座位还是不能每天都像其他同学那样保持干净整洁，但是我已经整整一个学期没有接到同学说他乱拿东西的投诉了。

我想:优秀的教师首先应该是优秀的心理医生。在孩子犯了错误还没有冷静下来的时候，我们所有的努力都是无效的劳动。面对孩子的错误，当我们因为没有"忍一时"而"风起云涌"的时候，让我们尝试着"退一步"，有时候退一步不代表我们软弱无能，而是给孩子一片自我反省的"天空"。让我们共同期待这一步之后——天更蓝，水更清!

交朋为师是"益友"——把学生当朋友

李小花

古人柳宗元提出"交以为师"提出师友并称，把老师看作朋友，朋友看作老师，将师生关系看作朋友关系。把学生当作朋友来对待，有利于更加充分地调动学生的主动性，学生获得认可，获得尊重，必然会更加努力地学习，这点我深有体会。

我从3月20日开始接手二（10）班这个班级，也有一个多月了，并且担任班主任，我感觉压力巨大。我怕教不好他们，又怕他们不好学，又不了解孩子们的情况。作为班主任，不但要教好所任教的学科，还要培养健康向上的班集体，使每名学生德、智、体、美、劳等获得全面发展。进入凤翔小学初当班主任，没有什么经验，还要多多向其他老师学习，多与学生接触，以聊天的方式可以获取他们更多的信息。我和学生像朋友一样打成一片，通过多次实践，终于有了一点领悟。

要有一颗爱心

"没有爱就没有教育"，在平时的教育过程中我都会以一颗仁爱之心平等地对待每一名学生，能够站在他们的角度去感受其内心世界。爱心的表现主要是通过具体的小事反映出来。例如，我每天走进教室，都要看看班级的卫生情况和学生是否到齐。哪个同学今天生日，我会祝福他；哪个同学今天上课好说话，搞小动作，影响学习，我就及时找他谈话，让他也认识到这样做是不好的，还跟我握起手来保证呢！

学生反赠暖心

我跟学生交心了，学生也会愿意把自己的心里话说给我听。今天刚上完早操，我班的陈逸凡跟我一起上楼梯，"老师我告诉你，我班的女同学有好几次跑过来，跟我说她喜欢我，说要嫁给我。"我当时听了有点儿不可思议，这么小的年纪就有这种想法。后来我就找到那女同学，教育她，跟她谈心，以学习为主的教育方式来进行疏导。还有好几次，我班的杨易同学，我从很小的细节看出来她是一个懂事、有爱心的孩子。比如：那天早上刚上完操回来，我就赶着改作业，还没吃早餐，杨易同学看见了，就说老师您先吃早餐，要不肚子饿坏了。听起来好暖心哦！还有一次，那天黄老师把早餐的面包发完给学生，忘了留给我一份。杨易吃完早餐走上来，看见我讲台上没面包，于是她就回到座位上拿来面包，"老师您吃！""我不饿，谢谢你！"从这些细节可以看出，她是一个懂事、体贴、关心他人的孩子。这也与她平时的家教分不开，老师和父母的言行都是孩子无声的老师，对孩子有着潜移默化的作用。

　　以上都是我个人在教学教育中所讲述的小故事，从中我也找到了孩子们需要什么，我也要多为孩子们去寻找所缺乏的，有时会让你收到意想不到的"礼物。"所以说学生就是我们应该好好珍惜的朋友，好好学习的对象。让我们用爱心来教育我们的学生，让他们健康快乐地成长吧！

用爱感化，收获精彩

李　璇

　　我记得这样一句话"教师是太阳底下最崇高的职业"，也正是因为这句至理名言让我选择了教师这个光荣的职业并成为与学生接触最多的人——班主任。

　　时光飞逝，转眼间我已经和孩子们一起从一年级秋季学期来到了二年级的春季。感谢这些可爱的孩子们出现在我单调的人生里，让我的生活充满了各种各样的惊喜。正因为这样的惊喜，我发现每个孩子都是坚韧的小草，有的小草昂然挺立着，好像刚打了一场胜仗的英雄；有的小草随着风而舞动，像翩翩起舞的小精灵；有的小草随着四季的变化，从枯黄到嫩绿再到枯黄的过程，这一切都需要耐心的等待才能看到生机勃勃的景象，这难道不是教育工作者的一大幸事吗？

　　打开珍藏的记忆，这里有我与孩子共同拥有的故事。每一个故事都真实记录着我和孩子的过去。今天，我把它记录下来与大家一起分享。

　　喆喆这个沉默寡言的小男孩，在一次考试后引起了我对他的关注。我发现，他生性较为胆小，遇到事情喜欢用哭来表达自己内心的感受。正是因为这样的性格碰上了我这么一个急性子，简直像火星撞地球一般产生巨大的火花。我开始质问自己，难道我的教育方式不对？难道我的语气太过于强硬导致孩子对我如此敏感？于是带着这样的质疑我找了喆喆聊天，从聊天中我了解到喆喆有一颗好学的心，但是没有养成良好的学习习惯，所以成绩才会有"惊喜"。但自从通过同桌的帮助和与喆喆的妈妈多次沟通之后，喆喆慢慢养成了一些好的学习习惯，成绩突飞猛进，从原来的不及格进入了优秀的行列。当喆喆妈妈看到孩子获得这样的成绩时，都感觉难以置信，当天晚上我收到喆喆妈妈的信息，信息这样写道："李老师，今天看到冯浩喆的试卷我很激动，没想到儿子这次进步那么大。步入二年级以来第一次够时间去写作文。这里面少不了您的鼓励和引导。看到这沉甸甸的成绩，我问他的第一句话就是是不是看同桌的试卷了。呵呵，当然，我更愿意相信儿子长大了，懂得学习了。可能他和别的小朋友还是有不小的差距，但一切都在往好的方向发展，我也慢慢感到了温暖和幸福。我真的很感恩生命里出现的每一个有缘人。特别是儿子，他是我最放心不下的人，因为有您，我看到了希望，谢谢您。"看到这样暖心的话语，一切的疲累都是值得的。

在过去的两年里，和孩子们有过开心，有过欢笑，有过沉默，这一切对于一个老师来说可是一辈子的财富。正如卢梭所说："凡是教室缺乏爱的地方，无论品格还是智慧都不能充分地或自由地发展。"爱犹如一缕春风，吹拂了孩子的脸庞；爱犹如一盏明灯，为孩子照亮了智慧的源泉。爱犹如一棵大树，为孩子们遮风挡雨；爱犹如一把钥匙，为孩子们开启了人生之路。正因如此，我依然无悔成为一名人民教师。

用爱心和学生交朋友

黄 蓓

"谁爱学生，学生就会爱他，只有用爱才能教育学生。"班主任要善于接近学生，体贴和关心学生，和他们进行亲密的思想交流，让他们真正感受到教师对他们的亲近和爱。这是顺利开展一切工作的基础。

小柏是我们班一个男孩，瘦高个，虽然才七八岁，可是行为却有点儿痞气，是班里的一个"小头目"，常结伴三两男生，做一些调皮的事。那是一年级的一天，小柏在放学做值日的时候，拿着扫把和班里另两名男生打闹起来，教室简直成了他们的"战场"，他们一会儿跳上课桌"厮杀"，一会儿匍匐在过道上躲避"敌人"。其他的值日生和等候孩子的家长劝说不听下，只好无奈地看着他们。直到我带队放学回到教室，他们才平息下来，虽然教室在其他值日生的整理下已经整洁了，可是扫把被他们打折了几把。同学们看到我，立刻向我汇报了情况，我心里也大致明白小柏是带头人。我教育了其他几个男孩后，单独和小柏谈了话。当时他嬉皮笑脸，似乎没有意识到自己的错误，我对他说："小柏，其实黄老师很喜欢你，因为你平时能帮助老师做一些力所能及的事情，分担老师的辛苦。前几天你帮我打水；小组长不在的时候，你能帮老师收作业；甚至在自习时，对待吵闹的同学，你能主动制止他们，帮助老师管理课堂纪律。黄老师觉得你很棒。"说到这里，小柏渐渐收起了笑脸，微微低下了头。我继续说道："你的妈妈正在怀着小宝宝，黄老师知道你非常关心妈妈，常常帮妈妈提东西，担心妈妈累着，你很有爱心。黄老师觉得你是一个好孩子，相信你也会关心老师，为老师分忧的。"小柏沉默了，我知道他在思考，在回忆，在反省，我没有再留他，让他回家了。

令我感到开心的是：从那以后，小柏越来越能接受老师们的教导，调皮的事渐渐减少了，还非常喜欢帮助老师，就连成绩也提高了。

有一天，小柏来办公室找我，说邀请我去他家过生日，我和数学老师何老师商量后，决定去参加，并把这次活动当作一次家访，希望能和小柏变成朋友，以便能深入他的内心。到小柏家时，小柏正在帮爸爸妈妈摆放食物，布置他的生日宴，乖巧的样子是我们老师在学校没有见过的一面，那一刻我觉得这个孩子真是懂事。在生日会上，我和小柏的爸爸妈妈说了很多他在学校帮助老师的事情，他全程开心地笑着，显得特别高兴，在我临走的时候，他问我："黄老师，您还会来我家玩吗?"我笑着回答："只要你越来越进步，并且在期末考试得到 90 分，黄老师就还会来。"小柏点点头答应下来。那个学期期末，他果然考了 95 分，让我感到非常惊喜。

现在，我们班即将升三年级了，虽然小柏偶尔还有些调皮，可是他越来越能体谅老师的辛苦，能够帮助老师做一些力所能及的事，同时我也和他变成了朋友，偶尔和他聊聊天、说说笑，看着他脸上纯真的笑容，我的心里也感到快乐。

作为老师，最有力的教育不是高压和威严，而是友善和温暖。高压和威严带来的是屈从和逆反。虽然它能达到立竿见影的效果，但这种效果必定是表面的和暂时的。不做北风刺骨寒，要做阳光三冬暖。让友善、温暖、和谐的光芒充满教育，充满人间。

用心绘琼卷

余　鳍

　　我有时候想，如果没有做老师，我一定会去做一名绘本阅读推广者。从2006年第一次接触绘本开始，就深深地被它的魅力所吸引，它带给了我太多享受，不仅仅让我自己受益，更让我身边的人获得了最美的人生体验。在这几年的教学生涯中，我觉得自己做得最成功的地方就是带着孩子一起读绘本。下面我想跟大家一起分享的是在讲绘本故事的过程中我的收获。

故事一：《是谁嗯嗯在我头上》——教会了我百变的思维方式

　　这个故事讲了一只倒霉的小鼹鼠，寻找在它头上嗯嗯的坏蛋，在这个过程中它遇到了白鸽、大马、老猪、山羊等动物，一一询问后，最后从苍蝇那里获取了信息，得知在它头上嗯嗯的是一条狗。当我讲到小鼹鼠遇到小狗后会怎么说的时候，杨惠深举手了，他回答："它会问：'小狗，是你嗯嗯在我头上的吗？'"因为之前小鼹鼠遇到其他动物都是这么问的，所以我认为他的回答墨守成规，没有新意，于是继续启发他："小鼹鼠都已经从苍蝇那里知道是小狗嗯嗯的了，遇到小狗它还会这么问吗？"杨惠深语气极其肯定："当然要问了！那么多狗，怎么就知道就是这一条狗狗嗯的呢？"

　　就是啊，世界上那么多条狗狗，不问问怎么知道就是那一条呢？

　　我讲这个故事的初衷很简单，就是想让他们在轻松的氛围中感受阅读的快乐，并认识到每一种动物的排泄物都是不一样的。意外的是，我在带给他们快乐和知识的同时，他们也让我找到了成年人的思维盲区，让我懂得了看待问题应该更全面、更具体。

故事二：《爱心树》——爱，无疆！

　　这是一个温馨又略带哀伤的动人故事。男孩不停地向树索取，树为男孩献出了自己的一切，无怨无悔。我用很平淡很平淡的语气讲述着这个伟大的故事。在故事结束的时候，我轻声地问了一句——你们觉得这棵树像不像我们的妈妈？教室里安静了，有的孩子看着计算机屏幕沉思着，有的孩子低头抹眼泪，有的孩子吸了一口长气，又慢慢吐出来……从孩子们的种种表情中我看到了深深的感动。也许你们现在还不太会表达，但是此刻真的不需要了。

我已将这颗爱的种子种在了你们的心里，相信不久的将来它就会在你们心里长成一棵参天大树。

果不其然，讲完这个故事没几天，我就收到了这样的反馈：

汤洁妈妈在 QQ 上留言给我：

"余老师，每一天您所讲的精彩故事都会在我们家的晚饭桌上再次'重播'，使我们每个人受益匪浅！特别是她弟弟对她这个二姐另眼相看。每当问起弟弟：'大姐和二姐你最喜欢谁？'他总会不假思索开口就是：'二姐'。大姐说：'以前你不是一直都最喜欢我吗？今晚我不陪你买汤圆了，也不帮你洗澡了……'弟弟坚持他的看法：'二姐会带我看书，还给我讲很多很多好听的故事。'谢谢余老师！您不但把《爱阅读》《大量阅读》带给班级里的每个孩子，还带给我们家里的每个人。"

黄湧棋的妈妈当天晚上在 QQ 空间发了这样一条说说：

"路灯照亮的夜归路上，我搭着大宝贝的肩膀，听着他给我讲今天老师刚给他讲的《爱心树》的故事，讲着小男孩不停索取，爱心树无条件地奉献。讲到了结尾，大宝贝停下了脚步，我说：'爱心树真伟大……''爱心树就像妈妈一样……'大宝贝说，'是吗？'我假装很惊讶，'是，妈妈我爱你！'这可是大宝贝很少说出来的话，我当时心里那个美啊！宝贝，我们也爱你！"

故事三：《月亮的味道》——谢谢你们帮我找回遗失的想象

今天给孩子们讲《月亮的味道》，孩子们的想象力再次让我惊叹了。故事开始，我问他们，月亮什么味道的呀？谁知道？谁都不举手，因为谁都没吃过。再问，那你们猜猜，根据它的颜色、质地猜猜可能是什么味道啊？这下齐刷刷地举起手来，说什么的都有。

"应该就是月饼的味道。"

"可能是奶油冰淇淋的味道。"

"我猜是巧克力豆的味道。"

"月亮弯弯的时候是香蕉的味道。"

"我发现月亮有的时候是偏黄色的，那时候的月亮应该是蛋黄的味道。"

一学生听后立马反驳："我觉得月亮应该是蛋白的味道。"

我的思维有些跟不上他们了，听到这里我插了一句嘴问道："鸡蛋是椭圆的，月亮又不是，为什么像蛋白的味道呢？"那学生毫不畏惧："颜色啊！蛋白的颜色和月亮这么像你没发现吗？"

是的是的，我怎么就没有发现呢？我的想象力都被约定俗成给绑死了，谢谢你们解救了我！

在讲故事的过程中他们都在享受着各种猜测带来的乐趣，平时最不爱举手的学生也非常积极地参与了进来，在这没有唯一答案的故事课上他们才能真正感受到学习的乐趣。猜对故事情节的骄傲无比，没猜对的也毫不气馁，猜错了才更欢乐呢！我愿意传递这份快乐，其实每次在讲故事的过程中我也特别享受，与其说我启发了他们去观察、去想象，不如说是他们正在帮我找寻那遗失了多年的想象力。

故事四：《彩虹的尽头》——你是我的宝贝！

讲的是一对好朋友，獾和狐狸去彩虹的尽头寻找宝贝的事情。故事讲完我问他们："你们是谁的宝贝啊？"齐答："我们是爸爸妈妈的宝贝！"又问："那谁是你们的宝贝啊？"有的说家里的布娃娃，有的说家里养的小狗，有的说自己的玩具，有的说是一本很好看的书……

这时候，蓝雅琳站了起来："余老师，你就是我的宝贝！"接着李悦也站起来说："余老师也是我的宝贝！"然后全班谁也不甘示弱，都大喊起来：

"余老师也是我的宝贝！"

"也是我的！"

……

那一刻，我的眼泪夺眶而出，瞬间百感交集、语无伦次。平时没少骂他们，卫生没打扫干净，挨骂；上课讲小话，挨骂；不完成作业，挨骂……而他们一点都不记仇，每次不管在任何地方看见我都飞奔过来热情地跟我打招呼，从不计较我的回应。咳嗽了，办公桌上总会躺着几颗药丸，和一张写着关心话语的纸条。现在又在这样的课堂上发自内心地唤我为"宝贝"，你们知道我有多愧疚吗？

绘本是有魔力的。谁用心去讲述、去倾听，谁就会绘出人生最美的琼卷。

等待花开的日子

王　俊

　　记得我刚到小学教书时听一个老师说过她的一次亲身经历：有一天她的手袋被偷了，过了几天她接到一封信，是小偷写来的，因为手袋里有工作证和笔记本。小偷在信中说，没想到偷了一个老师的包，很对不起。信中回忆了自己的小学班主任对自己的教育，心里充满了对班主任的想念和感激。信的末尾交代那个老师什么时间、什么地点去拿包。老师真的拿到了包，一样东西也没少。当时一个老师说：这个小偷缺德，但不缺心。那时我就在思考：做一个什么样的老师？做一个什么样的班主任？

　　去年，我中途接手一个班级，小陈同学第一天就给我留下了深刻的印象：第一节课，我看见他像蜘蛛侠一样，整个人贴在墙上，叫他坐下来，他爱理不理，然后整节课在玩他自己的。第二天的思品课谈到理想时，我让他来说。他说：我要当霸王。我问他要做什么样的霸王，他说："我要做杀死全世界的人，只剩我一个这样的霸王。"我接着问："你的父母也要杀死吗？""我不管他们的。"他的回答让我感到心寒。过了两天，两个班干急匆匆到办公室找我说，上音乐课时小陈不见了。音乐老师很着急，又不能离开教室，就让孩子来找我。我和两个班干从一楼找到五楼，他从五楼的一个木梯爬到楼顶去了。当时学校有些地方在施工，木梯是工人留在那里做工的。那木梯是没有任何围栏的，如果掉下来，后果不堪设想，现在想想还后怕。当天晚上，我到小陈家进行了第一次家访。我和他母亲交谈了一个多小时，当小陈听见我说记下了好些他的事情并打开给他妈妈看我的工作日志时，他感到好奇就要拿来看。当看到我记录下的他在学校的所作所为时，他有点儿不好意思，说："哎呀，老师你干吗要记呢？"我当时笑笑说："这是我的工作啊！"家访后，我发现他有了一点儿变化，上课稍微听些课了。我组织班干成立学习小组帮助他，他的学习成绩有了一点儿进步。他时不时会来问我："老师，您觉得我有希望吗？"我每次都很肯定地说："当然有啦。"但是后来他不知道反反复复犯过多少错误，我也反反复复地找他谈话。"孩子犯了错，上帝都会原谅。家长之所以总不能原谅孩子，大概是离上帝太远了吧！"我常常拿这句话来安慰自己，鼓励自己不要放弃。

　　一次大课间，我跟男孩子们踢足球，见小陈蹲在球场边，就喊了他一声，把球传给他。一些学生喊："老师不要传给他，他不会玩的。"但是他听见我叫他，已经迅速站起来把球抢到，传给别的同学，大家玩得很开心。铃声响起，集队走回教室的途中，小陈走到我面前问："老师，您觉得我踢得怎样?"我说："只要你不偷懒，跟同学们一起练习，肯定会越踢越好。"当时吹来一阵微风，我的头发吹进了嘴角，我还没有反应过来，他用小手指轻轻把我头发拨过一边。我当时就想，这个让老师"痛不欲生"的男孩还会有这样温柔的一面。

教育是什么：把在校学过的知识全部忘记，剩下的就是教育。我的女儿很喜欢小学的一位数学老师，她曾经对我们说："我们陈老师上课说，虽然她只教我们六年，但要对我们的一生负责。"育人比教书更重要！每次家长会我都会讲故事，一个个发生在孩子们身上的小故事，用生动的事例让家长们看到孩子们一点一滴的进步。从一件件小事中家长可以更好地了解自己的孩子，了解老师的教育理念。我的思考、我的感动也让家长们感受到老师对孩子的真心、真情、真爱。我记得一次家长会后，我们班那个来自宝岛台湾的女孩的妈妈在 Q 上给我用繁体字留言：說真心話，在這功利主義的社會下，還能遇上像您這麼一位重視孩子內在心靈發展的老師，真是幸福！

我很喜欢一句话："班主任工作是否成功，只看一点：当遇见学生时，学生是否会微笑着向你走来。"我们老师和家长都应给孩子时间去思考，去体验，去收获。终有一天，我们会欣喜地发现，我们的孩子是那么可爱，给我们带来很多快乐，想要看花开的人必须学会耐心等待。

倾听孩子说禅

李 玲

"无常便是有常，无知所以无畏。"当今时代，网络无所不包，信息无所不在，人们生活在无限拓宽了的界域里面，同时，也在"自我世界"和"他人领域"之间投下了一道沟壑，我们已经丧失了人作为总体性的本真意义——无所不包的总体性，那么，就再也说不出也听不见除他之外还有任何更高的存在话语和声音。

——题记

如此，作为一名教育工作者，要怎么办？

倾听孩子说禅。

"禅"这个字拆开来，就是"示"和"单"，即简单的表示、单纯的心地，也就是心里清清楚楚、明明白白的意思。

难道还有比七八岁的孩子更"简单的表示、单纯的心地"吗？

暮春朝阳升起的上午，学校君子学堂，我听六年级的孩子们学习一篇略读课文《我最好的老师》后，顿生创意——邀请孩子们和老师一起随意来聊聊课，终于有这个机缘与孩子们对话交流，倾听孩子们说禅：

笔者：你们好！能认识一下你们吗？

生1：我叫袁霖祥。

生2：我叫陈洁莉。

笔者：课文中的怀特森老师究竟好在哪里呢？

袁：他给我留下的印象很深刻。

笔者：这只是主观感受，不是事实依据。

袁：他的教学方法十分独特，这一点非常好。

笔者：譬如……

陈：譬如，怀特森给在课上"抄黑板"的"搬运工"毫不留情地统统打零分。可以说，他这样的评价方式已经成功摆脱了中国教育以前的那种传统的填鸭式和题海式的教学方式，一种只顾着学生考试的成绩而不去在乎学生的内心感受，那种心目中无人的教学方法。怀特森老师让学生自己独立思考，创新探索，认真求索得出答案。"死记硬背"这种方式已经不适合了。

笔者：我这里有三种数学符号，一个是大于号，一个是等于号，一个是小于号。刚刚给你上课的老师跟怀特森老师之间，放哪个符号比较公正合适？

袁：我觉得等于号吧，因为每个老师各有各的教学方法，指不定怀特森老师哪一点就不如我们的老师了呢？

笔者：请再说，好让我明白。

陈：我也选等于号。怀特森跟我们的老师有相同的地方，就是他们都敢于在学生面前承认错误，而且我们的老师很愿意跟我们交流、谈心，而有些老师……我们不能跟他接触，不能跟他讲自己的观点。而且我还有一种预感和判断：我们的老师经过岁月的磨练，她也在学习，她也在进步，相信她一定可以比怀特森老师做得更好，我非常相信她。

笔者：你们真棒！你们都知道了怀特森好在哪里——独具个性。他教学生要敢于挑战老师，要有自己的独立思考与准确判断，不迷信书本与权威。我想问，这位老师———怀特森，他在哪里？

袁：他就在我的课本里。

陈：从表面来看，是在书本上，但我觉得应该是在每个老师的心里，就看你老师怎么做。你是怀特森还是普通老师，这就要看你怎么做了……

笔者：什么是最本真的禅意？什么是豁然的开悟？什么是一个人临场发挥的创造力？怀特森老师是实实在在做出来的！不是躺在书本上的，而是活在我们的课堂里，他同时也是活在每一位老师的心坎里的，就看你怎么做。若你做了，你就是怀特森！在"人间四月芳菲尽"的春光里，切莫把怀特森淹没在了暮春中！

陈：这位值得尊敬的怀特森已经活在了春光里和我们的心里！

笔者：春光洒满树梢，也照在了你的脸上！老师奖励你们看一个微视频——《不约儿童》。

袁、陈：目不转睛观看《不约儿童》。（视频大意：剧中老师让学生用"不约而同"造句，男男女女们都造出了"出其不意"的答案。一个男生说——在公园里，我问一个姐姐："约吗？"姐姐看了看我，说："不约儿童。"闻听此言，老师气得两眼冒金星，颤抖的手指着学生，说："滚出去！"）

这位老师是怀特森吗？

陈：绝对不是怀特森！

笔者：为什么呢？

陈：如果他是怀特森的话，就不会常规思维冒然地打击一个孩子的自尊心，特别是当你是高大的老师，你在这么小的孩子面前对他说让他滚出去，这是对孩子心灵的一种伤害。真正的怀特森应该是比孩子的心更宽，更纳百川，更能够包容孩子的"奇思妙想"，哪怕是暂时不正确的、偏离轨道的，然后老师要想着怎样去正向引导他，把他引向正确的航向，老师要去发现孩子内心的天真与无知，正所谓"无知所以无畏"，他才说出这样的话语，这不是网络时代典型的产物吗？一种正常不过的现象吗？而这个句子不也正是一个很正常、念得通的句子吗？

笔者：假如你是怀特森老师，你会怎么引导那个孩子？

陈：先点头，也说出两个"嗯嗯"，不错啊，你真会讲"冷笑话"，不过你有个明显的不足，那个"不约而同"不是这个"不约儿童"，这样正确地去引导他，而不是一味地去指责他大声怒斥他。怀特森是老师，在座的也全都是老师，老师就要履行职责，教育引导他的学生而不是一味地指责斥责，在怒斥中长大的孩子往往只会指责，不懂得包容和接纳，以及变通，更不会宽容"另类的声音不同的声音"，就更不要说他会有创造性地"和谐归拢"不一样的声音的能力了。

笔者：你真是一位禅意的孩童！你在跟我禅意说禅！如果把你"为老师说禅"的这一段视频放到网上，你一定会成为爆棚的网红！

......

孩子是禅。禅说得心里明明白白、清清楚楚。心里明白清楚就是"平常心"，也就是"超圣入凡"的禅心。因此，孩子说禅，并不是说他会与一般人有什么不同之处，而是说他在面对文本的解读的时候，会比成人更明晰、更本真、更直白、能以空明的态度来对待，来阐释他的理解。

静听孩子说禅——"怀特森老师是实实在在做出来的！不是躺在书本上的，而是活在我们的课堂里，他同时也是活在每一位老师的心坎里的，就看你怎么做。你若做了，你就是怀特森！"

倾听孩子说禅，开悟第一。开悟是自己的事，需从自心顿生。如果把开悟交给他人，那不是产禅，而是脱禅。

开悟，究竟是在开些什么呢？简单地说来就是"唤起悟性、觉醒"，或者说是"智慧的觉醒"。孩子们说："真正的怀特森应该是比孩子的心更宽，更纳百川，更能够包容孩子的'奇思妙想'，哪怕是暂时不正确的、偏离轨道的，然后老师要想着怎样去正向引导他，把他引向正确的航向……"这是在唤醒老师的包容。孩子说"你是怀特森还是普通老师，就要看你怎么做了"，这是在唤醒老师的行动。孩子说："我们的老师经过岁月的磨练，她也在学习，她也在进步，相信她一定可以比怀特森老师做得更好，我非常相信她。"这是在唤醒老师的觉悟与自信……

开悟，有顿悟和渐悟。不管是顿悟或渐悟，"悟"都是至关重要的，所谓的"悟"就是智慧的觉醒。"智"与"慧"是有着细微的区别的："言智慧者，照见名智，解了称慧，此二各别。"所讲的意思是，能观察抉择事物称为智，而能决断、通达、了透，则是慧。

身为教师，站在孩子身旁，倾听孩子说禅，就是求顿悟开悟，求大智慧，求一颗平实的慧心。

求开悟、求智慧者，就好比一只鸟要上山顶，它可以循梯拾级而上，也可以一飞至顶，但无论如何，都是要去山顶，总是应该要往上走到达顶峰的。

在课堂上，在与孩子们的禅心对话中，教师，你和我、和他向上一路攀爬、行走，我们一路都是永远的行者，执杖前行，保持慧心和禅意。

站在三尺讲台，面对面，对着澄澈的眼睛，我们倾听孩子说禅，就好比这混沌世间的一片净土，一阵绽开盛放的莲花的清香，能将应试的大山与功利执着的分别之情远远超越，融入一隙的心田，在无声无语之中冥合人间最美的真谛；听孩子说禅，恬淡自然，真趣盎然，悦目赏心，有如一股清澈的山泉、一缕和熙的清风、一阵悠扬的笛声，散发着淡淡的自然气息，让人通体坦荡舒透；听孩子说禅，能默合于心，仿佛呵护有生命张力的花儿与小草，我知道那教育的真理不在远处，就在真心的道途，在讲台与课桌的咫尺间，"密在汝边"。我们是在进行人文的教育，面对面，心贴近心，就会顿生金刚不动的大安顿。神圣的讲台，平常之间，我望着孩子澄澈的眼睛，倾听孩子说禅。

梦想照亮现实

毕冬美

儿时的梦想是成为一名人民教师，因为在教师的身上我感受到了爱，感受到了温暖，这份爱如利剑破开荆棘，呵护着我前行。这份爱，如明灯冲破迷雾，照亮我人生的道路。也正是这份爱，感召着我将它传承下去。

毕业之后，从大学同学口中了解到可以实现儿时梦想的机会，内心激动不已的我从湖北千里迢迢来到南宁进行面试。当忐忑不安的我接到面试通过的通知，一种幸福感瞬间包裹着我，梦想就这样在现实中触手可及。成为教师之后，我懂得了教育是爱的事业。这种爱是博大无私的爱，它包含了崇高的使命感和责任感。爱是一种信任，爱是一种尊重，爱是一种鞭策，爱是一种激情，爱更是一种能触及灵魂、动人心魄的教育过程。在教育的过程中，我把教师的爱理解为三个心：爱心、耐心、责任心。

教师应当有爱的情感、爱的行为，更要有爱的艺术。两年前，我成为了一（8）班的班主任，现在这个班有了自己的班名："葵花班"。作为班主任，我希望孩子们能像向日葵一样，有信念山，阳光、忠诚，勇敢追求自己的梦想，热爱生活。同学们是一朵朵正在成长中的小葵花，而我就是无怨无悔的太阳，发光发热，永远愿意为葵花们指引方向。我和孩子们之间的回忆像夜空中的星辰，美丽而回味！

记得在二年级的时候，班里有名同学非常聪明，但他也非常调皮，三天两头不写作业，经常和同学打架。作为班主任，我和他谈了几次，教育他端正学习态度，学会怎样与人相处。虽然教育过程中其能认识到自己的错误并表示改正，然而时隔不久，总会克制不住和同学打架。鉴于这名同学的情况，我也多次请他的妈妈来学校解决孩子的问题。在这一过程中我了解到这名同学成长于离异家庭，母亲因工作原因难以经常进行教育，使得他在幼儿园时就经常被老师批评，对他来说批评就是家常便饭。正当我为如何教育好这名同学而烦忧，该同学和我提到将在下学期转学到父亲所在的城市。得知这个消息，我的内心有过一丝放弃继续帮助这名同学改正错误的想法。过了一段时间，每次我回想这事，心里还是有些不舒服，曾有这样一句话："选择了军人就选择了牺牲，选择了教师就选择了奉献。"热爱学生、诲人不倦是教师的基本道德，它要求教师能够爱岗敬业，热爱学生，全身心帮助学生健康成长。

为此，我坚定信心要以爱心和耐心来帮助学生。空余时间我积极向同事取经，学习一些和心理学有关的知识。经过思考我决定采用"保护法"来帮助他。有次一下课我就去找他，笑着跟他说："毕老师每节课下课我都会来保护你。"当时他嬉皮笑脸地说："好啊。"刚开始他还觉得新鲜好玩，跟了几次后他觉得还是和同学一起才比较好玩。我已经观察到他已经待不住了，小声对我说："毕老师，我不用你保护了。"我回了一句，说："不行，要是有同学打你怎么办？我要保护好你！"他不好意思地说："同学们不会打我的。"我慢吞吞地说："同学不打你，我怕你打别人，怎么办？"他急忙地说："如果我打人，我就跟着你。"我爽快地答应了。没过一会儿，有人跑过来告他的状，我就去找他问清楚原因，他主动承认错误了，他也自觉地跟着我去教室了。经过一个多月的跟陪，这位同学犯错误的次数变少了，学习上也有了很大的改善，他妈妈专门打了一个电话过来感谢我。之后我和这位同学成了好朋友，遇到问题时他会主动来找我，犯错误时他也愿意接受我的意见。

通过这个事例，我再次深入理解到教育不是一天两天的事情，也不是一次两次就能解决的。每当他犯错误的时候，我就找他，帮助他分析犯错误的原因，提出建议帮助他改正，由于他的转变，班级的纪律好了许多，学习积极性有了很大的提高。当我遇到班级问题时，我会不断地反省自己，找出问题的原因和解决方法。我想对于成绩和习惯不好，有缺点的学生绝不能让他们掉队，因为他们是祖国的花朵，也是小树啊！他们更需要阳光雨露，更需要爱和鼓励。因此在教学时，我把评价纳入课堂教学的全过程，给后进生恰如其分、全方位的评价，同时恰当加大夸奖力度，欣赏后进生的点滴进步。当他们不敢发言或回答问题不完整甚至错误时，我就耐心地对待，热情地启发，给予更多的理解和宽容。比如："请不要紧张，老师相信你能回答这个问题。"有的学生上课开小差了，我就对他说："如果你能跟我们一起学习，我一定会给你加分。"当学生回答问题好时，我就会说："你真会动脑筋，我们都向你学习。"或者："你知道的真多，一定很喜欢看书。"这些鼓励性的语言点燃了孩子们智慧的火花，使他们获得了满足，体验到了成功的喜悦。下课时，有些孩子来找我聊天时说："毕老师，我长大后也要做老师。"此时的情景就像我儿时的情景，孩子们为自己的梦想而奋斗吧。

师生之间的"心理交融"是教育活动得以顺利进行的重要条件，连接师生心灵的桥梁是彼此之间的"爱"。作为教育活动的主体，我们必须有一颗爱心，只有热爱学生、设身处地地理解学生，帮助学生，才会从各方面了解清楚学生的情况，才能使学生积极、主动地去接受教育。这是一个师生间长期的心理互动和情感交流过程，需要教师耐心细致。

让每一个孩子都精彩

梁丽馨

踏上工作岗位那天起，我就知道评价一个班主任有这样一条真理：班主任在，学生能做好，是一个基本合格的班主任；班主任不在，学生能做好，是一个优秀的班主任；班主任在，学生仍不能做好，则是一个失败的班主任。

我还知道，当班主任，就像领兵打仗，领什么样的队伍都能够打好仗才行，科任老师是否能团结在你的周围，是你个人人格魅力的体现。科任老师，各人有各人的风格，教学能力有高低差异，学生的认可度也会有所不同。作为班主任，应该注意发现他们的长处，协调好各科任老师的关系，协调好老师和学生的关系，一块工作的同事，就应亲如兄弟姐妹，相互关心，相互帮助，即便是工作中有什么不爽，也应该心胸宽广些。作为班主任应该认识到老师的强弱搭配是一种必然，在任何学校都不可能把你认为好的老师都挑到你这个班。切不可为了自己班级学生的成绩去贬低自己的同事。我对自己的要求是"做一任班主任，团结好一个团队，交一批朋友"。

我更知道，班主任要善于激励学生，调动学生的积极性，增强他们的参与意识，激发学生的积极性，培养他们的主人翁责任感。对待学生，要善于发现他们的闪光点，在公开场合大加表扬，多鼓励，少批评；多肯定，少否定，使他们在愉悦和满足中不断完善和发展。每一个学生都有自己的闪光点，我们要善于发现学生的这些闪光点。

然而，每个班级总有一些同学对自己信心不足或缺乏上进心。一个优秀的班主任就应该最大限度地调动每一个同学的积极性，挖掘每一个学生的闪光点，多一些包容与赞美，少一些侮辱，让每一个学生都成为精彩的学生，每一位科任教师都成为精彩的教师，班主任也就成了精彩的班主任！

在刚接任班主任工作时，说实话，说"爱生"容易，真的做起来这"爱生"并不容易啊。有时，教师一个粗暴的动作，甚至一个责备的眼神，尽管不是十分刻意，却能在师生之间隔起一道心灵的屏障。更何况是这样一个刚组建的班级呢？冷静下来，仔细一想，我何不"顺其自然"呢？58 名学生，58 种性格，让他们与众不同，个个精彩，我主要采取了以下措施：

一、尊重学生的人格

关爱学生，首先要尊重学生的独立人格。哲学家爱默生说过：教育成功的秘诀在于尊重学生。当班主任要尊重学生的人格，才能从本质上热爱学生，教育教学和管理工作才能取得成功。

班主任要在学生心目中树立示范地位，就是要尊重学生的人格，善待每一名学生，使师生关系平等，激发学生的自我肯定意识。民主、平等是现代师生关系的重要标志和特点。民主、平等的师生关系既能发挥班主任的引导作用、教育作用，又能调动学生的积极性、主动性。师生关系融洽能使班级气氛活跃，工作取得良好的效果。

二、明确育人的目的

我认为，成人比成材更重要，要培养对社会有用的人，要让学生成为建设祖国的栋梁，必须要有强烈的社会责任感，积极向上的团队合作精神，丰富的文化科学知识以及健康的身体和心理。

我设计并在班里组织开展了"五心"活动：忠心给祖国；爱心给社会；诚心给朋友；孝心给父母；信心给自己。让同学们明白我们是国家的主人，祖国的兴亡和我们每一个人有着很密切的联系，爱国就要从身边的每一件小事做起，捡起地上的一片纸屑，不闯红灯，帮助同学，遵守纪律，爱护集体等，都是爱国的行动。

通过这样的教育，同学们的思想觉悟有了很大的提高。在运动会结束的时候，同学们看到草坪上有很多表演时留下的彩纸，就主动要求留下来捡，全班同学都自觉地参加了这次活动，受到了大会的表扬。

三、讲究批评的艺术

批评也是一种关心、爱护的表现。作为班主任，经常要面对做错事的学生，劈头盖脸地对学生进行指责未必能收到应有的效果。批评学生，要注意一事一批，学生犯了错，班主任要针对学生的错误进行批评，不要轻易地将学生以往的错误联系起来。批评学生要对事不对人，无论是优秀的学生，还是经常出错的学生，班主任都要一视同仁。批评学生，评语要准确，恰如其分。准确、真诚的评语，会使学生心悦诚服、欣然接受。苏霍姆林斯基说过：只有学生把教育看成是自己的需要且乐于接受时，才能取得最佳教育效果。他曾处理过这样一件事：一个学生打死了一只麻雀，为教育学生，他责令学生找到鸟巢，见鸟巢里面几只雏雀嗷嗷待哺。苏霍姆林斯基不无忧伤地说："它们失去了妈妈，现在谁也无法救活它们了。"这情景使这个学生非常懊悔。二十年后，这个学生对苏霍姆林斯基说："如果当年您严厉批评我，那么这么多年来我就不会自己惩罚自己。"自我教育是批评要达到的最高境界。艺术的批评是班主任奉献给学生的一份财富。

四、让每一位学生体验成功

班主任要创设条件，使每个学生都有体验成功的机会。不管这学生是小还是大，身上有多少缺点毛病。要让学生体验成功，班主任就要发挥学生的强项。我们班有个女学生，她性格有些怪僻，对班里的事从来不闻不问，在那次低年级诵读比赛中，自己走到我面前说一定要参加。我知道这孩子朗读能力很强，小小年纪很有语言功底，而且不胆怯，于是就让她和另一名男生搭档，做了主角，结果我们班在他俩的带领下，获得了一年级古诗文诵读比赛第一名。自此以后，这个同学其他方面也有了显著的进步。显而易见，成功的体验能带动学生其他方面能力的发展，提高学生整体素质。

每个孩子的成长都有精彩的可能性，关键在于我们要在最合适的时候，用最恰当的方式，牵着他们的手。我们也要学着欣赏美，学会发现孩子的闪光之处。在这种欣赏的姿势、欣赏的表情前，孩子就是一株苗壮成长的小树。在给孩子们缔造成长的"精彩"中，我们也把自己带进了幸福的教育"天堂"。

教育的力量

蒋婧怡

　　"一个国家的前途，不取决于它的国库之殷实，不取决于它的城堡之坚固，也不取决于它的公共设施之华丽，而在于它的公民的文明素养，即在于人们所受的教育、人们的学识和品格的高下。这才是利害攸关的力量所在。"马丁·路德·金的这段话直接揭示出教育对于一个国家、一个社会的重要性，教育的力量体现在综合国力的同时也体现在个人价值上。

　　作为一名小学教师，虽然我工作时间不长，但在和孩子们接触的过程中我发现我的角色不单单只是给无助的心灵带去希望、给稚嫩的双手带去力量的"老师"，我还是从他们身上汲取勇气和力量的"学生"。

　　今年 3 月底开始学校班级足球联赛进行得热火朝天，孩子们的积极性都很高，抓紧课余时间参加训练。烈日下，男孩们奔跑着、追逐着，汗水浸湿了球服，但他们仍不知疲倦。小宁是班上出了名的调皮蛋，上课常常插嘴或是发出怪声，学习不太自觉，热衷于各项体育活动。近段时间却变得格外乖巧：上课做笔记，作业正确率提高了……我开玩笑地问他："小宁呀！是什么魔法让你变成乖乖仔啦？"他竟有些不好意思地把乞求的目光投向我："蒋老师，我妈妈说如果我表现得好每场比赛都能让我上场，是真的吗？"原来这小家伙把球赛看得这么重，为了鼓励他，我爽快地答应了。

　　4 月 12 日迎来了我们班的第一场球赛，穿着巴塞罗那球服的小队员们神气十足，充满自信地站在球场上。比赛开始了！小宁使出浑身解数，铲球、头球、运球过人，虽然只是个 10 岁的孩子，踢起球来还挺像那么回事。另一边，啦啦队员们尽职尽责地呐喊着："三（7）班！加油！"这时候，球再次传到小宁脚下，小宁灵活地躲过对方的"围追堵截"一路冲到了对方的小禁区，准备射门，啦啦队员们屏住呼吸，他的眉毛皱成一团，豆大的汗珠滚落到眼睛里，嘴巴紧紧地抿着，抬脚——射门！"唉呀！射偏了！"班上同学失望地说。球擦着门柱慢悠悠地滚出球场。小宁瘪着嘴，身体微微颤抖起来，手捂住自己的双眼。随着裁判一声哨响，比赛结束。小队员们跑到小宁身边，有的队员轻声安慰他，有的队员用手拍拍他的肩膀，小宁的手用力一甩，嘴里大喊："你们走开！别烦我！"队员们被吓了一跳，我挥了挥手示意队员们离开，拉着小宁坐到球场边的小石凳上。他开始抽泣起来，汗水和泪水融在一起，喃喃着："都怪我，都怪我，要不是我的腿……都怪我……"我凑近他才听清，连忙问："小宁，你的腿怎么了？"他看了我一眼，把紧紧贴在腿上的袜子翻开，膝盖上有块血迹，血染到了袜子上。原来，训练时小宁的腿就受伤了，刚结痂，在比赛中因为摔跤伤口裂开了，疼痛传遍他的全身，也影响了他的射门。我一下子紧张起来，想扶着他赶紧去医务室涂些药，他却倔强地不愿起身，和我抗衡。我并不怪他，让一个学生去医务室借云南白药，稍作处理后，我微笑地看着他说："小宁，蒋老师给你讲个故事吧！"见他低头沉默不语，我便继续说道："29 年前一个充满不幸的男孩出生了。3 岁时，他被一辆汽车撞倒导致脑震荡，因此还缝了针。从此以后，各种疾病就接踵而至，麻疹、肺炎、哮喘……一个病接着一个病，虽然不致命，但他每天都得和病魔做斗争。这个体弱多病的孩子却喜欢打篮球。尽管在篮球场上经常被别人碰倒在地，常常伤痕累累，但他却对篮球永远充满激情。他和哥哥在家里自制篮球架，日复一日、年复一年在自家后面的小巷子里追逐着篮球，他的身体越来越强壮。"听到这里，小宁停止了抽泣，扑闪着红红的眼睛好奇地问："这个男孩是谁啊？他后来怎么样了？""2010 年夏天对他来说是人生的转折，在 NBA 选秀大会上，他被费城 76 人队选中。采访中他说：'那些疾病，只不过是命运的考验，只为把我磨炼得强大。我反而要感谢它们。'他就是埃文·特纳。""哦！特纳！我知道他！原来他的童年这么悲惨啊！"小宁脸上先由兴奋转为悲伤，若有所思发起愣，过了一会儿他的脸上恢复了往日的笑容："谢谢你，蒋老师！特纳这么痛苦都能坚持，我这点痛不算什么，下一场我要更努力才行！"看到他能自己感悟到特纳身上的精神，我很开心，摸摸他的头给予肯定的目光。

伤口愈合后小宁在赛场上自由自在地奔跑，他的眼神更坚定、自信了，他的内心充满力量，还成为了赛场上的"最佳球员"。小宁从我的故事中得到力量停止哭泣，而他身上那不顾个人疼痛为班级荣誉而战的高尚品质又何尝不是值得我学习的呢？教育使我们从对方身上汲取力量，让自己变得更强大！肖川教授说过："一个拥有希望、力量和自信的人，最有可能成为幸福生活的创造者和美好社会的建设者。"

赞美的教育，爱的教育

黄媤婧

陶行知先生曾说："爱是一种伟大的力量，没有爱就没有教育。"教育的最有效手段就是"爱的教育"。

我是一名年轻而又平凡的教育工作者，对于我而言，教育就是每天和孩子的斗智斗勇，就是一项终身奋斗的闯关事业，就是一种激情，一种爱的鞭策，一个互相尊重的过程。教育是一种"一切为了学生，为了一切的学生，为了学生的一切"的博大无私的爱，它包含了崇高的使命感和责任感。

还记得当我第一次进入教室，踏上讲台，面对着几十双带着好奇、兴奋的眼睛，我在心中默默地说了声，以后这就是我的"家"了，我一定不能辜负他们。

与孩子交往是一种乐趣，这是我在教育过程中体会最深的一句话。林肯先生曾说过："每个人都希望得到赞美。"的确，自身的行为能得到他人的肯定和赞美，是能起到正面的激励作用的，所以，教师对于学生行为所起的作用，对学生的发展和其今后的选择是有一定的影响的。

我的班上有一个男孩，我刚接触他时，他上课总是喜欢趴在桌上思考人生，或者像个停不下来的陀螺，和身边人不停分享自己的看法，我与其他科目老师交流后，发现他几乎每节课都是这样。有一次在课堂上，他又一次控制不住自己去和周围的同学讲话，为了不影响课堂，我下意识地点了他的名字，让他站起来回答问题，我原本以为他是回答不上来这个问题的，但是没想到，他站起来后小眼睛滴溜溜地转了几圈，眨了眨眼，小嘴一张，竟然回答上来了，虽然答案并不是很完美，但是我被他的小机灵劲儿给惊呆了。这说明这个孩子虽然自控能力稍微有些不足，但脑子是十分灵活的，能在非常短的时间内反应过来，这是很多孩子做不到的，于是我便有了一个灵光一闪的想法，那就是为何这次不尝试着大力表扬他呢？于是我让班级的同学都为他的回答而鼓掌。在他的脸上也就露出了难能可贵的笑容，而且我还感觉出他的笑容中带着一丝惭愧。

下课后，我对他的笑容难以忘怀，于是把这件事告诉了他的父母，他的家长平日里似乎更多的是接到任课老师们的投诉，所以在刚接到我的信息时，第一句话是问我：是不是孩子在学校又犯了什么错误了？但是在我和他们说明情况后，他们也感到十分的吃惊，我给他们提了些建议，那就是平日里对孩子做得好的行为大力表扬，做不好的时候也应以鼓励为主，"是不是有别的方式去解决这些问题呢?""你能做得更好吗?"这些正面的积极的做法果然给他带来了一系列的转变，他上课说小话的行为慢慢消失了，渐渐变得上课愿意积极举手回答问题，响应老师的号召，和同学们之间的相处也越加和谐了，成绩也有了显著的提升。

    我认为教育就是发自内心地去了解孩子，走入他的内心才能被他所接受，而正面积极的做法对于孩子的影响也是正面而且积极的，虽然面对每一个孩子我们都要因材施教，但是我相信只要能以心换心，这种爱的教育才更能亘古流传。

小荷才露尖尖角

廖爱丽

　　才露尖尖角的小荷就是我们班的小美，她是我们班的重点保护对象。

　　初次见到小美，让我印象最深的是她那纯净的双眸，犹如从天上不小心坠落人间的星星。患有自闭症的小美，不敢与同学、老师交往，常常一个人自娱自乐，或是发呆或是看风景。

　　对于这样的特殊学生就必须运用特殊的教育方法，教师要有更多的爱心、耐心和细心。俗话说，世界上没有完全相同的两片树叶，当然更没有完全相同的两个学生。既然小美是这样，我可以借此机会让孩子们多帮助她，让孩子相互教育。我们能不能找到打开她心灵的钥匙，走进她的世界？给她多一些爱心，多一份温暖？学生都很高兴地表示愿意帮助小美。从此，班里的女生两人一组，左右不离小美寸步，陪伴着她，常常跟她多聊天，帮助她尽快适应新学校新环境。男生每天找个话题主动与小美说上两句话。大家约定，谁都不许看不起小美。小美就是我们的小妹妹，我们要帮助她，让她融入我们这个大家庭。

　　精诚所至，金石为开。我欣喜地发现小美慢慢融入班集体中。小美也会在课堂上安静地坐好，和同学们一起读书，一起回答问题。小美的进步真大！她的位置不再位于教室的一角，而是跟同学们轮流滚动，再也不用担心影响他人的学习了。体育课，她不会再玩失踪，也不用奶奶陪，可以和同学们一起出操，一起玩游戏。现在的小美已经独自来校上学了。虽然有时她高兴飞奔时会撞到消防栓，有时觉得好玩而闯红灯。但是，她没哭，只是告诉我很痛，想得到我的安慰。最疼爱她的奶奶患了重病，家人实在没有办法接送小美。同路的同学会督促小美不要闯红灯，我也会在放路队时跟随着小美看她安全过马路。小美慢慢地努力着，变得独立，变得坚强。

　　更为可喜的是，小美竟然主动写作文了。写作文，竟然是我的鼓励所驱动。想当初，每次的语文测试，小美除了写一些基础题，其他都是空白。小美妈妈说："孩子的理解能力不行，阅读和作文如果没有人提前指导，她就不会写。"的确如此，即使小美写过同类的作文，只要变个题目，她就不会写，就留空白。经过一段很长的时间，小美终于乐意听我的指导，学会转个弯来写作文了，会改头换面，把写人的作文变成写事的作文。别看小美这样，在她的作文中，她会表达她朴实的情感。例如，老师对她的偏爱，让她有机会参加"六·一"节的乐器表演，那天的小美特别漂亮，十分快乐。前段时间，小美开心地告诉我，她可开心了，其实她不说，我也看出来了。她还想跟我说些什么，我想何不借此机会，让她好好写点儿东西。我就说："小美，老师正忙着，没时间。你写下开心的事，写好了就拿来给我看，我就知道了。"没想到，过了几天，小美的妈妈发了两篇作文给我，说是小美单独完成的。原来小美开心是因为过生日有礼物小绒毛狗，还有家人陪她去公园玩。于是，小美就写下了写物和写景的两篇习作。我夸奖了小美。她可乐坏了。表扬的结果就是在那个周末，小美又连续写了五篇作文。小美妈妈觉得万分惊奇。我更是意外。我的一句话竟然让小美学会了主动写作文，而且文中竟然还用上了比喻、拟人修辞手法。

小美每取得点滴的进步，我除了在班上表扬她，还会利用班级飞信平台及时与她的家人共同分享，以此鼓舞家长。家长每一次收到短信都情不自禁地打电话给我，聊孩子的事情，经常一聊就一个多钟头。有时还问我怎么做到这些的，能让小美有这么大的改变。我脱口而出，是爱，孩子们的大爱，老师们的偏爱，打开了小美心灵的钥匙。小美的家人除了感激还是感激，说孩子找到了好学校，遇到了好老师，所以才会走出她自己的世界，学会跟同学、老师交往。其实，我认为我们也应该感谢小美。我常对班里的孩子说，我们应该好好感谢小美，是小美让我们知道如何去关爱他人，是小美让我们班变得更加团结，懂得互助。

是小草就让他装点大地，是大树就让他长成栋梁之材！小美这朵才露尖尖角的小荷，是在我们凤翔路小学全体老师的呵护下、同学们的帮助下慢慢长大，相信也能绽放出最灿烂的光彩。

孩子，我送你的礼物是挫折

谢丽梅

新调入一所学校，学校领导安排我进三（4）班，负责三（4）班的语文教学及班主任工作。这个班级换了好几任班主任，学生的常规比较差，为了能顺利接管，我故意从一开始就表现得异常严厉，想用自己的"威力"镇住学生，甚至连一些好学生也被我训斥。

开始，班级表现得风平浪静，好像并没有因为换了老师而发生什么变化。然而，一位妈妈的电话打破了这片宁静。"谢老师，浩浩不想上学了，我很着急，你说该怎么办？"我先是一愣，接着便约她到学校详谈。她焦虑地对我说："上个学期，浩浩在班里一直当班干，成绩也不错，几乎得到了全体老师的表扬。但是，这个学期来，他说自己在学校的表现好像没那么好了，反而还因为上一次在课堂上和同桌玩，不认真听课，而遭到了您的批评。他感觉老师心中没有他了。"

我忽然意识到，自己虽然当了十几年的老师，很多时候，只看到了孩子天真、可爱的一面，却忽略了一个令人深思的问题：这些"草莓孩子"，外表看起来光鲜亮丽，还疙疙瘩瘩的挺有个性，可是心里却是苍白绵软，稍一用力就会变成一摊果泥，他们的心理承受能力太弱了！

"你回家多做做孩子的思想工作，尽量鼓励他来，我们再一起想办法。"送走了浩浩的妈妈，我的心久久没平复下来。现在的孩子由于家庭条件优越，很多孩子都是抱着蜜罐子长大，从不知道什么叫挫折，从不知道什么叫失败，对生活缺少最起码的承受能力。当换一个老师，换一种环境，仅仅是因为一两次的不顺利，就马上出现了厌学情绪，这是多么可怕的心理！

接下来，我没有直接单独找浩浩聊天，而是尽量忽视他的存在。但同时，我也在暗示他：不要一味地总是以为自己很了不起，当环境发生变化时，最先要做的是改变自己的做法，而不是选择逃避！选择这样的方式来处理和对待他，是因为我知道既然生活到处充满了挫折与失败，与其将来让他被挫折击得抬不起头，不如现在就把"挫折"这个"珍贵的礼物"送给他！

平静的一周过去了，在周五的班会课上，我组织孩子们以"谢谢你——挫折"为主题，开了一次班会。课上，我给孩子们讲了这样一个故事：著名化学家格林尼亚教授，小时候也曾经走过一段曲折的道路。少年时代，由于家境优越，加上父母溺爱，他没有理想，没有志气，整天游荡。可是好景不长，几年以后，他家彻底破产，一贫如洗，昔日的朋友都离他而去。从此，他醒悟了，开始发奋读书，立志追回被浪费的时间，九年以后，他研制出了格氏试剂获得了诺贝尔奖。这个故事使孩子们知道，挫折是我们成长中的一部分，是任何人在生命的旅途中都有可能遇见的。虽然我们都不喜欢它，但它不会放过我们任何一个人。所以，既然没有一人能逃掉，我们就只有勇敢面对了。

晚上，我给孩子们布置了一个特别的作业，就是让孩子们向自己的父母了解心中忧愁。浩浩在日记中写道："直到今晚，我才知道，我的身体和学习态度是父母最大的忧愁，然而他们并没有放弃，而是一直努力着……说明挫折是可以战胜的。我要感谢谢老师，感谢她给我的挫折，她使我明白，不经历风雨，怎么见彩虹？"

之后，他对于生活表现得更加热情，而对于别人的批评也变得坦然多了。

而我并没有因为事情得到了圆满的解决而搁浅了此事，我要把真正的挫折教育贯穿于整个教育中。在课堂上，在班级管理中，我有意识地给孩子们一些挫折：对于优秀的学生，我想方设法让他们尝试一下批评和失败的滋味，在让他们欣赏灿烂阳光的同时，也在他们的天空下一些淅沥沥的小雨。我还安排了各式的体验劳动，坚定孩子们克服困难的信心。

渐渐地，我发现孩子们变得更加坚强了，遇到挫折时，也渐渐输得起了。在足球比赛上，虽然足球队员拼尽全力，拉拉队员也喊得声嘶力竭，但是依然输给了其他班。回到教室，好多孩子都哭了，毕竟他们已经尽了自己最大的努力，却依然失败。可是很快，就有同学站起来说："我们不哭，我们接下来还有与其他班的比赛，我们应该继续努力呀！"在他的感染下，同学们都很快忘却了比赛的失败，又全身心地投入了下一场的比赛中。

作为教师，我们不但要教书，更要育人。让孩子们知道在他成长的道路上不会一帆风顺，有时来的是狂风，有时来的是暴雨，面对这些挫折，请不要害怕，也不要逃避，带着喜悦与欢快的心情，携着挫折一起成长……

关爱学生，享受幸福

顾 燕

一刹那的阳光可以使大地生机盎然，一场短暂的过云雨可以使花朵娇艳欲滴，一道稍瞬即逝的彩虹可以闪亮整个天空。而老师一个关爱的微笑可以温暖学生一整个冬天，今天我想和大家分享的就是这样一个爱的故事。

我的故事得从一个口哨说起，这是上个学期班上一个叫田田的女孩送给我的。那段时间学校准备开展队列比赛了，全校各班都在积极准备、苦练队列，我们班也不例外，我每天带着孩子们在操场上练习着立正、稍息、踏步走等动作，没几天我的嗓子就有些吃不消了，记得那天不知是何原因孩子们的训练状态特别差，所以回到教室后我就严厉地训斥了他们一番。可能是火气太大了吧，第二天我的声音嘶哑得几乎说不出话来了。在准备排队下楼的时候，田田匆匆跑上来，拿出一个哨子递到我面前说："顾老师，给！用上这个，你就可以不用喊口令了。"我呆呆地看了她三秒钟，那稚气的眼神里满是真诚和关心，伸手接过东西，一阵暖意顿时涌上心头。田田是上个学期开学初才转来我们班的，这个孩子性格有些孤僻，不怎么爱跟同学玩，对我也总是表现出一副非常冷漠的样子，今天她怎么会想到要送我哨子呢？可还没来得及等我说声"谢谢"，她就像完成一件了不起的大事一样高兴地跑开了。看着她那天真的笑脸，我感到欣慰和感动，欣慰着她的懂事，感动着她的善良。

之后的那天晚上，我特地打电话给田田的妈妈表示感谢，而田田妈妈的话带给了我更大的触动。她告诉我田田一直为那次我给她扎头发的事而感动呢，她常在家里说："顾老师最喜欢我啦，她不仅给我扎头发，还送我一根漂亮的皮筋呢，同学们可羡慕啦！"所以当她发现我最近声音有点哑，就要求她妈妈给我买个哨子，那哨子其实已经买了两天了，只是性格内向的她一直不好意思给我。

在放下电话的一刹那，我感到前所未有的温暖和感动，没想到扎头发这么一件小事竟让我走进了一个孩子的内心世界，更没想到这么小的孩子居然已经是这样的懂得感情，是这样的懂得感恩，我为她的善良、懂事而高兴；我为自己所从事的教师职业而感到幸福。因为爱，让我明白了教育的真谛；也因为爱，让一个单纯而真实的孩子懂得了爱，所以也懂得了回报爱。

从这件事我也清醒地意识到了一点：要学会去关爱学生，一句关心的话、一个爱抚的动作、一个关切的眼神……都会让学生真切地感受到你对他的关心和爱，"亲其师，信其道。"只要将爱的种子播洒进孩子的心田，你就一定会收获到别样的幸福。

灿烂笑容背后的故事

叶竹君

2013 年 9 月，挺特别的日子——我成为了一名小学教师。更特别的，我还是班主任。虽说是个"主任"，但我打心底里抗拒。作为一名没有教育经验的新教师，马上要接手一年级，我毫无头绪，不知道该如何管理一个班级，不知该如何制定班级目标和班级制度。好像有一团火在心中，却又看不到方向，一切都是零。

在实际工作中，对优秀学生的欣赏，几乎每个老师都能做到。但对调皮捣蛋学生的欣赏，可能就微乎其微了。很清楚地记得，当我把分班名单给太阳老师看时，她说："噢，天哪！这两个孩子在我们班啊，全身都起鸡皮了，学前班的时候就鼎鼎有名！"当时还"单纯"的我，真不明白这话里的意思，现在想起，我真是呵呵了。一直都把这些年幼的学生想象成乖巧的、懂事的、不会反抗的，认为他们不过就是孩子嘛，有那么 hold 不住吗？您别说，事实上还真是让人无法言喻啊！

我班有个学生，在年级里就很有名气，学习习惯差，个人卫生差，爱打闹，爱说谎，常不写作业，一进教室就听到各种对他的控诉。我是既烦恼又担心，不知道哪天他又会出怎样的状况。果然，没出几天，情况接踵而来：上课影响老师讲课，扰乱他人学习；下课胡乱打闹，每天都有同学到办公室告状，我总有解决不完的问题。对于他，我批评过，教育过，找过家长，所有能做的几乎都做了，效果微乎其微，没办法我只能在课间看着他，可这样给我繁忙的班级管理和教学工作带来很大的麻烦，对于这个孩子我可以说是"恨之入骨"，认为这是个没有自尊心、没有上进心无可救药的学生。

后来有件事让我改变了看法。那是我们学校举办的一次春游活动，活动上我们玩了几个团体游戏，他的专注和团结力让我刮目相看。每个细节都认真完成，与同学相互协作完成任务。游戏结束后，他又帮忙带着太阳老师那刚满 4 岁的孩子。别看才是 11 岁的学生，带起弟弟来还有模有样的。他时不时会细心地询问弟弟要不要上厕所，时不时会贴心地给弟弟拿好吃的，还会带着弟弟玩游戏。春游活动结束后回到学校，我表扬了他。当看到他有些害羞的表情时我心里一动：原来每个人都希望被别人认可、被别人赞扬，尤其是老师同学眼中的捣蛋鬼更渴望等到表扬，或许这是可以帮助他进步的突破口。

于是，我带着欣赏的目光去发现他更多的闪光点：上课大胆表现时，我都同全班同学一起表扬他；他积极帮班级做事情，也会及时对他的行为表示赞扬，让他明白能为班里做好事同学老师都喜欢他；平时尽可能多和他聊天，了解他的想法，有针对性地做工作。同时多次找到他的家长，将他在学校的表现反映给家长，并要求家长配合我的工作加强对孩子进行教育。虽然现在和其他同学相比，他身上还有很多缺点，但是他的转变也是明显的，我相信经过努力这个孩子会有更大的进步。

　　"一把钥匙开一把锁"。每一个问题学生的实际情况是不同的，必然要求班主任深入了解弄清学生的行为、习惯、爱好及其后进的原因，从而确定行之有效的对策，因材施教，正确引导，搭建师生心灵相通的桥梁，用关爱唤起他的自信心、进取心，使之改正缺点，然后引导并激励他努力学习，从而成为品学兼优的学生。只要我们付出更多的心思，付出更多的爱，相信我们的人生将是光彩夺目的。

　　作为一名平凡的教师，回想这几年从教之路，我没有什么轰轰烈烈的壮举，更没有值得称颂的大作为，在教育教学过程中，有困惑，有激动，有伤心，有愤怒，有无奈，更有迷茫。但我相信，努力了，反思了，我就会成长。同样的道理，孩子们努力了，反思了，他们也会成长。

　　希望在以后的教育生涯中，伴随着自己和学生交往的这些历程，我能欣慰地看着我的学生在我的教育下露出幸福的笑容，我会珍惜那一张张灿烂笑容的背后一个个刻骨铭心的故事。

教育如此美丽

汪 飞

"小时候我以为你很美丽，领着一群小鸟飞来飞去。小时候我以为你很神气，说上一句话也惊天动地，长大后我就成了你……"

优美的旋律，纯真的记忆。几个小女孩围坐一圈，中间有个头发长长，扎着蝴蝶结的女孩，她拿着一支没削过的铅笔指点着身后的房门，俨然一位老师在上课。

年少时，最爱的游戏，最初的梦想，一路成长，却从未放下。

时光荏苒，岁月如梭。长大后，我终于从事了这太阳底下最光辉的职业。我一直用心经营着梦想，教育路上，且行且珍惜，一路上竟时时感受这份百转千回又风情万种的奇异美丽。

"教师节快乐！"

新的校园，新的班级，一切都不熟悉。8 月 31 日的教职工会上，我认真记下了密密麻麻的工作安排及注意事项，可第一次当班主任的我却不知从何入手，心里发慌。

校园很大很美，像个花木郁郁的迷宫，哪里是一号小花园，哪里是二号小花园……方向感几乎没有的我感觉有些凌乱。

校服没有，皮肤不够白皙的我也没有黄色的连衣裙，9 月 1 日怎么办？一筹莫展。

坐在空空如也的办公桌前，看着办公室里老师们在电脑前努力地工作着，我有些手足无措。

9 月 1 日，忙碌的一天。上午，忙着记认班上的每一位家长和学生，忙着收下并整理学生交来的学生手册和各种五花八门的暑假作业。下午，学校要求班主任上常规教育课，而我却不很清楚常规具体指哪些内容。当我忐忑不安地走上讲台时，孩子们热烈的掌声，真诚的目光，我的心安定了下来……

9 月 2 日，日常工作全面铺开。我看着教室里的大屏幕，陌生得犯愁，心中发促，看着孩子们单纯的眼睛，期待的目光，脸上一阵热辣，只能低声说："老师……不太会用这个……"

没有嘲讽，却看到一张可爱的小脸，小扬诚恳地说："老师，我帮你！"

我的心安定下来……

很快迎来了9月10日教师节，在这段日子里，我记住了班上每个孩子的名字、特点、喜好……工作也渐入佳境，慌乱早已无影无踪。

9月10日14：30，离午读开始还有半小时，我悠闲地坐在办公桌前，看着别班的孩子进进出出，欢蹦乱跳地给他们的班主任送鲜花，送祝福。我心生羡慕之余，只得安慰自己，毕竟孩子们和我相处没几天……

9月10日14：50，当我走入教室，稚嫩明亮的声线点燃了意外的喜悦："汪老师，教师节快乐！永远青春美丽！"接着，我被孩子们围了个水泄不通，有的用柔软温暖的小手臂紧紧搂着我，有的递来漂亮的康乃馨和自制的贺卡，有的挤着小身板，欢快地冲着我展开明媚的笑颜，午后的阳光洒进教室，照得人心里亮堂堂的……

生活总是充满着惊喜，孩子们有着最纯真、美好的世界，只要你走进这个世界，一切都如此美丽！

"幸好有你！"

小泽是个特别聪明，思维有些独特的孩子。他讨厌写作业，喜欢打游戏，更喜欢和老师唱反调。他上课总是忍不住要说话，要么想方设法找周围孩子讲小话，要么老师说什么都要学上一句，插上一嘴。偶尔他还会在课堂上发出怪声怪调或是贴得满脸纸巾去吸引同学们的注意，没有孩子乐意成为他的同桌，轮到谁和他坐，总是有孩子苦苦地求我行使班主任的权利为他做主换个同桌。这样的孩子显然是让老师们感觉头疼的，初来乍道的我一时也想不出什么好方法来教育引导他。

金秋十月，迎来了孩子们期盼已久的秋游活动。说实话，身为班主任的我却没能感受到有多快乐。"安全问题"好似一顶重重的帽子扣在脑门上，又如同一块巨大的石头压在心间。而小泽自然也成了我心中"最担心的孩子"。因此，秋游当天，一听说小泽脱离队伍，我便火急火燎地请副班和随行家长照顾其余的孩子，然后一阵风似的朝小泽跑去。原来他肚子有点儿疼，急着找卫生间。不巧的是班级驻地附近的卫生间在维修，于是我俩急匆匆地赶着路，在金茶花公园里到处找卫生间。可能是太着急了，我们谁也没有留心回去的路。一个问题解决了，新的问题出现了，我们迷路了。

我们像两只没头的苍蝇在公园的道路上乱窜。我的手机一直响个不停，副班和家长们都打电话询问我们什么时候回来，孩子们都在等着我们回来一起照相留念。一想到还有一个班的学生在等着我，我就心急如焚，小泽却一副满不在乎的样子。

我有些急了："小泽，你就不担心我们找不到回去的路吗？"

小泽笑笑说："老师有你在，我很安全。"

我又气又好笑："如果我没跟来，你害怕吗？"

他想了想，一把拉着我的手说："幸好有你。"

秋游回来，小泽对我态度发生了 180 度的大转变，他变得爱上语文课，认真完成语文作业，变得信任我，尊重我。没想到一次秋游却意外地让我和小泽变成了"患难与共"的好朋友。

教育是一种唤醒，教育是一种给予，它能让迷途的双腿找到回家的路。

"老师，我来照顾你！"

娜娜长得甜美，像个洋娃娃。可是，这么漂亮的小姑娘却总爱把自己默默地隐藏起来，似乎很害怕被关注。我悄悄地留心观察这孩子，发现她很挑食，只要不是甜食就不爱吃，总是想方设法逃避吃早餐。不知道是不是挑食的缘故，虽然十岁了，她却特别瘦弱娇小，仿佛弱不胜衣。娜娜经常生病，有时甚至会请上一星期的病假。也许因为这样，她总是对学习提不起兴趣，让人不由得心生怜惜。

一个淅淅沥沥飘着点儿小雨的早晨，我在批改作业，办公室的门被轻轻推开，抬眼望去，两个俏生生的小丫头拘谨地站在门外。现在是上课时间，我有些意外，有些担心，两个小丫头究竟发生了什么事？原来娜娜的肚子有点儿不舒服，馨儿陪着她刚从校医室过来。娜娜很想喝点儿热水，却忘了带杯子，于是两个小丫头在这个时间出现在了这里。想起娜娜无甜不欢，我就用自己的两个杯子给娜娜和馨儿一人泡了一杯香甜的红糖水。从此，我的身后就多了两个甩不掉的小尾巴，娜娜和馨儿都越来越喜欢学语文了，馨儿甚至还把这件事写在了作文里。

又是一个下雨天，孩子们眼中活力满满的汪老师却变得有气无力，我蔫蔫地坐在办公椅上，忽然闻到香甜的味道，眼前多了一杯散发着热气的红糖水，还有娜娜精致的脸庞："老师，我来照顾你。"

我的眼睛被这氤氲的雾气熏得有些湿润了……

教育竟然如此芬芳甜美，沁人心脾，我是这样真真切切地感受到了春天般的温暖。

教育如此美丽，心中有爱，美丽便不再遥远，真爱是人世间最美好的情感，具有神奇的魔力，也是一切教育的基石。我相信只要在彼此心灵的天空架起一道美丽的彩虹，就一定能看到迷人的风景！

你是我的蓝天

祝丽丽

2016 年 8 月 31 日，是我人生中最难以忘怀的一天！

这一天，我早早地来到 10 班的教室，今天是学生返校注册的日子，也是我和 10 班的孩子见面的第一天。前一天，我设想着和孩子们第一次见面的种种场景，想着该用什么话来和他们打招呼，想着我该如何与他们相处……现在，孩子们还没有来，我已经有了一些小激动，还有一些小紧张。

8 点多，孩子们陆续来到了教室。我热情地说了句"来了"后，竟不知下一句说什么，我打量着孩子们，孩子们也在打量着我，眼神中除了好奇还有一些埋怨。终于，一个孩子开口问："为什么不是刘老师？刘老师去哪里了？"接着越来越多的孩子发问，我的脑袋"嗡"的一下，这不是我之前设想的任何一种见面场景。一时间，我竟不知该如何回答。孩子们对我充满了怨气，仿佛是我把他们之前的班主任给赶走了。后来，经过多次解释，孩子们终于接受了刘老师已经离开的事实，但是我分明地感到了孩子们的难过，我的心也一点点跟着沉了下去，为他们难过，也为自己难过，也许我这个"后妈"要付出更多的努力，才能换取他们的信任。

接下来的日子，面对着一张张不同却怎么都记不住的面孔，我的心越来越虚，每天都小心翼翼地上课、小心翼翼地管理班级，一遍又一遍地记着名字，却又一次又一次地认错人。每天虽然都感觉忙得焦头烂额，但是好在班级还算平静。不过，好景不长，"战争"终于还是爆发了。

一天中午放学，班级 54 人，可无论怎么数都是 53 人，而一时又不知缺谁，于是我和班干一次又一次地数人数，同学们一次又一次地确认，确定是少了一个女生，可就是想不起来是谁。

眼看着就剩我们班级没有放学了，一些孩子开始焦躁起来，我也急得满头是汗，后来还是想到了用全班点名的方法。最后，终于查出是我们班的陆姿伶。当查出来后，有好多孩子说："哦，是陆姿伶啊，我差点儿都忘了班级还有她这个人了。"是的，陆姿伶，这个孩子虽然平时在班级不怎么出声，但因为她的个子很高，我也很快记住了她。

于是，我马上给她的妈妈打电话，确定她自己从前门走去了午托班之后，一颗悬着的心终于放下了，但是我坐在办公室越想越后怕，越想越生气，万一没找到她怎么办？万一她回去的路上出了事情怎么办？为什么她不和大家一起排队，为什么不遵守纪律？

下午一上学，我就马上找到了她，把心中的担忧和气愤一股脑地倾倒到了她身上，但是看着她一点点低下的头，一点点开始颤抖起来的身体，我的心一下子就软了，我这是在干什么？就算我是为了她好，就算我是担心她，但是也不能以一个老师的凌厉来对待一个弱小的女生。

下午，我又一次拨通了她妈妈的电话，电话中也可以感受到她妈妈的善良和无助。单亲的家庭，一个妇女一边工作一边要带着两个孩子，还要经常出差，活泼开朗的陆姿伶也因为家庭的变故开始变得内向起来，不与人沟通、不与同学相处，不听课和不完成作业，每天都把自己沉浸在课外书的美好故事中。时间一长，她在班级就变成了一个被孤立的人，同学们也渐渐忽视了她的存在。在班级中找不到归属感的她，也就自然不愿意和大家一起排队了，仿佛远离大家才是对自己最好的保护。

知道事实真相后，我找到她和她进行了一次长谈，每次放学后我都主动拉起她的手，让她和我们一起走，也鼓励她多和同学们在一起，渐渐地我发现了她的身边出现了越来越多的朋友，她的笑容也渐渐地多了起来。

转眼间，我已经和10班的孩子相处快两个学期了，每个人的名字、每一张面孔都记得再熟悉不过了，因为他们已经在我心里生根了。孩子们对我呢？我不知道他们到底爱我有几分，但我确定的是，孩子们已经接受了我，也渐渐和我建立了越来越深厚的感情。淘气的孩子们有时候不叫我老师，而叫我"小祝祝"。虽然我表面上不让他们给我起外号，可是每当听到他们亲切地叫我"小祝祝"时，心中却充满了无限的甜蜜。

也许以后的教育之路并非坦途，但是只要我努力教好课，教给孩子们越来越多的知识、越来越多做人的道理；只要我努力管好班级，给孩子们提供越来越好的学习和生活环境，我相信终有一天，我定能为他们人生大厦打下最牢固的基石，而他们也定会成为我的蓝天！

发现孩子的闪闪星光

李念英

德国教育家第斯多惠在《教师规则》中说过："我们认为教学的艺术，不在于传授本领，而是在于激励、唤醒、鼓舞。没有兴奋的情绪怎么激励人，没有主动性怎么能唤醒沉睡的人。"事实正是这样，坚信学生一定会成功，学生便会从教师的爱中获得一种信心和力量，情不自禁地投入学习的过程中，养成良好的学习生活习惯，从而迸发出智慧的火花。

刚接手四（7）班时，班上有这样一个小女孩，名字叫苏雨彤，聪明伶俐、活泼可爱，参与课堂活动很积极，而且小嘴巴能说会道，好像一只小"百灵"，每次上我的语文课她都举起她的小手积极地回答老师的问题。但是她父母工作太忙没时间管她，回到家只有保姆陪伴她，她自己由于年龄还太小，虽有几分聪明，但自制力不强。虽然她在课堂上表现良好，她的家庭作业却是"惨不忍睹"，经常不写不交还特别会向家长老师撒谎，刚开始的一周，连续几天语文组长都来向我汇报："苏雨彤说作业落在家里了，她的作业没交。"我找她了解情况，她说下午补交，可是下午来校作业还是不见影儿，等她第二天拿来，作业还是空的。每次没有完成作业，她都会诚恳地承认自己做错了，说会改的，希望老师给她机会，可她又总是一次次地辜负我对她的信任。我找她谈心，请同桌监督她登记作业，甚至罚她抄写课文，可是她还是不能主动完成作业。我忍无可忍打电话给她的妈妈，妈妈电话里说家长拿她没办法，妈妈说不主动完成作业是孩子的老毛病了，在家里思想工作做了，大道理讲了，奖励惩罚也用上了，可是孩子自己的事就是不自觉完成，她的家庭作业还是照样缺交、漏交。

我想课堂上那么积极活跃的孩子为什么回到家就管不住自己呢？

经过再三观察，我明白孩子课堂上表现积极，那么孩子就有追求向上的积极性，如果我能激发她身上积极的因素，将积极主动转化为她约束管理自己的动力，将自己的事放在心上，养成良好的自制自律的习惯，问题不就迎刃而解了吗？有一天早上，她的语文同步作业又是写了一半，她说昨晚光顾着和弟弟玩，作业没写完。我找她到教室走廊上，我借机说："你是姐姐，你要给弟弟做好榜样，人长大了就要做长大的事情，老师相信你也长大了，不单自己能管理好自己，还能做爸爸妈妈的小助手管理好弟弟。你自己的任务完成了，还可以做老师的语文小组长，帮助老师管理好一个小组的作业订正任务。"在我的信任和鼓励下，在接下来的几天，她每天早上来校主动向我汇报昨晚在家她和弟弟是怎样共同完成作业的，还和我说本组成员作业订正的情况。从此她的作业不再缺交，我还鼓励她参加班级的足球队和学校每周三广播室的讲故事活动，她的积极性得到了激发，她的事自己能完成好了。她基本养成了"今日事今日毕"的良好习惯。

　　我体会到：教师要做到善于观察，勤于思考，注意发现学生身上闪光的品质，心中隐秘的活动，脸上流露的神情，生活出现的异常行为，这一切即使刚刚露出端倪，不会引起常人的注意，也应成为教师捕捉的对象。或是因势利导，或是防微杜渐，并用自己创造性的劳动来影响教育的进程，规范孩子的行为，帮助学生通过学校生活构建起属于自己的完整的精神世界。

我的小太阳

庞博玲

太阳于万物，是生存的能量，缺之不可。

于我而言，学生即是太阳一般。

学生是小太阳，唤醒沉睡的我。无论前一天发生了什么，清晨，在孩子面前的我，都须充满正能量，为人师表，这是我对自己最基本的要求。

学生是小太阳，为我指明方向。人难免有受挫无助的时候，当看孩子的笑脸，我便坚定步伐，充满力量。

学生是小太阳，给予我温暖。孩子敏感而细心，清晨的每一声问好，节日的每一句问候，不时对我流露出来的真情，都化作暖暖的阳光。

······

2015年9月，我带着期许和不安走进8班的教室，孩子们一脸彷徨，因为两年来，他们换了好几回班主任，不知道此刻站在他们面前的我哪一天又离去，他们眼里只有新鲜感，没有安全感。

暗自观察，睿哥是我第一个注意到的小孩。他就像一头小狮子，一身使不完的力气，没有释放太多的善意，颇有戒备。果然，没几天，关于他的投诉就来了：发怒动手打人······

我："刚才发生了什么事？"

睿：······

我："能说说原因吗？"

睿：······

我："如果你错了，可以道歉吗？"

睿：······

此时站在我眼前的小狮子紧握双拳，眼中含泪，一语不发，多少复杂情绪在心头不得而知，怜爱涌上心头。孩子的小冲突大多是情绪问题，做好安抚工作之后，我让他们回教室，果不其然，他们俩放学后又和好如初。

经了解，睿哥是个聪明的孩子，除了足球，其他皆不走心，总是一副拒人千里的样子。温柔是利器，每天早操便是削锐气的时间，我会走过去捏着孩子的小脸，告诉他：你今天真可爱！你越来越乖了！我怎么会那么喜欢你······当然，睿哥是重点工作对象，慢慢地，他变得温和起来，很多孩子都变得温和起来，我觉得我被他们接受了。

为了鼓励基本能准时完成作业的睿哥，我们相约在一个周末吃饭看电影。中餐有他最爱的"烤鹅"，只见他先拿纸巾小心翼翼地包起一块，放进口袋——"我妈也喜欢，带回去给他"，睿哥如是说，之后这个粗枝大叶的孩子才大快朵颐。饭后还有两个小时电影才开演，经过一个游乐设施时，他表现出些许兴趣，一问价格 150 元，拉着我头也不回地走开：那么贵，抢钱呀！那一刻，那一幕，我真的被触动了，多会为人着想的小家伙，第一次认识如此不同的睿哥。

他的成绩并不是十分理想，足球踢得相当不错，我常常在跟他说：哇，踢球厉害学习成绩又好的男生太帅啦！对于这个聪明的孩子果然有作用，主动要求家长报补习班、兴趣班，看到他爱学乐学，喜不自禁。

我爱每一个孩子，他们也给了我满满的爱。

教育没有太多的捷径，它需要你有满满的爱，乐于给予的心，浇灌这些等待茁壮成长的幼苗，我也曾在他们闹腾的时候痛心，曾在他们不认真之时伤神，曾在他们消极时失落，但我知道这群 10 岁的孩子有着无限可能的未来，承载了父母、一个家庭的希望，每天在学校的 8 个小时，我是他们最信任、依赖的人。也许我的一句话、一个举动就能改变他一生的命运，所以我的工作充满乐趣和意义。

每天清晨，唤醒我的，不是闹钟，是他们的笑脸。我的小太阳，爱你们至深。

用爱滋润孩子心灵

薄　艳

　　教育家巴特尔说过：教师的爱是滴滴甘露，即使枯萎的心灵也能苏醒，即使冰冻的感情也会消除。是的，作为班主任，应该用自己的爱去温暖每个同学的心，一枝一叶总关情。在我所任教的学前班中共有 55 个孩子，他们天真可爱、活泼好动。但也有几个不和谐的音符让我感到无比头疼，尤其是那些不听管教的孩子，就像是一颗颗小石头，让原本平静的湖面泛起涟漪。今天我想带大家一起认识这样一个孩子。

　　一天下午是画画课，我正在办公室里专心致志地改作业，突然班上一个小班干急匆匆跑过来，急促的声音打破了办公室的宁静："薄老师，不好了，不好了！"被她的声音吓了一跳，我放下手中的笔，说："别着急，发生什么事了？和老师慢慢说。""老师，是这样的，刚才上课时，小肖趁老师不注意，跑出教室，还把小黄的图心算磁铁扔进外面的水沟，现在拿不出来了。"我不禁眉头一皱，怎么又是他？哎，他可是让所有老师都感到无可奈何的一位：性格倔强、不守纪律、做事我行我素，与我们要培养的谦谦君子相差太远。这个淘气包从来到我们班后，前前后后已经被小朋友告了无数的状了，不是把小朋友的铅笔无故丢出窗外，就是用没喝完的牛奶挤了别人衣服一身，又或者用水彩笔给别人的画纸"涂鸦"……刚开始我还是很心平气和地和他讲道理，可他总是满脸不服气，一副油盐不进的样子，讲得多了慢慢地我也心灰意冷。今天，他又怎么了，想到这里，我赶紧出去查看情况，原来磁铁被他丢到了教室外的一处井盖底部，光用手是拿不出来了。被丢磁铁的女生看到我一脸委屈，而他却是一副事不关己的样子站在一旁。"不是在上画画课吗？为什么会拿小朋友的东西丢出来呢？"我不解地问。"我，我不想画画，觉得无聊嘛……"他理直气壮。"不想画画就可以丢别人东西吗？而且得是上课的时候跑出来，你觉得这样对吗？"他不说话，只是把头扭到了一边。看着他一副毫不知错的样子，我知道他还是没有认识到自己的错误。

　　放学后，我又一次找了孩子妈妈谈话，交谈中我了解到其实孩子本质并不坏，有时在家里还帮妈妈做事情，虽然性格倔强，但内心很敏感脆弱的。他的很多行为只是想引起大家的注意，得到更多的关注。看来苦口婆心和严厉管教对他不奏效，我决定换一种思路，对他多些宽容，多些爱，用爱去感化这个特别的孩子。我相信最后会像有句话说的那样：给孩子一个微笑，他会给你一个明媚的春天。

接下来的几周里，我开始创造更多的机会让他表现自己。手工课，我请他帮我一起把全班的手工卡一张张抽出来，然后当着全班的面表扬他是一个能干的孩子。课上我不忘让他多发言，刚开始他还是扭扭捏捏不愿说话的样子，但我总是努力鼓励他，说没关系，下次会更棒，给他一个肯定的眼神。慢慢地他变得愿意甚至主动举手了。下课后我还请他做我的小助手和我一起把作业本拿回办公室，夸他是老师能干的小助手。每次只要他有了一点点进步，我都会送给他一朵小红花。看到他满脸笑容、十分自豪的样子，我感到无比欣慰。平时，我还会帮他整整衣服，陪他看看书，聊聊天。慢慢地，我发现他有了变化，尽管偶尔还是有些小淘气，但是不再像以前那样老是被人告状了。一天早上，当我来到教室门口，发现小肖正等着我，他热情地向我问好，然后悄悄地递给我一张画："老师，这是我亲手画的，送给你。"接过画，画上是一个微笑的大人拉着一个小男孩的手。"画的是我吗?""嗯。"他不好意思地点点头。望着跳跃在我眼前面带羞涩、慢慢进步的小男孩，看着这张充满爱意的画，我心中涌起一股暖流。我告诉自己：帮助孩子成长，靠的不是力气，而是发自内心的爱心，要用爱去叩启孩子心灵的大门。

正如陶行知先生所说："谁爱孩子，孩子就会爱他，只有用爱才能教育孩子。""捧着一颗心来，不带半根草去。"是啊，教育正是这样，只要你真心用爱付出，定会有所收获。

月亮数不清……

宋一平

那年，刚来到凤翔时间不长，大会小会上我听得最多的是关于"君子风范"养成的话题。于是，我登陆了学校共享网络，学习了学校"'君子文化'育人的实践与研究"课题总方案，对"君子文化"及其内涵有了一定的认识，特别对其中的"智慧教学"颇有印象。由此，我想起了我的一个与"智慧教学"背道而驰的案例。

那是一个家长开放日。上课铃响了，我满怀信心地走上了讲台。

也许是因为教室后面坐满了前来听课的家长，孩子们比平时乖多了。我开始上课——

"小朋友们，今天我们一起学习第12课《雨点儿》。"

"数不清的雨点儿，从云彩里飘落下来……"我充满激情地引读了课文第一自然段，然后问："哪位小朋友知道'数不清'是什么意思呀？"

小手一只接一只地举起来，我示意他们发言。

"'数不清'就是很多很多的意思。"

"东西很多，数都数不清。"……

"那什么东西多得'数不清'呀？"我适时地插问道。

"天上的星星数不清。""树叶数不清。""蚂蚁数不清。"

在一只只举起的小手中，我看到了举得最高的那只，又是他，这个从来不写作业却爱上课发言又经常答非所问的小鹏，想着他平时的顽劣，我犹豫了一下，还是把发言的机会给了他。"小鹏，请你说。"我充满期待地望着他。

"月亮数不清。"小鹏站起来大声地回答，那声音里有满满的自信。

顿时，教室里响起了满堂的哄笑声。

看着被笑得满脸通红的小鹏，我没有直接否定他，而是朗声问大家：

"小朋友们，月亮有几个呀？""一个。"

"数得清吗？""数得清。"全班小朋友异口同声，一边答一边望着他笑，那笑声里夹杂着讥讽。

小鹏噘着嘴委屈地站在那儿，我勉强地对他笑了笑，说："小鹏，请你先坐下。"他斜了我一眼，一声不哼地坐下了。我也不再理他。

下午，我在走廊里见到了小鹏，想到他上午出的洋相，叫住了他。

"告诉老师，你为什么说'月亮数不清'呢?"

"月亮一天出来一个，哪数得清呀?"我怔住了。

"月亮有时候是圆的，有时候是弯的，就像那个一样。"他一边说，一边用手指着教室后墙上贴着的一轮大大的弯月。

"你知道月亮有几个吗?"我还不死心。

"知道，一个。"

我多么愚蠢呀，当时我连撞墙的心都有了。我从来没想到过这样一个孩子竟然也有如此丰富的想象力，他思维的空间竟然也那么的广阔。大家想到的只是"数量多得数不清"，而他却想到了"事物出现的次数也可以多得数不清"。为了完成所谓的教学任务，我没有多问孩子一个"为什么"，而是直接扑灭了孩子思维的火花;为了追求课堂教学的"完美"，我扼杀了孩子思维的灵性。我无法原谅自己的过错。

最后，我真诚地向小鹏道歉，并承诺下节课让他把自己的想法告诉小朋友们。我在为自己的过错做"亡羊补牢"。

重读这个典型的反面案例，看到学校把"智慧教学"作为课题的研究难点，我想到了孔子关于教育智慧中的四种教学方式，即个别教学、无为教学、随机教学、说记教学。在教学中恰当地运用这几种教学方式，使每一个学生都能发挥自己的特长，获得最好的学习状态，这应该就是我们所说的"智慧教学"吧。

我相信，随着课题的深入研究，"智慧教学"之花一定盛开在凤翔的课堂上。我更坚信，今后的凤翔一定会有更多的孩子在"君子文化"的熏陶下、在智慧教学的引领下，迸发出更多像"月亮数不清"那样的独特思维，更希望这些独特的思维能编织成一双双智慧的翅膀，带着孩子们从凤翔快乐起飞，飞向美好的明天。

在细微中，多一些关爱

廖坤英

　　燕子去了，有再来的时候；杨柳枯了，有再青的时候；而岁月却如流水一样一去不复返。匆匆二十七载，在三尺讲台上书写春秋，不断地上演着自己的教育教学故事，许多都已随着时日的流逝而渐渐淡忘，可也有一些就如同树根一样深深地扎进了我的心里。尤其在凤翔的美丽日子里，感悟至深……

　　到凤翔任教的第二个学期，领导安排我接管一（1）班，那是全校老师都知道的这样一个班：孩子们虽然聪明可爱，但个性较强，自制力相当差，大事倒没有，小事不断，尤其是班里的小杰等几位同学，他们的表现往往是让老师们始料不及的，现就把我在任教一个学期的一些故事和感悟与大家共享吧。

故事一：宽容，教育的一剂良药

　　苏霍姆林斯基说："有时宽容引起的道德震动，比处罚更强烈。"在我的身边发生的这样一件事，让我切身感悟到宽容和理解在教育中的魅力。

　　记得刚接触小杰的时候，看到他长得虎头虎脑，轮廓分明，皮肤白里透红，样子很是讨人喜欢，再加上他课堂上思维活跃、发言积极，我对他印象挺不错。随着接触的时间久了，渐渐发现他有许多缺点，如上课精力不集中、经常迟到、不守纪律、说谎、偷拿别人的东西、课堂上小话还特别多，最让人头疼的是老爱搞恶作剧。记得有一天早上，和他邻桌的嘉慧同学刚到校不久就告诉我说："老师，我的彩笔不见了。"因为嘉惠同学平时总爱丢三落四，我就问她是不是忘带来，她说带来了。这时小杰一本正经地对我说："老师，她真带来了，我刚才还借用她的呢！建成同学也看到了。"我以为有人还看到了，那一定是真的了，就让同学们都检查自己的抽屉和书包里有没有嘉慧同学的水彩笔，是不是放错了，结果都没有。嘉慧同学一听说没找到，就委屈地哭起来。我安慰她一番，中午放学回家再找找，折腾了十来分钟才能上课。下午我一踏进教室门口，嘉慧就告诉我说："老师，彩笔找到了，在家里，是我忘了带。"事后我找小杰同学谈话，要他做一个诚实的孩子，不能说谎，并告诉他这一说谎耽误了全班同学多少时间，以后知道就如实地说，不知道的就不要乱说，他若有所思地点了点头。说完之后，我还针对他喜欢小昆虫的特点，跟他聊昆虫的知识，还介绍他看哪些书和有关的电视频道可以了解更多的知识，并表扬他非常聪明。听我说完，孩子不好意思地道出了彩笔的事，说只是想搞个恶作剧，开个玩笑，并不停地要我原谅他。之后我还了解到这孩子是由于父亲常年在外面跑生意，极少有空管教他。全靠妈妈一个人带他，管教中有些地方疏忽了。我大概明白了，可能孩子的恶作剧是想引起别人的注意。对此，我经常找他谈心，和他交朋友，让他认识到他的这些行为为什么是错的，会带来怎样的后果，对他的行为做有针对性的指正，我还给他买了本子、铅笔等学习用品。经过一段时间的沟通教育，他无论是在纪律、还是学习上都有了明显的进步。当他有一点进步时，我就及时给予表扬，让他感受到老师的关心和真诚的爱，他也逐渐被同学们认可。虽然他还时不时弄出一些诸如带动其他学生掀开学校下水道盖子呀、抓泥巴砸蜜蜂窝等违纪现象，但我始终认为那是孩子，自制力还是很弱，经过老师的耐心引导和随着年龄的增长，他肯定会不断地改进的。

故事二：教育机智，维护了孩子的自尊

一天上午，体育课刚下课，我到班上组织眼保健操，刚踏进教室，眼前一片乱哄哄，云龙同学委屈地来报告，说他带来交牛奶费的五十块钱不见了。还说有人看见棋棋同学拿了。一听到他说棋棋同学，我马上意识到有事了，随即扫视了一眼棋棋，他有点儿显得不自在，我顿时明白了什么。这时，我脸带微笑面向全体同学，并用手轻拍了下我的脑门，自嘲地说："哈，瞧廖老师这记性，今天一大早，云龙同学已把费用交到我手里了，我一忙起来，倒忘记了。"然后走到平时也常常丢三落四的云龙身边，俯下身子，摸着他的头，轻声说："以后交了钱记得叮嘱老师把名字写上才离开，好吗？"云龙若有所思地点了点头。"也请同学们多多监督廖老师，一起改掉我这个健忘症，好吗？""好！"孩子们大声说。

课后，我以叫棋棋同学帮搬作业为由，把他带到了办公室，以谈话的方式，弄清了棋棋拿别人钱的原因：原来，早上在校门口看见了一样他非常喜爱的玩具，便缠住妈妈买，可是妈妈不肯，于是看见同学抽屉的钱，就拿了。棋棋知道自己错了，从裤兜里把钱掏出来，双手递给我，眼含泪花说："廖老师，我错了，以后我再也不拿别人的东西了，请您也不要把这事告诉我爸爸，好吗？要不然我会挨打的。"我微笑着说："好！咱拉钩保证。"

从这件事的处理上，我更加体会到：作为教师，要注意保护学生的自尊心，学生犯了错误，不能大骂痛骂，不要在其他同学面前进行指责；批评要讲究方法，有时无声的批评要比有声的批评效果好得多，必要时要给学生"台阶"下，这样会事半功倍。

故事三：多一些关注和鼓励

记得有一次，我正在指导孩子们进行大课间的活动，同学们正在操场和自己最喜欢的伙伴们练习跳绳，操场上热闹非凡。

忽然，我发现体育成绩不理想、性格有点内向的雨歆同学呆呆地站在人群中，很失落的样子。我便悄悄地走到她对面，双手搭在她的肩膀上，小声地问道："雨歆，怎么了？你没有找到伙伴吗？"她抬起头看了我一下，小声地应了一声："嗯，她们说我跳不好，不喜欢和我跳。""没关系的，我就是你的伙伴，咱俩比赛跳，好吗？"

她微微一笑，点了点头。接着我们跳起来，一边跳我一边数着，跳到五十个，我故意输掉，并大声喊道："老师输给雨歆了。"我竖起拇指连声说："好！好！真好！"我高兴地笑了，她也笑了，笑得那样腼腆。同学们一听见，纷纷跑过来要和雨歆比个高低，我点了一名在同学们心中威信高但体育成绩比雨歆差的同学比赛，最后雨歆赢了，同学们热烈地为雨歆鼓掌，祝贺她。雨歆笑了，笑得那么的自信。在以后的大课间上，我总是再三关注、鼓励雨歆，当她有进步时，不失时机地当众表扬她，慢慢地，雨歆越来越爱说爱笑，肢体动作也灵活多了，也常找到玩伴了。她妈妈见到我老说："雨歆变化真大，廖老师费心了。"

孩子们是多么渴望得到老师的关注啊！尤其是成绩不理想、表现不出众的孩子，父母、老师的冷言冷语常会让他们感觉不到生活的温暖。因此，他们对学习缺乏信心，缺少动力。其实，每个人都有要求进步的愿望，每个孩子都有丰富的潜能。作为为人师表的我们，应该正确对待孩子们的差异，善待有差异的每个孩子，特别是在学习上暂时落后的孩子，他们最渴望得到老师的关注、鼓励，如果我们老师能多一些关注，多一些宽容，哪怕是一句亲切的话语，一个鼓励的眼神，往往会改变一个孩子的一生。又何乐而不为呢？

敞开我们博大的胸怀吧，关注身边的每一个孩子，多一些尊重和宽容，少一些呵斥；不让一个孩子掉队，一起托起明天的太阳！

关注细节，耐心陪伴孩子成长

卢志葵

　　没来凤翔小学以前，我一直在中学任教。很多人不解地问我：教中学不好吗？为什么来小学？说实话，到小学来任教是有私心的，我就想找轻松一些的工作，因为原来一直想的是小学没有中学的升学压力，没有节假日没完没了的补课，也不用面对因为早恋或迷恋网吧处于青春期叛逆期的学生，等等。可是来到凤翔一年多的教学工作经历让我深深地感觉到，只要选择了教师这个职业，尤其还担任班主任，就意味着教书育人的责任任何时候都不能松懈。从中学教师转变为小学教师的我更清楚地意识到：小学阶段是孩子性格品行、学习习惯、行为习惯养成的关键阶段，老师对他的教育可能对他一生都会产生重要的影响。所以我很快调整了教学观念和教学思路，通过多看、多听、多问、多学，很快适应了小学的教学秩序和工作节奏。在向先进教师学习的过程中我也体会到：要想管好班级，要想成为孩子的良师益友，孩子越小，就越要关注细节，因为很多的教育契机就藏在那些看似烦琐、细微的事情当中，所以需要我们细心观察，用心思考。

　　关注细节，可以让我们跟家长取得更有效的沟通，更多地取得家长的理解和支持。教育教学工作的成功离不开家长的密切配合。从滨湖小学优秀班主任黄亚娟老师那里我得到了很多的收获和启发。微信、校讯通、手机短信、QQ 信息、家校联系本都可以为我搭建跟家长沟通的桥梁。每天不管多忙，我都要挤出时间给家长发信息，这些信息大多数是对孩子表现的大力表扬：今天上课坐姿端正的孩子有……学习认真注意力集中的孩子有……书写认真整洁的孩子有……今天，懂得一日之计在于晨，一到教室就坚持晨读的孩子是……发给家长的信息可以是善意的提醒和委婉的劝诫：一年级开学没多久就到国庆中秋长假了，我给家长发了这样的信息："各位尊敬的家长：值此中秋国庆佳节到来之际，祝您与家人团圆、健康、平安。但需要提醒你们的是，孩子刚刚入学，学习习惯、秩序意识正在艰难建立中，这时候，一个放纵无度的长假对孩子是危险的。学如逆水行舟，不进则退；心如平原跑马，易放难收。记住：千万别玩疯了！即便出游，也要带上课外书。6、7 两日最好在家。静静看书，好好收心。为了孩子的进步，请大家与我共同努力。"每天早上的大课间活动中，我们班出现了很多孩子特别是女孩摔跤受伤的情况，于是我又给家长发这样的信息："夏天到了，很多女孩穿了美丽的裙子和凉鞋，这样的着装给孩子运动增添了危险因素，在大课间活动中，很多女孩膝盖摔破了，夏天天气炎热，伤口很容易感染化脓，为了孩子的健康和安全，请您给孩子准备适合运动的服装吧！"在跟家长的沟通交流中，家长感受到老师对孩子的用心呵护，也体会到老师工作的烦琐和忙碌，对自己孩子的教育也更用心。所以，我们班每当有孩子因为犯错被批评处罚的时候，家长都会很歉意地说："老师，不好意思哦，给你添麻烦了。"这样的时候我就觉得加班发信息付出的辛苦是值得的。

关注细节，可以更好地贴近孩子的内心，达到亲其师、信其道的教育效果。上过我们班课的老师都有这样的感受：别的班也有调皮难教的学生，但没有我们班那么多啊！最特别的数江同学了，他上课经常有这样的情况：上课没到十分钟就用手捂着裤裆跺着脚说："我尿急！"课堂上时不时会悄悄地一路爬着钻到某个同学的桌子底下，快速起身，抓起同学桌上的铅笔、橡皮、直尺等学习用具就跑。跑回座位的途中会快速地把手上的东西向同学的头上和脸上砸过去。课间活动的时候，他手上总爱拿着一把尺子或一支铅笔，还总爱往男孩子的要害部位戳。课间活动时间他最喜欢的就是在地上滚、爬，吸引同学围着他看，再往他身上摸、捏、压。他说这样好玩，如果不这么做，就没有人喜欢跟他玩。有一天的课间，他又在走廊的地上滚着玩，鞋子被挤脱了，他就随手把一只鞋子扔到了楼下的小花园，等一些孩子蜂拥着下楼去帮他捡回来的时候，他又把另一只鞋子扔了下去。类似这样的事情还有很多很多：放学排队的时候，他肯定会从头窜到尾，或者随意拍打同学，或者从几步以外冲进同学中间用头顶撞同学。只要我下课一回到办公室，告他状的孩子很快就会追过来。为了他，每天的课间活动时间，从早上进学校到下午放学，只要有空，我都待在教室，户外的体育课我也跟着，因为体育活动的时候，老师一不注意，他就会跟另外两个高大调皮的男孩打起来。孩子，给点阳光就灿烂的，再调皮的孩子身上也会有闪光点，只要用心，就会发现。那天，我发现江同学穿了一双新运动鞋，我说："哟，锦江今天穿新鞋子了！""是啊，我妈妈帮我买的，很贵的！"他一脸自豪地回应。"哦，那锦江今天做操肯定会很精神，很帅。"他一听，果然马上立正站得很直，那天做操也没有在队伍里乱窜去扰乱别人。我喜欢叫他锦江，或者江江，他很高兴地贴过来问："老师，你为什么叫我江江，不叫我的名字。"因为老师爱你呀。""老师你为什么不这样叫别人?""因为老师给你的爱比给别人要多呀。"孩子听到老师这么说特别高兴。我每次放学排队都要牵着他，他开始觉得老师是在限制他，总想要用力挣脱。我说："老师爱你，这样老师还可以保护你呀！"他就高兴地让我牵着了，也不再去扰乱队伍，骚扰别人了。

关注细节，能对学生多一点宽容、理解。教低年段的孩子，每天他们大课间活动时间是我最紧张的，担心有调皮的男孩子拿着跳绳互相甩着，打到对方。果然，没多久两个大个子男生就追打着告状了："老师，他打我。"另一个也说："是他先打我的。"我把他们拉开，没有发火，决定观察一下再做裁判，原来，两个人都争强好胜，都想在另一个的前面先跳，都想站在第一的位置先跳，于是我找到他们两个说："互相让让，让一让不会变丑，但会变美。"这两人一听不吵了，"变美？""是呀，老师想看看你们谁有谦让的美德。"这一回两人争着让对方先跳，再也没发生互不相让而打起来的事情。

有时候如果我们试着从孩子的角度去看事情，也许会收到更好的教育效果。因为有时候，我们眼睛看到的并不一定是我们想的那样。一天，晨会过后的国旗下讲话时间，我又一次不放心地扭头往班级队伍看，果然发现我们班陈同学不时地抓耳挠腮，挥舞着手臂，扭来扭去，很兴奋的样子。晨会一结束班长就来告诉我，刚才班里的陈同学被大队部记名了。想到这周优秀班级评比因为他又泡汤了，我一肚子的火，回到教室就狠狠地批评了在晨会中乱动的陈同学，说他是一个不尊重国旗、不讲文明不懂礼貌的孩子。看着他皱着眉头难过的样子，我觉得我的教育有了效果。他也成了我眼中晨会中要重点监视的对象。可是就在我们班经典诵读展示的那周，我在想我真的理解他吗？那天我们班经典诵读结束后，我们班就站在学校领导的旁边听国旗下讲话。唐主任讲的是地震中拼尽全力救人的英雄故事，我们班的陈同学又是边听边动，还不时发出声音，当时我站在离他身后两个同学距离的地方，我仔细地看着他的每一个动作，突然发现，原来他的每一个动作都是随着所讲故事的情节而变换的，他沉浸在故事里，似乎就是地震中救人的那个英雄，在扛着石块，推着石块，还不时地发出"嘿"的好像在用力的声音。回到教室我当着全班同学表扬了他："刚才，陈同学听得很认真，很投入，一边听一边想象着在地震废墟中救人的英雄艰难地搬石头、用力抬石头的动作。'对吗？陈同学？'"他点点头，瞬间坐得笔直，完全没有了往常我批评他那种难过的表情。孩子体会到了被尊重的喜悦。这一次我明白了：平时晨会的讲故事时间，我考虑的是晨会的纪律，而孩子想的是故事的情节。大人和孩子看问题的角度真的不一样。孩子总有特殊的时候，我们的制度，纪律执行的时候如果更细致些，更多地尊重孩子的内心，我想对孩子的教育会收到更好的效果。

都说"十年树木，百年树人"。孩子的成长真的是一个需要细心呵护，耐心等待的过程，这过程中有辛劳，有烦恼，有苦闷，但同时能收获被感激、被赞扬、被理解的喜悦。

留守儿童，我们共同的关注

苏青青

在我们的身边，有这么一个群体，他们的父母为了生存，外出打工，用他们的勤劳和智慧努力改变自己和家里的命运。他们曾为社会经济的发展和稳定做出了贡献，然而他们却将自己的子女留在农村，而这些本应还是父母掌上明珠的儿童，集中起来，就组成了一个特殊的弱势群体——留守儿童。

留守儿童是近几年一个较为突出和严峻的话题。随着我国社会经济的快速发展，农村越来越多的剩余劳动力走出了农村，带着梦想走进了城市，然而面对城市中高昂的生活费和学杂费，许多有子女的农民工出于无奈，只有将自己的孩子留在农村，留在老家，这就有了我上面讲到的群体——留守儿童。儿童本应是天真无邪，无忧无虑，快快乐乐的，而这些看似简单容易得到的东西在我们的留守儿童中却很难看到，本应该还是在父母怀里撒娇、淘气的年纪，却因为自己的父母不在身边，过早地承受着生活的辛酸，本应该还是在父母的翅膀下受到保护的年龄，却因为父母不在身边，要过早地一人去面对一切困难。本应该和父母一起玩耍嬉戏的年龄，却因为父母不在身边，过早地承受着那份孤独。有时候我就在想，父母既然生下了他们，却为何要将他们抛下，虽然我知道这是他们出于无奈的选择，虽然他们在外也很辛苦，但是你是否听到了孩子们的心声，每当他看到别的小朋友在父母的怀里撒娇受到父母的疼爱时，他就会想我的父母在哪里，你可知道他们内心的期盼，他们希望自己的父母能够早早地赚够钱回家，早早地一家能够团圆。他们不需要父母给他们买多少好玩的玩具多少漂亮的衣服，但是他们盼望的是父母能够一直陪伴在身边，在他需要帮助的时候父母能够伸去援助之手，当他生病的时候父母能够陪他度过那漫长的黑夜。

在此，请多关注我们的留守儿童吧，请多一点对他们的关心，少一点对他们的歧视；多一点对他们的帮助，少一点对他们的厌恶。创建和谐社会，共创美好未来，关注和关心我们的留守儿童有你有我共同的参与和努力。

老师妈妈

毛春灵

每次走进教室，闲暇之余坐在讲台上，看到这群活泼可爱又茁壮成长的孩子们，不禁感叹：光阴似箭，日月如梭，这群小屁孩长大了！但每个孩子的点滴成长似曾还在昨天，历历在目。

看！走进了一个小女孩，脸上洋溢着灿烂的笑容，浓黑整齐的刘海下，一双乌黑的忽闪忽闪的大眼睛，加上一张可爱的苹果脸，很惹人怜爱！这个看来如此阳光的女孩，却生活在一个单亲家庭，给她的童年带来了阴影。

记得一年级新生刚入学的第一个星期一早上，我早早地来到教室等待孩子们的到来，孩子们陆陆续续地进了教室，很快就三三两两地凑在一起说说笑笑，这时，我注意到有一个小女孩独自静静地坐在那儿，我把她叫上来，轻轻问她："你叫什么名字？"她小声地告诉我，我又问她："你可以跟同学们一起去玩啊？"她怯怯地告诉我："不敢。"我看到了她眼里的不安。放学时，她爸爸来接她了，我特别让他留了下来。待我忙完后，叫她爸爸坐下来，说："这孩子很乖巧，但是胆子小了点儿。"还未等我继续说，她爸爸叹了口气，说："实话告诉老师，我们是单亲家庭，我一个人带孩子。"听了这些话，我顿时明白许多，看到不远处自己玩的孩子，我语重心长地说："这样家庭的孩子更需要我们的关注，需要我们的爱。"她爸爸红着眼睛点了点头。

接下来的日子里，我常会牵挂着这个孩子。早餐时，我会让她坐在身边，让她跟我一起吃。她开始不敢过来，我说："老师可喜欢跟你在一起了，你的眼睛很漂亮，你的脸很漂亮，像个可爱的苹果，我以后叫你小苹果，好吗？"她竟高兴地说："好！老师，我最喜欢吃苹果了。"我们两个都呵呵笑了起来。慢慢地，小苹果总喜欢跟在我身边，还乐意地帮我做事，也渐渐地与其他孩子玩在一起。有一天，她走在我身边，悄悄跟我说："老师，我告诉你一个小秘密，我爸爸妈妈离婚了。"我装着不知道，故意问她："你害怕吗？"她说："以前害怕，现在不害怕了。"我问她："为什么？"她说："因为觉得老师像妈妈。"那一刻，我把她搂在怀里，说："老师会像妈妈一样爱你。"

一晃五年快过去了，小苹果已经长成了一个高挑的小女孩。她还是学校合唱团和舞蹈队的主要成员，参加了很多演出，舞台上常会看到她精彩的表演。

记得德国教育家第斯多惠在《教师规则》中说过："我们认为教学的艺术，不在于传授本领，而在于激励、唤醒、鼓舞。"我想：作为教师，要有春风化雨、润物无声的精神，关爱呵护孩子的心灵，让孩子的心中充满阳光，让孩子在爱的抚慰下快乐成长。

微笑着走进凤翔

黄梅春

2017 年 5 月 8 日，对于大多数人来讲是再平凡不过的一天，但是对于我来说，却是意义非凡的一天，因为从这一天开始我就正式成为凤翔路小学的一名教师了。

来到新的学校，见到新的老师和同学，感觉一切都很陌生，不免有些紧张和无所适从。走在整洁的校道上，望着大大的足球场，美丽的教学楼和充满活力的花花草草，内心一下子感到轻松了许多。学校的每一面墙壁，每一个角落都充满了浓浓的书香味，我想这真是一个书香校园，我就在这样的校园里实现处己的教书育人目标吧！

然而当我真正地走进班级时，热情一下子就消失了，取而代之的是满肚子的委屈，这个班原来的班主任已去了其他地方，她赢得了学生的认可和喜爱，她的形象已永远留在了学生心中，孩子们现在很难接受其他的老师了，难怪我的出现让他们反应如此强烈，我刚说要来担任语文老师和班主任时，几个女孩子眼圈红红的，立即哭了起来，接下来整个班级场面混乱，一个性情刚烈的女孩索性站了起来，用手指着我大吼："为什么要换老师？我讨厌你！"接着还朝我扔一团纸，我也傻了眼，自己做了将近二十年的教师，一直深受学生的尊敬和爱戴，这样的学生这样的场面还是第一次碰到，我迷茫了，这就是我的学生吗？以后我要天天和他们待在一起的学生吗？……

当晚我失眠了，躺在床上反思着那天自己可能是板着脸，太严肃了吧。对啊，能够永远对孩子保持微笑的老师，总能给孩子们如沐春风的感受。这样的老师，在孩子心目中是永远年轻、可爱、可亲、儒雅、有涵养、别具魅力的和值得尊敬与爱戴的。一个小学生就是一面镜子，老师用什么样子的眼神看他，他也会回报同样的眼神。作为老师，你的眼神是鼓励，是关切，是懊恼，是喜悦，是责备，是赞许……孩子们都看得真真切切，大多会做出相应的行为来配合你。如果孩子都这么听话，教育工作也就太容易做了。面对这样一个新的班级，有不守纪的学生，有顶撞老师的学生……怎么办呢？当堂发脾气吗？不行，有些孩子根本不理你那一套，还会变本加厉"和你对着干"，弄得你浪费不少教学时间，他还一边捂住嘴巴偷偷地笑你无能。只有不懂教育的老师，没有不可教育的孩子。这个时候，老师一定要注意，不要气极败坏，不要丧失信心，不妨静下来想一想，甚至微笑起来，快步走近顶牛出风头的孩子，弯下腰，低下头，把他的衣服整理一下，悄悄对着他的耳朵说："你说的话很有道理呢，老师最爱听了。但是你的话和这节课的学习内容没有关系，在课堂上占用大家学习时间说与学习无关的话，是违犯学校纪律的行为，大家会不喜欢的，下课后单独跟老师一个人讲好吗？这是咱们两个人的小秘密，不让别的同学知道，好吗？"一般情况下，课堂局势会一下子扭转到对教学有利的上面来，如果不是迫不得已，孩子们很少有要和老师对峙到底的想法，看老师的态度温和，学生会很不好意思呢！就算是最聪明顽皮的孩子，明知自己有错，闹下去对自己没有好处，看有了台阶下，也大多会顺水推舟，静心坐下来听课，这样不就达到目的了吗？想着想着，我又有了不一样的想法……

第二天，我努力控制住自己的情绪，面带微笑走进教室，我想只要我爱孩子们，关心孩子，以自己的爱心与实际行动来感化孩子，我相信只要是真心的付出，孩子们会感受到我的爱，感受到我对他们的好，总有一天会喜欢上我这个老师的。

第三天，我依然带着微笑走进教室，对班里的每一个同学都以真诚的微笑相迎，微笑着和学生打招呼，微笑着和学生谈心，即使面对犯错误的学生我也面带微笑去处理……努力用宽容的态度去发现他们的优点和长处，这样主要是想拉近师生之间的距离，让教室里的笑声多些，课堂气氛再活跃些。接下来的几天里我一点点地在改变着自己：面对不听课的孩子，我走过去摸摸头提醒下或递个眼色什么的；提问时，学生回答不上来，我不断地启发诱导，面带微笑，告诉自己，耐心些再耐心些；学生没完成作业，我也微笑着问他们原因，然后问他们何时能补上，给老师一个确切的日期并找老师检查；对于班里调皮捣蛋的学生我不采取严厉的惩罚措施，而仍然是面带微笑地问他们何时能改正，这沁人心脾的微笑有时就是一剂良药，就是一丝春风，比板起脸来的严厉更能走进学生的心田，更能收到良好的教育效果。我想我是来和学生做朋友的，我理想的课堂是充满笑声，课堂里有轻松的讨论，紧张的辩论，活泼的气氛，学生们在老师的微笑下特别放得开，有问题敢大胆问也敢勇敢地给别人解答，还能争先恐后地主动站起来表达自己的思想自己的答案。我想要能达到这样的境界我得用自己独特的方法，用我那充满爱和关注的微笑潜移默化地走进他们的心灵，才能和学生打成一片。

一个星期过去了，班上各方面情况均稳定，没有出现什么大事，我长长地舒了一口气，接着我利用课余时间，找了班上几个特别的孩子进行了敞开心扉的谈话，在谈话中了解学生的思想动态，一个叫郭咏乐的孩子几天前还对着我大吼大叫，一副不服输的样子，通过谈话之后，态度明显地转变了，意识到了自己的错误，下课后她主动地跑上来告诉我：谢谢老师，从来没有人跟我说过这样的话，以后我一定会好好遵守纪律，认真听你的话，不辜负你对我的希望。听了她的话，我内心感触颇多：每个学生都是含苞待放的花蕾，作为班主任我们有责任让他们绽放光芒，对每一个孩子都应多一些微笑、多一些关爱、多一些呵护，用我们的人格魅力感染教化，用一言一行润物无声，学生才会"亲其师，信其道"，这样，祖国的每一朵花才会越开越绚烂！

爱与尊重，是教育的底色

张世茂

"给孩子一个微笑，他会给你一个明媚的春天。"这是我最喜欢的一句教育名言。它时刻提醒着我，在日常的教育教学中，要真诚地关爱学生，让学生在爱的阳光雨露中茁壮成长。

2015 年 9 月，我新担任了四年级一个班的语文科任教师。在跟孩子们接触的第一周，张家政同学就给我留下了深刻的印象：他聪明，脑子活，反应快。但是，他也非常喜欢争强好胜，常惹是生非。在与同学们的交谈中，我了解到他每次与伙伴发生口角时，总是争论不休，从不肯吃亏，宽容在他的眼中是胆小、懦弱的表现，老师找他谈话时，他总是满脸不服气，最让小组长难以容忍的是他作业经常不完成，因此，他成了班里最不受欢迎的孩子，是老师最头痛的学生。看着他那流里流气神情却还天真无邪、充满稚气的脸，我暗暗下决心，要用自己的爱，去感染他，改变他。

一天下午放学后，我特地留下了他。我亲切地问："为什么你总是不接受老师的批评，为什么总是欺负同学们呢？""爸爸妈妈不在家，从来没人关心我。现在跟姑姑住，姑姑天天说我这也不对，那也不对。在学校里，同学们看不起我，你也总是不断地批评我，反正，我做什么都不对。"他满不在乎地回答我。

听了他的话，我想起以前对他的态度，一下子感到平时对他的指责确实太多，而给予的鼓励却不够，或许已伤了他的自尊心，特别是像他这样父母不在身边的留守儿童，平时很少得到父母的呵护，而他身旁的人，包括我们教师在内，却总是有意无意地嫌弃他，更增加了他的叛逆情绪，他内心深处渴望得到的应该是关爱与尊重。意识到问题的根源后，我沉默了一下，对他说："老师以前对你的态度有时是不好，只看到你的不足，常常着大家的面批评你，老师向你道歉。"听了我的话，他脸涨得通红，有点儿激动地说："就是嘛，本来我也不是个坏孩子。"我顺势对他说："那好，我们就来个约定，我们互相尊重，你有事我不在同学面前说，咱们私下解决，可你也要做到在同学面前不顶撞老师。"他勉强地点点头，但我还是从他的眼中看到"不信任"这几个字。

在以后的学习中，我给予他更多的关注。了解到他十分爱看书，我就让他当了我们班的图书管理员。他非常热爱自己的工作，把图书整理得井井有条，还能很好地处理一些同学们借书、还书时发生的小矛盾，渐渐地，同学们逐步转变了对他的看法，他与同学们的矛盾也渐渐少了。一个月过去了，他的学习态度也发生了改变：上课认真听讲，敢于发言，作业也能主动完成。当得到了同学们鼓励的掌声时，他不好意思地笑了。看到他点点滴滴的进步，我感到很欣慰。

正如陶行知先生所说："学生不要你的金，不要你的银，只要你的爱心。"在工作中，面对特殊的学生，我们应给予更多的尊重和关爱。当我们满怀爱心去鼓励他时，他才能在爱中获得信任、获得进步。这件事让我更深刻地认识到：爱与尊重是教育的底色，唯有在这样的底色中我们的教育才能春风化雨，润物无声！

以学定教

刘海艺

　　我正在范读《黄山奇石》这篇课文，刚刚读了第一句就听到一个学生小声问同桌："闻名中外是什么意思?"再扫视一眼教室里，很多同学把目光投注在文中的插图上，有的还小声告诉同桌："看，这是仙桃石。"……《黄山奇石》是一篇写景小文，文中重点介绍了"仙桃石""猴子观海""仙人指路""金鸡叫天都"四种奇石，还列举了"天狗望月""狮子抢球""仙女弹琴"，最后结尾说："黄山还有很多奇形怪状的岩石，还等着你去给它们起名字呢。"看来，这些奇石深深吸引了学生的目光。于是，我停止了读课文。面带微笑告诉大家："同学们，黄山风景区景色秀丽神奇，怪石有趣，我和你们一样都迫不急待地要去看看了，那咱们先去旅游旅游，然后再学习课文好不好啊?""好——"同学们兴奋极了。"那好，但是要想进入黄山风景区还要闯过一个智力陷阱。听好了啊：因为黄山风景区很美，所以不但我们中国人知道它，连外国人都知道它的大名。同学们请注意，老师说的这句话是课文第一自然段中一个词的意思，是哪个词呢?"同学们紧张地找着，片刻，他们纷纷举手，大声地回答："是闻名中外。"

　　"对。这个问题是刚才有个同学提出的，她不懂就提出来问真爱学习。我看你们刚上二年级就有了很大的进步，表扬你们! 大家再把我刚才说的那句话说说，'闻名中外'的意思就记住了。""大家一起通过了智力陷阱，现在跟着老师去黄山看奇石喽!""第一站，我们去看仙桃石。看图，谁找到仙桃石了?"同学们纷纷举起书，指着像桃子的大石头，兴奋地互相说着，那个高兴劲儿不亚于哥伦布发现新大陆，还有几个小调皮在做吃桃子的动作，哈，他们吃得可真投入! 真香甜!"那为什么叫仙桃石呢?"有多数同学很自然地读出课文："它好像天上的飞下来的一个大桃子，落在山顶的石盘上。"聪明、调皮的黄磊又补充："天上的桃子就是王母娘娘吃的，所以是仙桃。王母娘娘不小心把桃子弄掉了，落在山顶上就变成了大石头，就叫仙桃石了。"说得多好啊! 黄磊是个小淘气，他经常不爱完成作业，老师找他询问的时候，他总能编一大堆理由，有时候还装腔作势地皱眉，咳嗽，真让你哭笑不得。可是他聪明、爱看书，很多同学不知道的知识他知道，好多时候课堂上的亮点是他创造的。此刻，随着黄磊的叙述，我发现有的同学入迷了，仿佛真的看到了天上的桃子落在石盘上变成了仙桃石。"黄磊说得真好！他懂得可真多！我们也要向他学习，多读书才会懂很多的知识。"同学们的脸上露出羡慕之色。"走喽，我们继续参观其他的奇石。"

热烈的气氛中，我们边看图边想象，边叙述边读书，还有的同学边说边做动作呢！在学生高度兴奋的思维状态下，很多知识点、训练点落实了。比如朗读课文，在不知不觉中，学生们已经把深情的赞叹、深切的向往、真实的惊奇融入读书声中抒发出来了。还有的同学竟告诉我，他发现那个带引号的猴子不是真的猴子，其实就是山上蹲着的石猴子。我惊喜极了，这个孩子悟出的知识点可是五年级才能学到的引号的作用啊。

又一个学生的一喊把课堂气氛推向了另一个高潮。"老师，'金鸡叫天都'为什么没有图呢？我喜欢看图，多好看啊！"一石激起千重浪，好多同学跟着抱怨："就是嘛，老师，天狗望月、狮子抢球、仙女弹琴怎么也没有啊？"听着一片抱怨声，我开心地笑了，因为有一个要求学生查图片资料的任务正等着他们完成呢。那个任务我原打算放到学完课文后再布置，没有想到孩子们给我创造了一个大好时机。"好了，同学们，由于黄山的奇石太多了，我们的课本装不下啊。要想看那些图片，我们想办法好不好啊？""老师，我们可以上网查！""老师，我让爸爸打印出来，让不能上网的同学看。"十几个同学发表了意见。"真好。你们长大以后就要自己动手去找和学的课文有关的资料了。找资料不光可以上网，还可以看书、看电视等等，我相信你们会越来越棒的！"在拉家常式的对话中，任务布置下去了，看着孩子们充满信心的样子，我断定这项任务会很好地完成的。

"我还有个提议，我们做一个开发智力的游戏，让我们先猜猜"天狗望月""狮子抢球""仙女弹琴"是什么样子，等到查了图片再看看我们猜得怎样，你们说，这个游戏做不做？""当然做了！"同学们又一次兴奋起来，教室里的气氛又推向一个高潮……

第二天，一大叠彩色的图片交到我手里，我把它们张贴在教室里，立即围上一圈同学，指指点点，七嘴八舌地看着，议着……

《黄山奇石》的教学故事主要体现了"注意学情，以学定教""抓住兴奋点，改变教学策略"的教学理念。

这篇课文是让同学们课外阅读后，我准备用两节课的时间去完成的。按原来的设计是老师范读课文——学生读画出的生词——师生共同学习生字——再读课文，结合图理解课文内容——想象、说话训练——朗读训练——指导写字——布置查资料的作业。

但是，就在我范读课文的时候，我注意到学生的学情——他们把注意点集中到图上，没有注意老师的读书，所以我立即改变了教学思路，顺应当前学生的思维去发展，去挖掘，就如顺风船再鼓风帆，效果就会事半功倍。事实正如此，在我带着同学们在虚拟的情境中旅游的时候，在高潮迭起的课堂气氛中，就把本来排在第二课时的理解课文，朗读课文，训练想象、说话等任务完成了。这样做看起来好像是违背教学规律，还没有学生字怎么就学完课文了？其实，从这节课的教学中不难看出，这个担心是多余的。因为一是学生自己主动地预习了课文，基本上扫清了文字障碍；最重要的一点是学生的兴趣点落在此处。"兴趣是最好的老师"，尤其是低年级的学生，做什么事更是喜欢从兴趣出发，抓住这一心理特点，根据学生的思维发展及时改变教学计划，这就是以学定教。

在这个教学片段中，我还运用了一种教学技巧——换个说法。如引导学生想象"天狗望月"等奇石的样子时，我就说我们"猜一猜"，找来图片后再看我们猜得对不。"猜一猜"就是换了一种说法，这个词与当时的情境相吻合，起到了激发兴趣的作用，比"说一说""想一想""想象一下"具有鼓动性。

这个教学过程带给我的反思是我们要吃透教材，以三维目标为总目标，然后向着这个目标前进，前进的道路上既可以迂回，也可以穿插，就像在草原上行车，只要方向不错，目标明确，你就可以潇潇洒洒地走上一回，沿途还会领略到无限美好的风光！

元气满满小幸福

李　彬

　　我出生在教育世家，爷爷奶奶，外公外婆，爸爸妈妈都或多或少从事着与教育有关的工作。我从小就想，我家有大学老师，有高中老师，有初中老师，还有幼儿园老师，就少一个小学老师，嗯，那这个任务就由我来完成吧。想着想着，慢慢长大，一步一步实现自己儿时的愿望，2011年我大学毕业，真的当上了一名小学老师。走进凤翔那一刻，我觉得自己脚底好像踩着无敌风火轮似的，步伐轻快极了，我当上小学老师啦！

　　开始工作我就从事班主任的工作了，至今已经第四年，我带的这个班级，是我第一件作品，我小心翼翼地呵护着，修修剪剪，盼望他们能长成参天大树。如果你要问我，我的教育理念是什么，我想说，我没有很多深奥的大道理，但我希望我教的孩子元气满满，乐观向上！在我的记忆中，我没有所谓的轰轰烈烈，有的只是我和小的们精心演绎的一个又一个细节故事，有的只是我向小的们播撒的一个又一个饱含正能量的种子，有的只是我和小的们如浪花一般的笑声。

　　下面我想和大家分享一些我们的小故事。在我看来，做一个会讲故事的老师，有助于塑造孩子们的心灵。我记得那是二年级时的事情了，班上有个叫晨曦的女孩子，长得萌萌哒，脑袋也特机灵，做起事情来雷厉风行，整一个小大人，因为这样，我还请她当了班长，班上有她帮着我打理，小日子倒是过得很欢快。那一天，学校有颁奖活动，上台领奖的同学需要穿着校服，佩戴红领巾，第一轮领奖已经结束，晨曦抱着奖状高高兴兴地回到队伍里。第二轮颁奖还没开始，这个时候，我发现坐在后边的女孩默默闷闷不乐，眼里积满了泪水却不敢求助我。于是我主动问默默怎么了，默默支支吾吾地告诉我，她今天忘记穿校服了，是不是不能上去领奖了。我告诉她，这好办，第一批领奖的同学已经回来了，请他们和你换换，就可以解决啦，说完我看见默默的表情顿时放松了下来。我抬头刚好看到晨曦，就喊着，"晨曦，默默今天忘记穿校服了，你把校服和她换换，让她上台领奖吧。"晨曦看向我，出乎我意料的是她并没有马上热情地回应，而是对我投来不解的眼神，甚至有一瞬间，我看到她对默默有一丝嫌弃。她停顿了一下，回答我，"我不想借。"听到这样的回答，我觉得很惊讶，一个平时是大家榜样的班干，居然在同学有困难的时候拒绝帮助。顿时我心中有一丝怒火，是对她的反应的生气，也是对我自己居然没教会孩子分享生气。很快，我冷静下来，我想如果当场狠批晨曦，她肯定会觉得很委屈，她是班干面子挂不住，也会有损在班上的威信。于是，我把她叫到身边，轻声问道，"晨曦，你为什么不愿意把校服借给默默呢？"晨曦扭捏了一下回答道："我就是不愿意，这校服是新买的，弄脏了别人会笑我。"于是，我给她讲了这样一个故事：晨曦，你知道吗？英国有个8岁的小男孩，两年前，他做了一个决定，留长头发。头发长啊长，真的流出了一头完美的金发，小伙伴都笑他像个小姑娘，但是，他说，这是他想做的事。两年后，他把头发扎了起来，剪下，装进袋子里，最后捐给了一个专门帮助患癌症掉发的小朋友制作假发的慈善机构。你看，这个小男孩为了帮助他人，不顾他人的眼光，他可真是有一颗善良的心呢。"说完我看着晨曦，我在等她做决定，接着，她抬起头，对我说："李老师，我刚才错了，不该不帮助同学，而且我还是班长！"接着还没等我做出反应，她已经一边跑向默默，一边喊道："默默，快，马上要领奖了，跟我去换校服。"看着两个小家伙跑远的身影，我也舒了一口气，还好还好，没有发火，孩子也学会了分享，这次的教育成功了。我有随手画简笔画的习惯，以画来代替文字记录一些生活中的小幸福，回去以后我也把这个故事画成了漫画，上传到了空间上，我想孩子们或者爸爸妈妈们看到的话，应该会是不错的教育素材吧。

　　还想和大家分享一件趣事，就发生在上周五，那天早餐吃的是叉烧包，有个小男生嘴特馋，吃了自己那份以后还想吃，我就把自己那份让给了他。上课了，这节课学习的内容是歇后语，在给孩子们积累的时候，我们收集了"肉包子打狗——有去无回"这一条歇后语，大家都学得津津有味，我课也讲得越来越投入，这时我发现那个小男孩没怎么认真听课，似乎在下面玩自己的，于是我请他起立回答我刚才提出的问题，他支支吾吾的，答不上来，我也没生气，我笑着说："宝贝，你呀真是对不起我刚才让给你的肉包呢！"他摸摸脑袋瓜，不好意思地笑了，我想他也知道我是在提醒他，正准备让他坐下，这时候他的同桌按捺不住了，小女生古灵精怪的，忽然就说道："老师，你看，这就是肉包子打狗——有去无回啊。"我一听，愣了一下，然后忍不住和大家一起笑了，那个小男孩也忍不住乐开了花，笑归笑，我还是补了一句："把同桌比喻成小狗，好像不太妥当呢，要做文明的小君子，宝贝，你也坐下吧，吃了李老师的肉包子，可是要认真听课，开动脑子帮助消化的呀。"说完班上又笑了一下。其实，在教育上，我们班主任并不需要时时都气鼓鼓地批评孩子，有时候笑声可能更能让孩子接受，而且这一片片的笑声，不正是作为班主任元气满满的小幸福吗？

　　一个又一个的细节被我记录在画本中，小幸福越存越多，每天都在上演，作为班主任，不累吗？也许你会问。累，怎么不累，有时候你是妈妈，有时候你是朋友，有时候你是侦探，有时候你是法官，有时候你是画家，有时候你是音乐家，各种各样零零碎碎的杂事，真是累得不行，但每每看到孩子们的天真、善良、顽皮，就会在疲惫中觉得如果世界上只有成熟的大人的话是多么无趣！每每看到他们在《我的老师》这篇作文里稚嫩的句子，总是能笑到肚子痛，可是结尾处却又感动得想流泪。是的，当班主任幸福极了，每当看到这一个个小精灵在我的精心照料下快乐成长，我就开心极了，幸福极了！老师们，班主任们，让我们一起收集一个个元气满满的小幸福，去拥抱大幸福吧！

小李超人的陈年旧事

曹雪梅

超人的语文书有点儿与众不同，在写名字的地方贴了一张黄色的便利贴，上面工工整整地用正楷写着：不准掀开看。凡是看到这留言的，无不掀开一看，书上写名字的地方赫然出现的是：德川山田。大家都很吃惊，小李超人有一个日本名字！

超人有特异功能。黑板上的作业已经被值日生擦得干干净净了，可他却对着光溜溜的黑板看了又看，把作业八九不离十地"抄"了下来。有一天下课，他突然"扑嗵"一声跪在了讲台上，双手合十连连向空中捣蒜般地叩头。现场一片肃然。叩拜完毕，他不慌不忙地起来，拍拍灰尘，到走廊上撒野去了。

上课铃响了，同学们都纷纷回座位坐好，准备上课。小李超人总是姗姗来迟，要等老师说了开场白以后，才如京剧中的背上插满各色旗子的大角一样，大摇大摆地喊报告进来。进来后，也不立即回座位，先用黑板擦把黑板再擦一遍，再把讲台上的粉笔等物品摆放得整整齐齐，然后不慌不忙地回位置。刚开始的时候，总有一两个不识趣的学生，也学着小李超人的样子，抢着一起擦黑板、整理讲台。被老师一瞪眼，灰溜溜地回了自己的位置。最后，讲台只留下超人和老师。老师继续讲课，超人在讲台上继续干活。干完，他就走人。超人不怕老师瞪眼，因为他不看，跟他讲道理劝他下去也没用，他不听。

超人有一次跟别班的几个同学打架，身上挂彩了。听超人说，别班的几个同学一起欺负他。我听了，很生气地说："怎么能这么欺负人，几个人打一个，看我怎么收拾他们！"我带着超人"耀武扬威"地去别班认人，打架的几个人被轻而易举地叫了出来，他们一脸惊恐地跟着我来到了办公室。我打发超人回了教室，然后对打人者说："我知道你们是觉得他很怪，才打他的，是不是？"他们点点头，感觉大祸要临头。我严肃地说："我也知道他很怪，但是打人不对，你们这么多人打他更不对。把他打伤了，他的家长要找你们算账的。"停了停，我又极其诚恳地说："这次我就帮你们的忙，说服他的家长不找你们麻烦了。不过，你们要帮我一个忙，他要是做错了什么，或者做出了什么奇怪的事情，你们不要去惹他，不要说他，更不要打他，要偷偷地告诉我。"他们非常爽快地答应了，便如释重负地走了。后来。我回教室告诉超人："我帮你报仇了，他们被我骂得狗血喷头，保证再也不敢欺负你了。"超人笑得特别的天真无邪。后来，再也没有人欺负超人了。

超人的数学成绩非常好，虽然他上课有时睡觉，不按时完成作业，但不妨碍他数学得高分。有一次测试，他早早写完试卷，就横躺在两个椅子上呼呼大睡。别班的监考老师把照片拍下来，给我看。我没有说很多，一再叮嘱那位老师，赶快把照片删掉，不要发到朋友圈去。

小李超人跑得像风一样快，很好动，曾经还掉到了学校的金鱼池里，成了落汤鸡。

他在我们的校园里快活地度过了六年时光，现在已是一名初三的学生了。他的个子应该更高了，长得更帅了。祝福他能遇到更懂他的老师和同学们，健康快乐成长。

摆渡人

张桃花

　　最近，闲暇之余，我迷上了一本书《摆渡人》。15 岁的单亲女孩迪伦勇敢地踏上一列火车，去寻找生父，不料突发交通事故。当她爬出失事残骸时，却发现世界已经变成一片荒原，而幸存者好像只有她一个。神秘男孩的出现彻底打破了迪伦枯燥而平静的生活，在她的世界里掀起了惊天骇浪。其实，这位神秘男孩是她的摆渡人，是让她顺利找到"家"的人。在书中，我最喜欢崔斯坦这个角色。他不禁让我想起了教师这一角色。新时期教师的角色是多重的，是学生学习的促进者，是与家长沟通的桥梁……然而我觉得老师更像是摆渡人，他把学生送到知识的彼岸，关护学生的成长。其实，在我的工作生活中，也有这样一位摆渡人。

　　我是千万教师中一名平凡的人民教师，我乐观开朗，我热爱我的职业，渴望着在这一岗位上实现我的人生理想。每天我满怀期望，享受并且快乐着，从来没有任何困难阻挡我的去路。

　　那是一个平静的夜晚，窗外，都市霓虹闪烁，分外温暖。我一如既往地做着自己的事情。手机的震动引起了我的注意，心想：谁会这么晚发信息呢？我打开手机一看，在班级群里有一位家长对于我白天处理学生丢失一百元的事情提出了质疑，语气中尽是责备，咄咄逼人。为避免造成不良影响，我第一时间通过电话跟她沟通说明事情的原委并希望她今后有什么意见或者建议单独私聊老师。她最后也跟我道歉说："对不起，张老师！是我冲动了。"

　　可是这条信息给我带来的负面影响远远超乎我的想象，为此我在群里做了说明，那位家长亦一再重申对事不对人。这样一来，不免引起了大家的讨论，群里就像炸开了锅。这种情况是我始料未及，前所未有的。那种感觉就好比我做了什么不可饶恕的错事，赤裸裸地站在人前任由人们指指点点，毫无尊严。瞬间，我一直以来努力塑造的形象轰然倒塌。尽管大部分家长是理智的，说无论如何一如往常支持我的工作。然而那不顾后果、伤人的话语犹在耳边，无法释怀，为此，我郁郁寡欢，有好几天都没有跨过这道心坎。

　　是她，伸出援助之手，为我清除这一切的阴霾。

　　她在得知我的想法后，想方设法疏通我的心理。她说："人生的道路上，无论如何都回避不了现实的重重困难，没有永远的一帆风顺，家庭、学业没有真正的心想事成。但是，只要你不去推诿，不胆怯，保持信心满满，保持良好的心态和旺盛的精力，努力奋进，你就一定会知道发光并非太阳的专利，你也可以发光。"不仅如此，她还悄无声息地为我重新树立在班上的威信。以独特的方式，从她的角度向家长们介绍了她眼中的我是怎么样一个人，从分析班级目前情况再谈到人，如何管理班级，如何与孩子们相处，从班级的变化来肯定工作中所取得的成绩，洋洋洒洒几千字，感情真实，富有感染力……加之，她平时无论在孩子们心中还是在家长眼里都是那美丽与智慧的化身，大家尊重并信赖她。正因如此，才有更多的家长积极面对，正能量不断得以传递。我亦因为威信得以重建，调整好心态并积极处理这件事情。我以身说法，让孩子们换位思考，并讨论今后遇到这样的问题正确的应对方式。学生们变得更加懂法，而我也从中受益匪浅，为自己今后的工作指明了方向。也正是因为她，我比以前更加自信，处理问题也更得心应手。是她，引领我跨越自己的心坎，并无私地帮助我，让我走向人生的又一个彼岸。这不正是那无私的摆渡人吗？

她，是我们的梁芳老师。她，美丽、智慧，对学生全心全意，高度负责，对待身边的人真心实意。感恩生命中遇到了她！

静待花开

吴国娟

我们班级里有一个"小胖"，这个小胖，笑起来有两个小酒窝，一副憨态可掬的样子，小脸肥嘟嘟的，像一个包子！想象这画面您一定会觉得他多么乖巧可爱，殊不知就是这个虎头虎脑的小胖以迅雷不及掩耳之势在入学之初一次次带给我意外的恶作剧。

一个周五的大扫除，就在我去洗拖把不到两分钟的时间里，他把消防栓打开了，教室里顿时汪洋一片！上课时间经常飘到教室外、楼梯口，除了上课，我经常满世界苦苦地追寻着他。午休来学校的路上，路边捡起一块石头就往一辆车门上砸。课上回答问题，我只要点到女同学他会比闹钟还要准时地说上一声："疯婆子，她是疯婆子。"……他的"罪行"犹如滔滔之江水，浩浩荡荡！在"审讯"他时，无论我是暴风骤雨还是苦口婆心，他就是一副大雪压青松，青松挺且直的样子。不管风吹浪打，胜似闲庭信步，仍旧我行我素。我很无奈！我很不甘心！7 岁的孩子道高一尺，咱也得魔高一丈啊！

在和家长交换一些意见时，妈妈也是抱怨不停，说孩子不听话，他们也很闹心。爸爸对儿子的教育方式就是粗暴的拳头，妈妈工作忙且十分溺爱，夫妻的教育不是平行的双轨。我基本上明白了为什么他有这么多匪夷所思的古怪行为了。他渴望得到别人关注的心理很重，但又不知如何表达，所以有意无意出现一些状况，但由于各种出格行为又使得他所期望的更适得其反，我反思：如果他爸爸的教育是暴力，我的就是软暴力！

他妈妈说到一点，引起了我的注意，那就是特别爱主动地帮家里倒垃圾！

终于发现了一个闪光点，就从这儿下手。我找个机会和小胖谈心，我首先表示出对他的鼓励和夸奖：你真爱劳动，不怕脏、不怕臭、不怕沉、不怕累，不怕烦，在这点上老师还不如你呢。他心里很是惊奇和高兴。课间我主动套近乎跟他聊些家常事儿。通过这些轻松的交谈，小胖感到我很易亲近，我暗自观察几天，发现他似乎有些小小变化了。趁热打铁，找了个机会在全班同学面前对他表扬了一番，班里搬牛奶的任务他主动承包了，管理班上扫把这块责任田他也哭着喊着揽下了。他集合时老是忍不住讲话，我跟他秘密约定，只要哪次他把小嘴巴上好锁，就可以悄悄来我这领个小礼物，有一次回到班上我问他刚才管住小嘴巴了吗，他认真地说他一句都没讲，就是班长老是回头看他，还攥起了拳头。我说："那是因为你不讲话的时候特别帅！班长忍不住多看你两眼。"他有点害羞地笑了。"如果你在课上能不再说疯婆子，那全班的女同学会非常喜欢你的。"我安排了一个比较漂亮文静的女孩跟他做同桌，这只老虎有时竟乖巧得像一只小猫。这个"帅"让他大课间不再赖皮偷懒。回想起这个小刺头一年多在学习、纪律方面的变化，我的心中真是酸甜苦辣咸，五味杂陈！哈！甚至用上了美人计！虽然他的桌面有时还是像摆摊，虽然跑步有时比别人跑得还慢，虽然偶有跟同学发生小纠纷，我知道小胖的谦谦君子之路还很漫长，但我知道拥抱和鼓励永远比责骂更有用！

用爱心打动学生

黄世优

如果说教师的人格力量是一种无穷的榜样力量，那么教师的爱心是成功教育的原动力。陶行知先生说过："真的教育是心心相印的活动，唯独从心里发出来的，才能打到心的深处。"霍懋征老师也说："没有爱就没有教育。"这些肺腑之言告诉我们，离开了情感，一切教育都无从谈起。

我们凤翔路小学 2011 年成立，当时，我接手的是最高的年级——五年级。因学生来自不同的学校，行为、学习习惯千差万别。我一视同仁地对待每一个学生，不嫌弃、不放弃任何一个有问题的学生，善于捕捉学生身上的每一个闪光点，及时发现学生存在的问题予以帮助和指导，让学生在被爱中学会做人和做事。我们班里的小洲同学是最令我头痛的一个学生，平时上课下课很爱调皮捣蛋，上课时不是身子动过来扭过去，就是嘴巴说个不停，还爱说脏话、打人，对学习兴趣不高，课堂作业不认真，家庭作业更是常常不做，无论是苦口婆心的教育或是声色俱厉的批评均无济于事，一副"软硬不吃"的样子。我了解到他在原来的学校是有名的捣蛋大王，在学校骂同学、老师，甚至连他们的校长都敢骂。父母因工作忙，对他疏于管理，动不动就打骂他。第一次找他谈话，他就很直爽地告诉我，他也想好好学习，但就是控制不住自己。这时，我知道要改变他的坏习惯，首要的是解决他的思想问题。但这种根深蒂固的思想和习惯岂是一朝一夕能改变的？

有一次课间十分钟，有同学告诉我，他把同学的牛奶从四楼教室的窗户扔到一楼，我一气之下问他："你为什么把牛奶扔下去？"他满脸不屑地答："我觉得好玩……"我打断他的话，把他狠狠批评了一顿，并让他下楼去捡，他不肯还骂我有病，我气得说不出话来。因为准备上课了，我说："你再不下去捡，全班就不用上课了！"他迫于压力，勉强走出了教室，口里还念念有词。大概过了十来分钟，还不见他回来，我又担心有什么差错，只好派班干小瑜下楼去找他，又过了几分钟，才见他俩回教室。小瑜告诉我，他就坐在楼下，也不去捡牛奶，还是自己帮他捡了。下课后，我打电话把事情的经过告诉他妈妈，让她配合教育。还有一次，学生告诉我，因不满班干小蔚扣他的分，就把小蔚推倒在地，痛得她过了几分钟后才勉强站了起来。后来我问他为什么这样做，他说小蔚扣他的分，所以要报复。我批评了他，并请他妈妈到学校……一次次苦心策划的转化计划都宣告失败，实在是无计可施了，但又不忍放弃，放弃不等于宣判"不可救药"了吗？当看到我们学校教师"君子风范"养成十二项中的学会欣赏后，我想，何不试一试呢？于是，我在提高他的学习兴趣上下功夫，千方百计地创设机会让他获得成功，细心注意他哪怕是微小的进步，及时在我们班的 Q 群和飞信给予表扬，使他看到了自身的力量，获得了成功的喜悦与自信。此外，我还耐下性子多次找他谈话，只要他犯了错误，我就找他谈。次数多了，他也被我的诚心所感动，努力尝试改变坏习惯。后来，他基本能做到和老师积极配合上好课了，学习成绩也有了较大的提高。终于，我高兴地看到他逐渐有好转的迹象了：学习兴趣浓了，纪律好了，作业书写进步了，学期结束后，小洲同学还被评为班级进步学生呢！他妈妈非常感激，说他遇到了好的学校和老师。

我总想，只要每个班主任能够以爱心、细心、耐心去面对工作，面对学生，用爱心去感化他们，让学生处处感受到你的关心与呵护，才能打开他们的心扉，倾听他们的心声，并及时客观地分析原因，正确引导，点拨，发现闪光点并加以鼓励，慢慢地托起他们走向成功的彼岸。霍老师曾说过："一个好教师的标准就四个字：敬业、爱生。"愿我们都能拥有耐心和宽容之心，学会敬业、爱生，适时准确把握学生身心发展之规律，把简单的事情做好，像霍老师那样做一名光荣、充实、幸福的好老师！

用我的爱与责任为你护航

胡自如

记得冰心老师曾说过："有了爱，便有了一切，有了爱，才有教育的先机。"从这些话语中，我领悟到：教育其实就是一门爱的艺术，就是一种责任，一份鼓励，一句提醒，老师一个鼓励的眼神，一句亲切的话语，都会让学生备受鼓舞，获得无穷的信心。

我欣赏这样的境界：心中有太阳，脸上有笑容，嘴里有歌声。但很多时候，我往往做不到。当我知道自己要接手的是二年级 6 班这个老师们眼中的特殊班级时，我的脸上就不再有笑容，我的天空变得很阴暗，这是个怎样的班级大家都知道，孩子调皮，家长挑刺，这是一个问题班，是一个没人敢接的班。面对学校的工作安排我也曾据理力争过，但最后还是默默承担了下来，我换了种思维告诉自己：这也是学校对我工作的一种信任吧，相信我有能力带好这个班级。

开学的第一天，我情绪低落地走进了教室，当我看到一双双渴望的眼睛看着我，一张张灿烂的笑脸迎接着我时，当我第一次听到二（6）班孩子大声地说"老师好"时，我震惊了！这是一群多么可爱的孩子啊！他们的眼睛是雪亮的，他们的心是热情的，他们的笑容是灿烂的，这跟之前听到的说法完全不同。看着他们，我也大声地回应："同学们好，我是你们的新老师！"当我把我的名字写到黑板上的时候，同学们给了我很长时间的掌声和欢呼声。我听出来了，这是他们高兴和激动的掌声，是认可的掌声，更是一种爱的掌声。从那一刻起，我就下定决心：他们就是我的孩子，我要用我的爱和责任，让他们成为世界上最快乐的孩子，最优秀的学生，让他们永远甩掉"特殊班级"的头衔。

我坚信这样一句话："好孩子都是夸出来的。"教书育人 12 年，从不断的尝试、不断的总结分析中，我终于找到了教师工作中最重要的东西，那就是一颗爱学生的心。一切因爱而生，一切从爱出发。关爱和鼓励孩子成了我工作的重点之一。当班上的孩子有点滴进步时，我一定不会忘记夸奖他，这样会给孩子增强自信心，让孩子获得成就感。我们班有个男孩小熙，在我刚接班的时候，他是一个做事拖拉，脾气暴躁，爱打架闹事的小男孩，整天搞得班级乌烟瘴气，鸡犬不宁。每天我都接到无数孩子的报告，于是我找他谈话：

"你想做个怎样的孩子呢？你打算怎么做?"他忽闪着大大的眼睛认真地回答："我想做凤翔的谦谦君子，遵守纪律，争取做到不打架，不骂人。"看到他一脸的认真，我接着说："那你跟老师拉勾，一定要做到哦！其实在老师眼里，你一直都是个好孩子，但是要想做个谦谦君子，还必须做到一条，那就是君子动口不动手。老师相信，那么聪明的你一定能做到的!"小熙听了，用力地点了点头。从那时起，我就开始时时关注他、处处鼓励他，他的一点点改变我都会在班上大力表扬。慢慢地，慢慢地，我发现小熙真的变了，我的表扬和鼓励奏效了，他真的在朝着我的表扬迈进！现在的小熙变懂事了，课堂上遵守纪律，课间几乎不再打架闹事，学习的积极性提高了，成绩也有了明显进步。他的家长给我打来电话说：感谢老师，孩子变了，脾气不暴躁了，说话态度变好了，也贴心了，进步太大了。听到家长对我工作的表扬和肯定，我的心里像喝了蜜一样甜。

我的付出没有白费。我得到越来越多家长对我工作的支持，家长们常常会在家校联系本上写下对我工作肯定的语句。

还记得上个学期因身体不适，请了几天的病假，很多家长纷纷打来电话或发短信询问原因。琪琪妈妈说："老师您怎么了？是身体不舒服还是班上孩子太淘气？您可一定要好好的，孩子们在您的带领下有了很大的进步，现在特别喜欢上语文课。"听着他们既关心又着急的话语，我感到特别温暖和感动。是啊！当赏花的人把更多的赞美之词给予那些最大最美的花朵时，我们园丁不应吝啬自己的欣赏和赞美，给所有平凡的花朵，按照心灵的指引，给它们浇水、施肥。因为我们的幸福就在于看到每一朵花的开放，感受每一朵花的芬芳。

"爱在左，责任在右，走在生命之路的两旁，随时撒种，随时开花，将这一径长途点缀得花香弥漫。"只要我们心中多几分对孩子的爱，肩上多担几分对孩子的责任，相信我们一定会将这一径长途点缀得花香弥漫！

爱是孩子成长的原动力

张德萍

伴随着时光的变迁，教育教学的方法也在不断地进步，作为一名小学教师，在苦研怎样才能使课堂更生动，教学更严谨，课堂纪律、常规更良好时，与孩子的交流、生活，却让我更明白作为一名现代的教师，除了要具备良好的教师本体性知识、条件性知识、实践性知识和文化知识以外，"关爱学生"更是一名教师应该具备的基本职业道德素养，"爱"是学生成长的原动力。

我们班里有这样一个孩子，上课不守纪律，下课喜欢欺负其他同学，但被别人有意、无意碰到时，自己像是受到了天大的委屈般哭闹不止，放学不排路队，老师一转眼就会找不到他。这样一个孩子，在老师的眼中就是典型的"捣蛋鬼"。一开始，我动之以情晓之以理，希望通过循循善诱方式让他有所改变，每次跟他说完，他都能用很诚恳的眼神告诉我，"老师，我知道了！"可转眼就继续原有的模样。当他欺负其他孩子的时候，我会很严肃地跟他分析事情的严重性，可他却是一脸不在乎的表情，就算我狠狠地批评他，转个身他就会故态重演，让我拿他没办法。他的举动让我对他的一切产生了好奇，也让我心中萌生了一个个关于他的问号。带着这些疑惑，我尝试着跟他的爸爸、爷爷进行沟通，我想了解孩子在家里的生活状况，想了解他的生活环境，想从中找到教育的突破口。在跟他家人的反复交流和多次谈话中，我了解到原来这个孩子的父母早在他很小的时候就已经离异了，他是由父亲单独抚养的。家中的爷爷、奶奶特别心疼这个孩子，对孩子的要求几乎是有求必应。当孩子犯错时，爸爸的教育方式比较单一，讲不听就打，但对孩子生活上、心理上的关爱却是少之甚少。

而爷爷奶奶又很袒护孩子，造成了孩子的有恃无恐。现在爸爸再婚，也有了另一孩子，他便跟着爷爷奶奶一起住，虽然他爸爸每天晚上都回来看他，等他睡着了再走，但他感受到的来自家庭的关爱比原来更少了，致使他小小的年纪，便严重缺乏安全感，缺少归属感，缺少关爱。

闻知这一切，我的内心充满了疼惜，我开始更关注他，上课时发现他讲小话，我不再是直接地批评他，而是悄悄地走到他的身边，轻轻地摸摸他的头，用肢体语言提醒他坐好。平时我会常找机会跟他聊聊生活中一些开心的、不开心的事。放学时，我会让他跟我并排排队，然后一起跟着队伍行进。当发现他作业出错的地方没有掌握时，我会单独让他来办公室找我，问清是什么原因造成的，并会对他进行思想教育，培养他的学习习惯，同时还会针对他缺漏的知识点进行单独辅导。与此同时，我还紧密地联系他的爸爸和爷爷，赢得他们的配合与理解，让他们意识到教育的方向需要一致，要把关爱孩子和严格要求相结合，连成家庭与学校的教育合力。

就这样通过平时的点点滴滴，我走进了他的内心，他跟同学的相处也变得融洽起来。慢慢地，课上他安静学习，作业也能按时完成，成绩也在一天天地稳步提升。这让我深刻地体会到，每一个"问题孩子"的出现，背后必然会有他的原因。作为教育者，只有用心去发现，用爱去灌溉，才能为孩子提供成长的"阳光"。

69 人，一个不少

蔡 雪

莫言说："我是一个讲故事的人。"我也是一个讲故事的人，用最初的心，做永远的事。

是的，燕子去了，还有再来的时候。我又接了一个新的班集体，工作忙碌，忙得来不及多想别的事情，但还是隐约惦记刚毕业的学生：现在他们在新的学校可好？他们适应新的学习坏境吗？生活开心吗？学习有了进步吗？一切的一切可好？

2013 年国庆节前一天的下午，学生已经放学，天格外蓝，树格外绿，一切都显得那么和谐与宁静。我静心批改学生的作业，电话响了，是学校的门卫室打来的："蔡老师好！有些学生找您。"

我应声，便来到校门。我见到的是前不久毕业的学生，见面的那一刻，孩子们像见到久别的母亲，个个向我奔来，围着我，争着往前靠近我，我揽着孩子们回到教室坐下，清点了一下，回来的学生有 69 人，都回来了，一个不少。我看着他们，有一种言不尽的幸福，犹如见到久别的儿女，我说不出话，泪水真不争气，快要流出来，轻轻转过脸，可他们安静等着我说话……

是的！燕子去了，还有再来的时候。此时的我很是激动，回想三年前他们小不点的样子，这三年时间相处的点点滴滴历历在目，一切的一切就像在昨天，而现在……

班长韦泓帆先说："老师，您再给我们上一节课好吗？"我很呆的样子，我在思量着，我上什么课？这时孩们异口同声地说："老师，您给我们再上一节课好吗？""老师，毕业典礼那一天，您因为参加计算机的考试，您没有来。"我明白了，到现在我还欠他们小学最后的一节课——散学典礼的思想教育课。我明白了：这三年的时光，孩子习惯了听我的唠叨，每一天放晚学、每一次的散学典礼，我都会说："孩子们，注意安全，你们多少个回去，就多少个平安回来；假期里，你们记得做一个有准备的人……"

好！孩子们，你们回家了，真好！可你们知道吗？毕业考试成绩出来的那一天，学校主管教学的副校长打电话过来说："蔡老师，没想到你这个 254 班考试考得如此好！"我的回话："我们班的孩子还要多多努力，他们以后会更优秀。"你们一直是老师心中最优秀的学生，以前你们以在 254 班为自豪，将来 254 班以你们为骄傲……

往事如烟，点点滴滴忆在心头，那一年分班，我分到年级最后的一个班，但在我心里我分到的是 69 颗希望的种子。不是吗？这三年，69 颗种子一直沐浴着爱与敬畏的阳光，因此我能写出"再上一节课的故事"。

如今的我已经离开奋斗多年的芦小，来到今生有缘的凤翔，但我心依旧，还是用最初的心，做永远的事。

让孩子学会感恩

陈海敏

学会感恩，知恩图报是中华民族的优良传统。"滴水之恩，当涌泉相报"的胸怀，"恩欲报，怨欲忘，抱怨短，报恩长"的经典诗句，集中反映了古人对感恩的认同。

在感恩的历史长河中，流淌着多少古今中外名人感恩的故事。

汉朝的韩信，少年时期很穷，一次他在淮阴城下钓鱼，有一个漂洗丝絮的老妇人，见他饥饿就送饭给他吃。后来，韩信封了王，拿千金来酬谢她。这就是"一饭千金"成语的来历。

伟人毛泽东邀请他的老师参加开国大典，朱总司令蹲下身亲自为妈妈洗脚。

然而，现实生活中却有种种令人遗憾的知恩不报的事发生。已经去世的"感动中国人物"——深圳歌手丛飞耗资 300 万元资助 178 个贫困学生，而当他重病住院时，受过资助的个别大学生就在深圳工作，也没有去看他。

苏联教育家苏霍姆林斯基说："如果善良的情感没有在童年形成，那么无论什么时候你也培养不出这种感情来。"

目前在校的绝大多数是独生子女，父母的宠爱，生活的安逸，助长了学生的奢侈浪费、盲目攀比、拈轻怕重等不良习气。父母太过于溺爱，认为孩子小，凡事替孩子包办，铅笔替孩子削好，书包替孩子背着，家务不让孩子碰着……都是无条件地给予，没有培养孩子的回报意识，这样环境下长大的孩子，把一切都看作理所当然，怎能学会感恩？

我们的教育不仅要教我们的孩子如何学习，怎样学习，更要教孩子如何做人，怎样学会感恩，要使他们从小养成良好的个性和健全的人格，让他们懂得，感念父母之恩，要孝敬父母；感念祖国之恩，要报效祖国；感念社会之恩，要学会和不同的人相处，这是一种更加丰富的教育，这样的教育才是刻骨铭心的教育。

感恩教育最基本、最经常的形式不是一堂思想品德课，而是各学科常态下的课堂。教师在教学过程中加入感恩的素材、在平时身体力行的感恩示范以及在课后留下的感恩影响，对学生感恩意识的养成都具有潜移默化的作用。所以，学生感恩意识的建立应融入常态的教与学之中，这是教育的客观规律。

数学是抽象而理性的学科，数学教师应运用本学科的特点，帮助学生养成科学的分析判断能力，让学生自发地树立起正确的价值观念，这比灌输式的教育更具成效而且影响深远。

我教学"认识钟表"的教学片段：教学认识整时后，进行课堂练习。我用课件出示四幅场景图，并问：看图说说钟面上各是几时，然后按从早到晚的顺序把图排一排。

图1：天黑了，妈妈睡了。钟面显示11时整。

图2：天亮了，小明在吃早餐，妈妈在帮小明叠被子。钟面显示7时整。

图3：天黑了，小明睡了，妈妈帮小明盖好被子。钟面显示9时整。

图4：天微亮，妈妈起床做早餐，小明还没醒。钟面显示6时整。

学生说出钟面分别表示几时整，并且对场景图进行排序后，教师让学生仔细看看这几幅图，说说有什么想法。指名回答。

S：……

T：那么，如果你是小明，你会怎样？

S1：我起床要自己叠被子。

S2：吃早饭的时候要跟妈妈说声："谢谢妈妈!"

S3：我要帮妈妈叠被子。

T：小朋友们真懂事，妈妈为我们早起晚睡很辛苦，我们力所能及的小事要自己做，妈妈为我们做了那么多事，我们应该和妈妈说一声什么？

S：谢谢妈妈!

从同学口中说出的道理，学生更容易相信和接受。让学生在不知不觉中受到感染和触动。小学数学教学中，可以采取很多这样的教学手法，让学生学会运用数学知识自发地去判断生活中他人对自己的关爱、付出，懂得知恩。

孩子的天性是善良的，感恩的意识和习惯应当从小开始培养，我们所需要的只是一份信念与坚持。其实，我们可以从最基本的开始，要求学生从每天帮父母做一件力所能及的家务，每天好好学习，按时完成作业这些基本的小事做起，教育学生养成良好的习惯，不辜负父母对自己的期望。常怀感恩之心，会让我们更加感激和怀想那些有恩于自己却不言回报的每一个人。让他们知道，无论是父母给予他们生命，还是朋友给予友情或者老师教他们智慧，这一切都是恩情。

一颗感恩的心，就是一个和平的种子，感恩是人与人之间的和谐因子，是构建和谐社会的需要。要让学生知恩图报，不忘国之恩、社会之恩、老师之恩、养育之恩、知遇之恩、提携之恩、帮扶之恩……使"滴水之恩，当报涌泉"之情感生根，开花，结果。

成为孩子前进的踏脚石

谢书莹

　　师范学院毕业后辗转了很多地方，最后还是选择停在了小学校园里。每每有人问起为什么选择小学而不去中学，我总告诉他们：因为小学的孩子世界很单纯，很美好。我就希望自己永远活在这份美好中。

　　常常被自己的学生感动到。有一次放学，带着孩子们排队出校门，一个女孩子突然拉着我的手说："谢老师，要是你是我妈妈就好了，这样我就能天天见到你。"这是一个孩子天真的想法，但我知道她爱着我，爱着这个每天给她上数学课的我。那一刻，我很感动，我得到了一个孩子对自己发自内心的认可。这样的事情其实常有发生。正是这种感动让我坚定地行走在小学教师的道路上。

　　心怀每一个学生，这是我对自己的要求。身为教师，我知道自己的责任和义务。和家长交流时我总说孩子就是家长的小缩影？其实学生何尝不是老师的小缩影，在其位谋其职，我心里总是想着自己现在要怎样做学生以后的路才更好走一些。我也常常和班里的孩子聊天，问他们觉得谢老师是个怎样的老师。规矩多，有时候凶，大多数时候都不凶，喜欢讲故事给我们听，这是大多数孩子给我下的定义。有时候我也问自己：给孩子定下一堆的规矩到底对吗？这样要求他们还能快乐成长吗？随着孩子的一点点长大，我也慢慢意识到，当初我坚持定下的规矩是很有必要的。一年级刚刚接手这群孩子时，他们仿佛是一张白纸，有些孩子甚至连用卷笔刀削铅笔都不会，这两年来手把手地教，从作业本也不会收到现在会整齐地帮老师收作业本，吃完早餐知道准备好要交的作业放在桌面上后再出教室活动，作业本永远干净整洁，字迹即使还做不到像书法家一样有力道有笔锋，但是每个字都用心书写，就连最让数学老师头疼的竖式班里的孩子也书写得十分工整，这些小事听起来似乎微不足道，但是这些习惯已经成为孩子日常学习中的一部分了，他们已经习以为常地去做这些事情了。有时候课间坐在教室的时候总觉得有种小小的成就感，这群孩子在自己的引导下学会了做很多事情，知晓了很多规矩。对待学习认真的态度，对自己行为的严格要求，这些都是一步一步先从规矩学起，再到让这些行为同化成自己的习惯。

　　刚开始和孩子们立规矩的时候真的很困难，起初每天总有些不能按照要求完成任务的孩子，当时的我也很头痛，每天都要花大把的时间处理这些问题，一遍一遍地重复自己的要求，一遍一遍地重复教孩子该怎么做。最开始也想过要不还是算了吧，得过且过吧，没必要折磨孩子也折磨自己。每当要放弃的时候，心里总有声音告诉自己：坚持把你该做的做完，现在的坚持能成就孩子一个受益终身的好习惯。当时的这个声音仿佛就是指路明灯，支撑着我走过了最初艰难的时候。随着规矩要求的时间一点点变长，我也发现每天不能按要求完成任务的孩子越来越少，从开始的十几人，到后来的六七人，到最后的只有个别孩子，到现在的全班都能按要求完成任务，即使偶有出现不能完成的孩子，别的孩子也会马上伸出援助之手去帮助他，现在再回看过去，一切的辛苦都是值得的，一切的坚持都是对的。多为学生的以后着想，我常常在课上讲起自己念书的故事，失败的丢脸的事情也会说，光彩的故事也会说。很多时候，我讲起自己都是想通过自身引导孩子。有一次在数学课上学习到竖式的书写，有些孩子疲于用尺子画线，疲于写进位符号，于是我就讲起了自己小学时候的故事，那时年幼的我也在学习书写竖式，当年我的老师也是这般严格要求她的学生，所以之后我的竖式书写不止漂亮还保证正确率极高，这个故事讲完后孩子心领神会，之后的作业我再没检查到竖式书写不好的本子。

142

我愿成为孩子前进路上的踏脚石，只是希望他们成长的道路不要太辛苦。有一天上课有一件趣事，和我搭班的正班主任是一位优秀的语文老师，汉字书写得既整齐又美观，每每我与她一起在黑板上留作业，我总觉得自己的字与她相比简直不堪入目。有一次，我下课前布置作业，也是写在了语文老师字迹的下方，写完后觉得自己的字迹怎能如此的丑，于是回头和孩子说："你们看看谢老师就是因为小时候不练字，长大了怎么练字都不好看。"自嘲完自己也觉得难为情，结果孩子在下面七嘴八舌地说起来："但是谢老师你写的数字超漂亮，我都是学着你写的！"听完我很暖心，原来在孩子的心里我这个普普通通的老师还是有闪光点的。那好吧，那就让我继续当你们的踏脚石，陪着你们一起长大吧。

爱是沟通心灵的桥梁

黄方欣

从教二十年来，我深深地体会到，作为一名教师，我们的责任不仅仅是要教给学生各种文化知识，还要培养他们健全的人格，教会他们怎样做人。我所任教过的班级，有的学生父母离异，家庭条件差；有的学生父母身体有病，长年吃药……这些家庭因素导致学生性格孤僻，自卑，心理不健康。作为一名教师，应尽心尽力关爱每一名学生。

在我所执教过的班里有一个特别的孩子，她的名字叫银叶子，我当时觉得她人如其名，非常的文静秀气。她的成绩很优秀，但是她不张扬，不骄傲，很安静，而且她很懂事，不和大家玩，有些自闭。从第一天上课就给我留下了深刻的印象。她上课非常专心，坐得很直。担任小班干每天负责督促同学打扫室外分担区的卫生，平时话不多，老师安排的事，总能做得很完美，很让人放心。我觉得这样的孩子父母一定很优秀而且家庭很幸福。但是有一天她来到办公室交给班主任一张表，我过去一看是一张低保申请补助表，我很诧异，就问班主任为什么她申请补助。班主任王老师就说了她们一家人回老家途中发生车祸，她爸不幸遇难，她妈妈也多处严重受伤，现在身上还打着钢板，爸爸不在了没有了经济来源，妈妈又因为身体原因不能出去打工，所以只能申请低保补助，我一下子就明白了她为什么会自闭不合群了。我于是向班主任了解了她向学校申请补助每月能领到多少，王老师说二百多每月，我特别的揪心，心想这点钱怎么够两个人生活呢？那天等到放晚学我找到她说想去她家看看她妈妈，她同意了。见到她妈妈，她妈妈的身体还很虚弱，她说由于受伤部位肾出血最近才做了手术，我问了她除了学校的补助，还有没有别的经济来源。她说孩子爸的单位补助一点儿社区补助一点儿，一起有600多一点儿。我说做手术的钱是谁给的，她说是兄弟姐妹凑齐的，我心里想她们虽然过得这么苦，但是孩子很懂事，乖巧学习又好。

从这以后我时常关注她，有时给她买一些学习用书送给她，在学习上关心她。在生活中，学校每月发的鸡蛋、米和油，我都会送去给她母女俩。冬天看她的棉衣很薄，我就给了钱给她妈妈帮她买厚的棉衣，思想上看见她有些自闭，年级组排节目的时候我特意选她参与舞蹈排练，让她和大家融合在一起，看见她脸上泛起了笑容，我感到很欣慰。但是没过多久我即将调到南宁，她妈妈知道我将要走了，特地找到我向我说谢谢，她说孩子回家说，黄老师对她很好，很关心她，她觉得很温暖，她妈妈告诉我也许是车祸留下的阴影，她很害怕失去妈妈，妈妈每动一次手术她都很担心，她学会了做饭洗菜，尽量让妈妈得到休养。虽然没有了父爱，但是老师给予了爱，使她能快乐地生活在这个班级中。虽然我走了，但还是牵挂她们，有时回柳州还会去看看他们。

　　这件事情让我明白了，要关心学生就要从多方面去了解学生，要小心翼翼地呵护孩子，了解孩子的心灵，才能成为一个孩子心目中的好老师。我愿用无私的爱去感染每一名学生，用阳光雨露般的爱去滋润每名学生的心田，使他们健康成长，使他们拥有更加灿烂美好的明天。

教育路上的思考

何兰敏

没有太多华丽的理由，更没有多么远大的理想，2009 年毕业的我怀着一腔热血积极投入教育事业中。

一开始是教初一，担任一个班的班主任，负责两个班的教学任务。对于没有任何班主任工作经验的我，每天都是上紧了发条，紧绷着弦。一是不太了解这个年龄段孩子的心理特点，二是对班级的孩子不够熟悉，导致跟孩子的沟通有段时间非常不顺。这种情况导致我工作起来很不开心，但问题总会有办法解决。办公室有经验的老师来开导我，告诉我一些处理问题的方法，建议我看一些相关的书籍，还带我一起处理他班的事情，积累经验。刚毕业我们只会埋头苦干，摸不着门路，这些值得尊敬、学习的老师用他们的方式温暖了我们的心，为我们指引了道路。

真正的成就感，我想，一是来自学生、家长的认可，二是学校的肯定。我教完了三年的学生，毕业后会通过 qq、微信、电话等方式表达对我的感谢，在他们的感谢中我开始思考我的职业。

我换位思考，如果我是家长，我希望我的孩子在学校遇到一个好的老师。一个好的老师应具有丰富的文化知识，一颗爱孩子的心，一些处理问题的能力。

这是一个严肃但也充满快乐的职业。严肃在于学术的严谨，对国家教育方针的正确理解，对教育理念的坚持。当我们把孩子们的各种潜能激发出来，他们能在学校学到一定知识，形成处理问题的能力，树立正确的价值观、人生观、世界观，那就是我们的快乐所在。

我想做令学生、家长满意的老师，一个传播正能量的人。

心守花开的时刻

阮金凤

在一次同学聚会上，好久不见的同学们都互相说着自己的近况，尤其是说到教育，大家都觉得教育是件不容易的事。作为一名小学老师的我自然也把自己遇上的难题跟大家说了说。看着我满脸的不悦，一位老同学送给我一包植物种子，笑着对我说："送给你，好好栽培，会带给你意想不到的收获。"我欣然接受了，回来就迫不及待地把它们种到阳台的花盆里，期待着那意想不到的收获。

第二天，我带着美好的心情走进了教室，准备开始一天的教学工作。当我出现在教室的时候，孩子们一个一个都跑到我面前说："老师，李明没有交作业。""老师，李明打我。""老师，李明说粗话。"听着，我头都大了，又是这个调皮的孩子，顿时我感觉左看右看，上看下看，他怎么就没有一点儿优点呢？接着就是被我批评教育，但是效果甚微。在同学和老师眼里，李明就是个差生。怎么教育都一样，毫无起色……李明就是这样每天都上演着闹剧，我就苦口婆心地说教。直到有一天，我正在观赏我种在阳台的植物，发现它就是一株普通的植物，没发现有什么特别的，没有花香……更谈不上意外的收获，心里深深地感觉被老同学戏弄了一把。于是，打了个电话请教老同学，老同学一开口就把我问住了："呵呵，你不觉得这株植物很像你的学生吗？"挂了电话，我陷入了深深的沉思，我一直端详这盆植物，它怎么就像我的学生了？它一点儿都不美，我不喜欢。我拿起喷壶，对着它喷了一些水，水珠滴在叶子上，透着一抹很清脆的绿，在太阳光的照射下，我发现就是这一抹绿变得异常的美，闭上眼睛，似乎还能闻闻到淡淡的草香，顷刻之间，我觉得它是那么的吸引我。我顿时恍然大悟，是的，它确实很像我的学生……

当我再次走进教室，看见李明的时候，他刚好在给一个同学擦手，原来他也有可爱的一面。在接下来的日子里，我对待他就像对待那株植物一样，忽然觉得他也不是没有优点，而且随着我的转变，他也在进步……经过这次，我悟到了教育是不容易的事，我们应该从不同的角度去看待问题，多一点儿欣赏，多一点儿耐心，多一份宽容……你将收获不同的喜悦，感谢我的老同学，他是我的老师，我是孩子们的老师，我终于知道了这份意外的收获是什么。有时候，我们努力了，接下来就静待花开……

快乐的数学课

施彦虹

从参加工作走上讲台以来，我最大的感受便是快乐的数学课堂是师生间的一种对话，师生地位应该是平等的，没有绝对的权威，也没有绝对的平等。在这里会有学生发自肺腑的欢声笑语，会有锋芒毕露的思维交锋，会有散发浓郁生活气息的生动事例。

以下的一个小片段是我教学中的点滴再现，虽平凡但很真实，正是因为有着一颗平常之心，我才觉得跟他们在一起，我学到了很多很多……

在三年级教学"24时计时法"一课时，我创设猜电视节目的情境，一下就抓住了学生的好奇心。

师：中央电视台有一档收视率很高的节目，我先放一段片头音乐，请同学们猜一猜是什么节目。

学生纷纷回答："新闻联播！"

师："'新闻联播'节目在什么时刻播出？"

学生："晚上7点。"

师："电视画面上是这样写的吗？"

学生："是19时！"

师："这两种写法都能说明'新闻联播'节目什么时刻播出吗？"

马上就有学生说："能！晚上7时就是19时。"

师："这样的例子有很多，这是一张电视报，说一说你最喜欢的节目是在什么时刻播出的，并告诉你的同学它们对应的时刻。"

……

一节课的时间就这样不知不觉地溜走了……

课后我反思：这节课我很好地完成了教学任务，正是在课堂一开始有效地利用学生的生活经验，为深入认识24时计时法开发了丰富而鲜活的资源，学生才能更放得开。由此感悟，数学课堂所要给予学生的不仅是逻辑思维和计算能力，还要让每一名学生"长"出一双数学的眼睛，发现并有兴趣解决生活中无数个数学问题！体验多了，信息丰富了，课堂活跃了，探索有价值了，孩子们的兴趣浓了，数学也就不再枯燥了。只有这样，数学课堂才能洋溢蓬蓬勃勃的生机和活力，成为学生创造与发现的乐园！

做孩子喜欢的"她"

宋婷婷

  时间过得真快，一晃一个学期已经过去了，回首在学校的这一个学期，我的身边也发生过许多的小故事。这些小故事也是我教育教学过程中的一个个"小插曲"，更是指引着我寻找正确的教授学生知识的"海明灯"。

  知道吗？我最害怕听到的不是学生作业没写完，不是学生考试没考好，而是听到学生说的——"我不喜欢她"，并不是说我是一个计较的人，太在意别人的眼光，太纠结活在别人的眼里。而是我非常向往着做一名被喜欢着的老师。苏霍姆林斯基说过：只有能激发学生自我教育的教育，才是真正的教育。我想，我的教学方式就是力争做一个学生学习的"偶像"。这是发生在我们班的两个真实的教育故事。

教学，要以学生为主

  今年我负责的是三年级（7）（8）两个班的数学教学，虽然在教学上也有些许经验，但是认识这些新面孔，并努力引导他们爱上学习，成为一名"身正不令而行"的教师，这对于我来说是一个很大的挑战。最让我印象深刻的是在教学三年级下册第三单元"统计"的时候，有这么一道题，需要统计学生最喜欢什么科目，结果通过统计，喜欢我教学的数学这门课程的人数相对比较少。刚开始看到这个结果的时候，我的内心是烦躁的，十分难过，我甚至在生学生的气，为了你们我会不惜辛苦，挤时间找课给你们上，我都那么努力了，费那么多心思在你们身上，为什么你们都还不喜欢我呢？真是不给面子。接着我冷静了一段时间，开始反思，是不是我哪里做得不好了，是不是我用错了方法！于是我找了几名学生分别了解了我的教学方式存在了哪些缺陷，据了解，我教学上"太凶了"！于是，在第二天的数学课上我就开了民主小会议，让学生说说"你们喜欢的老师是什么样子的"。会后，我总结了，教育学生应该以身作则，不做轻易大声说话、轻易批评孩子的老师，要做倾听学生、关爱学生的老师，学生才会喜欢我，这样的教学才会更有效。

为人师表，从自身做起

  我有一个小"迷妹"学生，一下课就喜欢黏着我，还送了我她做的许多小玩具，但最让我欣赏的是她的作业从来都是非常工整的，每个作图都是用铅笔、尺子，画的每一条直线都一定要用上尺子画直。为此，我在课堂上着重表扬了这名学生。但让我出乎意料的是，这名学生在掌声响起的同时，站了起来，她是这么说的："我很喜欢宋老师，有一次我看到宋老师给我们出的课堂小练习上的每一行都写得特别工整，就连除号和乘法都注意用尺子，我觉得这样很好看，我也想要这样认真去完成作业。"学生的这样一番话，让我心里真的很温暖，我想这样被学生喜欢的感觉，不正是我要成为一名优秀的教师的动力吗？

有人说过这样的一句话："老师不经意的一句话，可能会创造一个奇迹；老师不经意的一个眼神，也许会扼杀一个人才。"我认为，老师习以为常的行为，对学生终身的发展也许会产生不可估量的影响，做一名老师应该经常回顾自己以往的教育历程，反思一下自己，我造就了多少个遗憾，伤了多少颗童心，遗忘了多少个不该遗忘的角落！做教师没有能力点燃火种，但绝不能熄灭火种！面对眼前充满好奇和天真的孩子们，要珍惜，更要努力让每一个孩子的心中充满阳光，让每一个孩子在爱的抚慰下快乐成长。

一面红旗

苏 燕

回首我的教育工作，有着许多有趣、动人的故事，也有许多能够引起我思考的瞬间。有一些已随着时日的流逝而渐渐淡忘，可也有一些就如同树根一样深深地扎在了我的心上。虽不曾惊天动地，但仍历历在目，感悟至深，把它现于笔端，对我是一种反思，也是一种纪念。今天我要讲述的故事是《一面红旗》。

一天下午放学以后，我正在办公室改着学生的作业，忽然听到门外传来一点动静，一抬头，正看到一个小脑袋从门外探了进来。原来是他——我们班的"逃跑大王"小帅。叫他"逃跑大王"，是因为他平时上课总是趁老师不注意，偷偷地跑出教室玩，经常让我和廖老师满校园找他，令我们十分头疼。

而这时，本该在上兴趣班的小家伙又出现在教室外头。我心中叹了口气，这家伙太不遵守纪律了！这次，他是犯了什么错，被兴趣班的老师罚到办公室？还是又找借口跑出来玩了呢？正想着，他已怯怯地来到了我的身边，从他的眼神中，我看到一种渴求。刚想要训斥的话语不由得咽了下去。对于他的表现，我除了有些吃惊，还有些好奇。

"你不上兴趣班，来办公室有什么事吗？"我沉住气，假装没有看出他的窘态，淡淡地问道。

只见他似鼓足了勇气般，说出了他的"请求"："我想要一面红旗。"他的声音很响亮，眼神很坚定。听完"请求"，我不禁觉得有些好笑，好笑的是，他一边违反着课堂纪律跑出教室，一边来和我提出想得到一面红旗的奖励。

可我还是耐着性子问道："你今天是什么原因没有得到红旗呢？""打铃上课了，我还在教室外边玩。"声音小得，只有我们两人才听得到。我接着问他："那现在呢？你不是在上兴趣班吗？怎么又出来了？"话没说完，他已不好意思地低下了头，没有直接回答我的话。

"我昨天答应了爸爸，今天要得到一面红旗的。"

咦？他原来是在乎红旗奖励的，可见他对进步的渴望，他是多么看重爸爸对他进步的肯定！我想他应该是知道自己做得不对，因为孩子的天性好玩，总也管不住自己。我突发奇想：破例奖给他一面红旗——以"借"的形式。

于是，我说："红旗我可以先给你，但是，算你欠我一面红旗，明天打铃上课的时候你必须要按时回到教室，并保证不能在上课的时候随意离开，你做得到，我就答应你。"

他抬起了头，眼睛亮亮的，犹豫了一下，吐出三个字："我答应！"

我乘势鼓励："好！老师相信你！你能遵守和爸爸的承诺，也一定能遵守和老师的承诺。来，我们拉钩。"

看着小帅高高兴兴离去的背影，我心里不自觉又泛起了嘀咕，"他真的会遵守吗？"

第二天很快到来，小帅用他的行动消除了我对他的猜疑，遵守了他对我的承诺。他真的做到了！打铃上课，他能在第二遍铃响起前回到教室，课堂上虽然他在做着自己喜欢的事，但是他没有再跑出教室。对于他的进步，我立刻抓住机会，在班上大力地表扬他、肯定他。得到表扬的他是多么高兴，发牛奶时，他会主动过来和我说："老师，我来帮你。"发作业时，他会说："老师，我来帮你拿。"排队放学时，他会走来，天真地说，"老师，我要牵着你的手走；老师放学以后，我请你去我家吃饭。"多么纯真、可爱的孩子啊！

没想到，这样一件平常的小事，没有过多的说教，也没有轰动的场面。然而，一个恰当的契机，一点真诚的指引，却让一个孩子至少在这一天有所转变。看似偶然，实则必然，当信任的光辉把孩子的心灵照亮时，孩子的眼里就必然投射出光明，优秀的孩子是这样，暂时落后的孩子更是这样。我知道，教育学生不是一朝一夕的事，是一项长期的工作。因此，要帮助小帅取得更大的进步，还需要足够的耐心。现在再看到他犯错的时候，我不再像以前那样着急责骂，而是心平气和地面对他所犯的错误，因为我想到了，要培养一个文明守纪、谦虚、好学的谦谦君子，是需要我们付出更大的努力和耐心的。

一位学者说得好——"教育是什么？就是给受教育者留下希望和信心！"

教师的孩子

韦小林

午饭时间，几位熟识的同事聚在一起，跟往常一样聊起最近遇到的趣事。突然，一位同事低声说道："今年进我们学校的同事的孩子好像没有去年那一批那么争气喔。"大家愣了一下，马上有人接口道："谁说不是？你看去年张老师的孩子，成绩一直是年级第一，而且……"

话语间，我不禁想起了自己刚参加工作时遇到的事情。

我刚从大学里走出来，便接手了一个高年级的班级，原班主任是一位非常优秀的老师，管理的班级井然有序，因为休产假不得不离开岗位。我接手这样的班级，既感到庆幸又有些惶恐，班上调皮的学生不多，管理上并没有难度，但是，优秀的学生对班主任的期待很高，当我这个刚刚脱下校服的老师站在他们面前时，孩子们的脸上顿时出现了各种各样的表情：惊喜，不屑，失望，也有期待。

第一天上班并不是很复杂，做好清洁卫生，发完新课本，按照学校要求讲一些新学期的注意事项便完了。送走学生后，我便准备锁门离开，这时候从旁边走来一位手拿教科书的同事，大老远便热情地打招呼："韦老师，你好。"我受宠若惊地回应道："老师好。"对方"噗嗤"一声笑道："韦老师，咱们是同事，我姓周，在我们学校教英语的"。我更加不好意思了，周老师也不介意，走到我面前压低声音道："我家那仔在你们班，叫陈浩，辛苦你帮管紧一些，平时他要不听话，你就跟我讲，我来教训他"。一听这话，我心里"咯噔"一下。准备参加工作时，我特地请教了师兄师姐们一些关于同事之间的问题，其中就听他们提过，说是班上有教职工子女最是麻烦，很多事情碍于同事之间的面子，你不得不在各方面都要照顾一下。没想到，我刚出校门便遇到这样的事情，心里顿时没有了底气。

周老师很健谈，也很热情，那天她跟我谈了很多话题，但我听进去的却不多，只在心里默默地记住了"陈浩"这个名字，回到办公室，慌忙翻出花名册，在备注栏里认真记好"周老师"三个字。

第二天，一到教室，我便对照座位表找寻"陈浩"这个名字，很轻易地便找到了，陈浩坐第三排正中间的位置，看来以前的班主任也挺照顾这孩子的。上课前，为了让孩子们快些静下来，每个班级都会选择先唱一首歌，所以班上要选出一位领唱的同学。我刚说："谁愿意来领唱？"没想到下面"哗"的一下，大部分同学都把手举起来了，看着孩子们期盼的眼神，我突然意识到孩子们是多么看中这个"领唱者"的角色。我四周看了一下，刚好看到陈浩把手举了一下，又怯怯地放下了。我灵机一动，狠了狠心，宣布道："以后班上的领唱就由陈浩来负责。"话音落下，班上便传来一阵骚动，我见陈浩抬起头看了我一眼，有些害羞，但又有掩盖不了的兴奋。我鼓励他走上讲台，选了一首常见的歌曲让他领唱。陈浩并不擅长唱歌，有些颤抖地起了个头，等大家唱完后红着脸回到了座位上。

晚上，我正在备课，接到了周老师打来的电话，说陈浩回家后很开心，讲了我让他做领唱者的事情，还感谢我这么重视陈浩。放下电话，我长长吁了一口气，庆幸自己今天的灵机一动，也暗暗提醒自己以后有机会要多照顾一下陈浩，免得别人说自己不顾同事情谊。

新学期需要改选班委会，陈浩以前做的是劳动委员，听大家说他做清洁很负责，我想了想，在班干部选举时，直接表扬了陈浩一通，然后让他做了班长。这一次，陈浩还是那么兴奋，但明显没有上次那么害羞了。我暗暗高兴，这孩子果然进步了。

第二天，周老师亲自找到我，脸上笑开了花。当着办公室同事的面，一个劲儿地夸我会做事，说我帮他孩子树立了信心，同事们也在旁边帮腔，一顿言语下来，我都有些飘飘然了。

好景不长，没过几周，便有科任老师反映班上的纪律有些下滑，我赶紧找班干部了解情况，找来的同学都支支吾吾，欲言又止，点了几个平时讲话比较多的同学，其间居然提到陈浩利用班长的身份，跟几个平时比较调皮的同学一起捣乱。同学们都看出我对陈浩比较信任，不敢跟我反映情况。知道原因后，我非常生气，很想撤掉陈浩的班长职务，但又碍于周老师的面子。当我左右为难之际，办公室的一位老教师了解情况后，指点我说："韦老师，你的出发点是好的，但是有些操之过急了。"我忙向他请教，老师耐心地说道："你们班以前的班主任很有经验，他看出陈浩这孩子做事认真，但有些害羞，所以选了一个劳动委员的职务让他做，这也比较符合这孩子的性格特点。你现在让他做班长，还在班上强调他的权力，他不膨胀才怪呢。"听了老教师的话，我茅塞顿开，终于知道自己错在哪里了，也暗自感叹自己的经验不足。过后，我又向老师坦诚了自己面临的难题，老教师笑笑道："这还不容易，你也不要先撤他，再安排一位比较适合的同学做班长，对比之下，慢慢陈浩就能发现自身的不足之处了。"

我按照老教师的建议，找了一位优秀的同学做班长，没过多久，陈浩就主动找到我，红着脸跟我道歉，说自己还是比较适合做劳动委员，希望能做回以前的职务。这一次我并没有同意他的请求，而是鼓励他多向新的班长学习，慢慢培养自己的能力，让自己成为一个合格的班长。陈浩犹豫了一下，并没有拒绝我的建议，只是说了一句"谢谢老师"。

从那以后，陈浩在各方面都有了很大的进步，现在我已经不教他了，但时常都能听到他取得各项奖励的好消息，我也为他高兴。

今天，听同事聊起这个话题，我忍不住插嘴道："其实老师的孩子也只是普通的学生，不能因为他的身份特殊便刻意照顾，有些时候反而会弄巧成拙。"大家听完都若有所思，一次同事的午餐聚会就这样结束了。

只有爱孩子，才能教育孩子

黄文婷

在成为教师之前，我的老师就常常对我说："谁不爱孩子，孩子就不爱他；只有爱孩子的人，才能教育孩子。"工作后，我仍然时常想起老师的这番话。然而，世界上没有完全相同的两片叶子，一千个孩子就有一千种个性，听话的孩子自然人人都喜欢，但是对于那些调皮捣蛋的孩子，可能一不小心就会被老师们划为"坏学生"一类。我们班就有这样的孩子，他们好动无比，让他们一节课屁股不离开板凳，那简直是种折磨！就算坐在位置上，他们也要东摸摸，西蹭蹭。他们不爱遵守纪律，喜欢影响周围的同学，特别是自己也很容易受到他人和周围环境的影响，注意力无法集中，自控能力差。

骏就是这样的孩子，他很容易被周围的风吹草动吸引过去，而上课的注意力却很难集中。我教的这个班的孩子年龄普遍都比较小，有一个令我还有全校老师都很头疼的"怪学生"，他叫杰，入校以来，杰总是喜欢在上课的时候偷偷地溜出教室外边到处"流浪"，或者上课铃声响过很久了，还迟迟不见人回来，他似乎对于教室外的一切，都充满了好奇和兴趣，每次批评教育的时候，他也总是咧着嘴对你笑，圆溜溜的眼珠子在小眼睛里左右打转，一副没心没肺、事不关己的样子，却又很机灵。在杰的影响下，骏也悄悄发生着变化……一次上课我上得正入神，杰趁我板书的时候又神不知鬼不觉地偷溜出了教室，这被正左顾右盼的骏第一个发现了，"老师！杰又跑出教室了，我去帮你把他抓回来！"话音刚落，我回过头来，只见骏"咻"的冲出了教室，不见了。可过了一会儿，还不见两人回来，我心里开始有些忐忑了，心想：之前，因为骏的好动，让他管过班级的纪律，也希望他借此管住自己，但管到后来，自己也按耐不住而跑去跟违反纪律的同学讲话去了。这次，十有八九老毛病又犯了。果然，在走道的尽头，楼梯的拐角处，我发现了他俩的踪影，骏已经完全地被吸引到杰的世界里边去了。我气愤极了，一路小跑上前，将两人狠狠地批评了一顿并赶回了教室。

可能是我的年轻和缺乏经验，这次的教训对他们来说只是伤及皮毛，远不能药到病除。之后不久，同样的事情再度发生了！经过上次回去后的反思，这次，我决定让自己在对孩子的教育上放慢脚步，耐心引导，毕竟，"心急吃不了热豆腐"。我深深吸了一口气，把骏叫到我身边，他似乎知道是怎么回事，忐忑不安，不敢看我。看着眼前这个孩子，我是又生气，又心疼。他很聪明，字也写得特别漂亮，还很喜欢帮助老师做事情，但也常常好心做坏事，一心想帮助他人却因为用了错误的方式解决问题，伤到了别的同学，自己也渐渐被影响。想到这里，我又深吸了一口气，努力平复着自己的心情，想再给这个孩子一次机会。我弯下身子，用手轻轻地搭着他的肩膀，"骏，你刚刚又跑出教室了。""嗯。"我只是定定地看着他，没接着逼问下去，"我见杰跑出教室，我想帮老师把同学追回来。""可结果呢？"他低着头，半噘着小嘴不知说啥是好。"老师一直觉得你是个聪明懂事又热心的孩子，想帮老师、帮同学是件好事。你有这份心，老师也很高兴，可在做事之前，要三思而后行，想想什么该做，什么不该做，别人做得不对的时候，你的处理方式对了吗？你总是很冲动，又管不住自己……如果爸爸妈妈知道你总是不好好上课，跟不好的'坏习惯'交朋友，他们会多伤心啊，老师看着也很担心。要不要告诉爸爸妈妈？"他慌张得直摇头。过了数秒，我说："好吧，老师给你一次机会，自己改正错误。"他突然抬起头，惊讶地看着我。"要管住自己，向好的同学学习好的习惯，首先从这件小事开始，先做到好好上课，不下座位，不随意跑出教室，对于违反纪律的同学，老师会处理。老师的要求，你能做到吗？""我……""老师相信你！"我坚定地拍了拍他的肩膀，"嗯！老师，我试试看。"之后，我跟他妈妈了解了他在家的情况：孩子在家也很好动，管不住自己。就拿写字来说吧，总是写写玩玩，铅笔、橡皮都是他的好玩伴；学校的规则他都懂，上课要认真听的道理明白，问他的时候都能清楚地回答上来，可一到关键时刻就忘记。听到这里，我更决心在对这个孩子的引导上要多下苦功，多花心思，多留心眼，要耐心、细心地在孩子做不好的时候多提醒他，鼓励他，帮助他。之后的几天，我上课的时候便特别地关注这孩子，当他有进步的时候，我马上大力表扬他；他一开小差了，我就立刻提醒，他也很有意识地马上明白我的意思并改正过来。慢慢地，孩子能够专注的时间越来越长了，孩子真的有了进步！

　　有时，孩子犯了错，光靠他一个人的力量可能不一定能够及时地纠正过来，我愿意在这些孩子最需要我们的时候去理解他，帮助他，并相信他，用爱的力量陪伴他们一起走过这些最重要的成长时刻。

156

爱在校园里流动

黄祖美

中专毕业那一年，我正赶上事业单位机制改革，本来是签约包分配的公费生却变成了美丽的泡影。这是我人生中遇上的第一个低潮。低潮期里有两个选择：一个选择是自怨自艾混日子；一个选择是蛰伏、积蓄能量。雨果曾说过："花的事业是尊贵的，果实的事业是甜美的，让我们做叶的事业，因为叶的事业是平凡而谦逊的。"为了更好生存，我毅然选择了第二种活法。那时县里公开招考村官和教师，为了实现自己的人生价值，我积极地报名了县里的教师考试。经过一轮的笔试和面试，我终于踏上了这三尺宽的讲台。

刚走上工作岗位的我，对一切充满了好奇，一心想用自己满腔的热忱与对事业执着而坚定的爱谱写自己的教育人生。但随着时间的推移，许多问题和苦恼接踵而至：农村艰苦的教学条件，孩子们不扎实的学科基础，班级管理的顾此失彼；学生多数是留守儿童，家长对子女的教育不闻不问，大都把教育孩子的责任扔给老师，以及自己整天上课都是高分贝的音量而造成的失声，这些都使我的人生再度进入低潮。我对眼前的路充满了迷茫，当初的激情已荡然无存。我该何去何从，或许我的选择是错误的？本来中考时为了不做老师而冒险报考了比教师录取分数线高出 40 分的中专，而寒窗苦读四年中专后，最终还是成为了一名人民教师，我的人生价值在哪里？

正当我为自己的选择懊悔不已的时候，发生了一件事情。它犹如一道亮光，照亮了我的人生，驱走了我心灵上的阴霾，让我重新找回了缺失的自信和阳光。我失声后曾经请了一周的病假进行调理和治疗。当我假期结束走进教室的那一刻，突然传来了经久不息的掌声，孩子们欣喜的笑容、热切的目光感动了我。一声声急切的呼唤让我顿时热泪盈眶。"孩子们，老师也很想你们。老师只是用声不当造成失声而暂时离开。"学生听说我失声，纷纷举手说："我明天带雷公根。""我带葫芦茶。""我家有茅草根。"听着孩子们争先恐后的话语，虽然悦耳动听的声音变成了公鸭嗓，但心里像灌了蜜似的，说不出的幸福。那一刻我明白了原来我的价值就在平凡的讲台上，在欢乐的校园里，在孩子们求知的慧眼中。我要像大演员周星驰那样，身在低潮，心在高潮，坚持不放弃，学习再学习，努力再努力。

然而，好景不长，我又遇到了我人生中的第三次低潮。学校由于某种原因而让我多接一个班，就是二（2）班。这个班有一个男孩常常在我的脑海中跳跃。记得刚接这个二（2）班时，前任数学老师就跟我说，请小心"捣蛋王"——甘新庆同学。我听了很不以为然，心想：一个二年级的学生能掀起什么大浪？可是，事实超出我的想象。第一次走进二（2）班教室，新庆就向我发出挑战。他屁股坐在课桌上，双脚放在前一桌女同学的凳子上，并且把她的书撒了一地。而那女同学瑟瑟缩缩地站在旁边，低着头不敢吭声。全班同学一见我，目光齐刷刷望着我。新庆更加肆无忌惮地盯着我。我先是一愣，随即醒悟过来，疾步走到他身边，喝斥他下来，并让他把那女同学的书捡起来放好，还要向她道歉。但是新庆装聋作哑，无动于衷。当我试图把他从桌子上拉下来时，他立刻摆出一副打架的架势，反而弄得我不知所措。没办法，我只好请班主任黄老师帮忙。在班主任的威严下，他只好妥协，坐回了自己的位置，但是眼里对我充满了鄙视。

在我以后的课堂里，他不断地向我挑衅，故意找茬，甚至威逼利诱某些同学一起捣乱。可想而知，我的课堂肯定糟糕透顶。那时，我很郁闷。不行，我要改变，不能这样被动，不能每天上课就像打仗一样，又累又没有效果。我积极向领导和身边的同事讨教，阅读有关的教育书籍，并且分别和他的"死党"——单独谈话。在交谈过程中，了解到他的那些所谓的"死党"多数是想好好学习的，只是经常被他威胁、牵制而不得不听他的"号令"。所谓擒贼先擒王，只有拿下"捣蛋王"，才能顺利上好二（2）班的课。于是我用各种方式积极与他的家长沟通，从他的妈妈口中得知他在家的表现。家里的新庆和学校里的判若两人。一个八岁左右的孩子，每天一放学回家就帮家里做力所能及的家务，扫地、带妹妹、洗碗等。周末，如果遇上农忙，还要到地里帮忙。

听他的妈妈说这些，我很吃惊，但也很欣慰。于是就想到帮他的办法。首先我利用课余时间和新庆聊天，真诚夸他懂事乖巧，会体贴父母。接着我密切注意他的一举一动，挖掘他身上的闪光点并及时表扬。最后在班里表扬他积极帮家里做事，并要求全班同学向他学习，回家做一些力所能及的家务，孝顺父母。从那以后，新庆慢慢地转变了，班里的劳动不但积极带头干，而且主动做我的得力助手，收发数学作业，监督同学完成作业，管理班级纪律等。在学习上，更是突飞猛进。本来他就很聪明，再加上我及时辅导他以前落下的课，最后他竟然成为二（2）班尖子生。真是浪子回头金不换。后来长大了，虽然没读大学，但每回遇上我，他大老远就亲切地打招呼："黄老师……"

在校长、同事们的帮助下，我逐渐成长，终于成为一名合格的小学数学教师。作为一名小学数学教师，我一直有一个愿望：希望我的数学课堂不那么枯燥无味，让孩子们动手"做"数学，亲身经历知识的形成过程，在知识形成过程中同时积累经验，提高数学思想水平。我会一直朝着这个愿望努力。只有不断进取才能登上教育幸福的殿堂，只有怀着教育理想，才能真正体验到教育的幸福。

教师——用爱点亮学生

林 湲

还记得小时候，教师总是被人比作辛勤的园丁，燃烧的蜡烛……记忆中，教师是神圣的职业。2011 年的夏天，刚刚大学毕业的我怀揣着梦想，激情澎湃地走进南宁市凤翔路小学，踏入了教育这片土地，开始了我的教学之旅。

刚走上工作岗位的我，对一切都充满了好奇与未知，一心想用自己满腔的热忱与对教育事业执着且坚定的爱，谱写自己的教育音符。但是随着时间的推移，许多问题和苦恼接踵而来。缺乏经验的我，在教学和管理等方面都遇到了不少障碍，非常感谢身边的同事给了我许多帮助。转眼从教将近两年，渐渐开始体会到身为教师的幸福感。

回想起我来到凤翔路小学的第一项工作——注册。那一天，班主任向来注册的家长和孩子们介绍本学期新的数学老师，也就是我。其中对一个女孩子我印象非常深，她在我的脸颊下留下深深的一吻。注册结束后马上开始进入正常的上课生活。女孩非常积极，很爱表现。在我一个新老师的眼里，她是个阳光、活泼、开朗的小女孩。第一次的单元测试，她考了 100 分，爸爸给她的评语是：宝贝，加油！你是最棒的！可是不久，我渐渐发现她的许多问题，总是捣乱，欺负别的孩子，之前的陋习慢慢地都暴露出来。每一次老师和她谈话，她都会承认错误，并坦诚地接受老师给她提的意见与建议，向同学道歉。可是她并未像对老师说的那样，常常控制不住自己，在老师、同学面前恶语相击，伤害同学，伤害老师。现在的她，偶尔会请假调解情绪，打电话和老师交流生活，交流学习。在电话里她是有礼貌，乖巧，机智的。在电话里我们静心交流，探索知识，聊聊生活中的趣事，借此机会疏导孩子。在学校，我心平气和地和她交谈，多关心她。与同学发生矛盾时耐心地疏导她，平复她的情绪，避免影响班级的上课进度。课后，配合班主任与家长的工作。现在的她，情绪激动时会和老师说需要找一个地方冷静，有事要离开会主动和老师说明原因。看到孩子的进步，作为老师的我们感到很欣慰。希望我们家校的共同努力能让孩子慢慢养成好习惯，健康地成长。

说起从教的第一次单元测试，一个男孩子的行为深深地印在我的脑海里。从这次测试起我开始关注他。因为班上新转过来一个孩子，所以测试卷少了一份。没得试卷的孩子急得团团转，我正想办法去找试卷时，这个男孩主动站起来，说："老师，我今天身体不大舒服，把我的这份试卷先给他做吧。"一个三年级的学生这么乐于助人、谦让，让我很感动。过后，我发了一张表扬信给他，他鞠躬，双手接过表扬信，诚恳地说"谢谢老师"的行为让我至今未忘，这是一个多么善良、懂礼貌的孩子。

可是，没过多久，他的各种陋习也开始暴露出来。常常迟到、不学习、说粗话、打架、欺负同学、跟老师顶撞……一个典型的家长、老师眼里的问题对象。怎么一个老师眼里的好孩子会有这么多的陋习？慢慢地我通过沟通知道了一些情况。他是一个易冲动的孩子，情绪激动时就会使出浑身力气与最伤人的语言来发泄，这样一来就难免伤害同学，伤害老师。次数多了，同学们都避开他，他感觉被孤立，同学的爱、家庭的爱得到少。需要得到爱的他就做出各种举动来引起别人的关注，但方式方法不对，一次又一次地伤害自己，伤害同学，伤害老师。通过与班主任的交流，我们知道了他的情况，给予他关爱，与他家人沟通，家人也更多关心孩子，孩子慢慢地安定了。现在遇到事情他懂得克制，明辨是非，尊重同学，不会用伤害他人的方式去引起别人的注意。看到他的进步，我们同样也感到欣慰。

此时的我才真正体会到为什么前人把老师比作园丁，比作燃烧的蜡烛。教师并不是什么伟大的职业，只是一个平凡的岗位，身为教师的我们希望看到眼前的花朵苗壮成长，用教育之光照亮每个孩子的心灵。孩子的进步是对老师最好的回报。

三尺讲台，道不尽的酸甜苦辣；二尺黑板，写不完的人生风景。我深感人民教师的责任就是点亮学生心中的灯。作为一名人民教师，只有爱自己的学生像爱自己的孩子，尽情欣赏学生的创造，才能感受人生的幸福。

幽默——学生快乐，老师幸福

李 彩

苏联著名教育家斯维洛夫曾说过："教育家最主要也是第一位的助手是幽默。"可见，幽默的教学语言充满了"磁性"和魅力，能为教学增添亮色，能拉近师生间的距离，快速消除师生间的隔阂，使老师与学生相处得更融洽，师生关系更和谐，让老师在教学路上行走得更受欢迎，更自如。

记得那是刚来凤翔路小学没多久，是节日一次收假回来的日子，孩子们也许是放假外出活动多，体力透支，很多同学刚上了几分钟的课，但已经开始伏台打瞌睡。按以往的方法是先训斥，数落学生一番的话，下半节课就没法进入状态，只有等到下课回办公室喘气的份了。怎么办？后来我灵机一动，采用这招——我先冷静下来，然后用轻松幽默的语言讲，听说有一只小企鹅，在跟师傅垒巢时，总是爱把头和长长的脖子贴到地面上待一会，它的师傅问："你这是什么意思？"小企鹅回答说："我是对师傅的礼貌。"由此我深受启发，现在那么多的同学把头贴在桌子上，可能也是对我李某人的礼貌吧！话音刚落，学生哄堂大笑，精气神上来了，课在轻松平静的氛围中较好地上完了。

还有我新接了一个班，我发现这个班有的学生作业本或试卷常常忘记写名字。有时为了把这作业本或试卷的主人"扒"出来，浪费了我不少时间和力气，刚开始时，我只是在个别学生面前提醒一下，可总是收不到良好的效果，后来我采用了在全班学生面前"捉弄"一下的办法。一次，发完试卷后，看着没写名字的试卷，我风趣地说："我们班里这段时间老是有"蒙面超人"出现。这时，学生反应真快，接着问："在哪里？老师！"我说："在老师的手里，现在请没领到卷子的"蒙面超人"上来领试卷吧！"同学们听了笑得前俯后仰，那几个忘记在试卷上写名字的孩子满脸通红。从此，学生忘记写名字的"坏"习惯也逐渐改了。

还有一次，一天，下课铃一响，我说："同学们，这节课就上到这里，下课。"刚想转身放好数学书，班里的"飞毛腿"已经跑到讲台前，猛地撞了我一下。我惊讶地说："哎呀，你怎么跑得比刘翔还快呀？"这时，其他同学都笑了，他也不好意思地回到座位上，等我出教室才走。

幽默让棘手的事情变得简单了。从此以后，我同意幽默走进我的生活，同意幽默走进我的数学课堂。幽默让我的生活充满阳光，幽默让我的生活变得快乐。幽默——学生快乐；幽默——老师幸福！

点滴中的爱

黄如意

孩子的奶奶曾经问过我："你会把自己的三个孩子都培养成大学生吗？"之后我一直在思考，作为一名小学数学教师，我到底要怎样做才能更好地去影响我的孩子们呢？难道我只是为了把他们培养成大学生吗？高尔基说过："谁不爱孩子，孩子就不爱他，只有爱孩子的人，才能教育孩子。"从教以来，一直对每一个孩子都充满希望，真诚地爱着他们，把他们当作自己的女儿或者儿子，后面有了自己的孩子，让我更明白了，教育和爱是必须紧密地联系在一起的，我不仅仅要把他们培养成大学生，更要让他们成为独特的我。

一句很简单的话语，真的能够影响一个人的一生吗？回答是肯定的。因为它包含着浓浓的师爱。记得刚来凤翔小学的时候，我们班的一个小男孩听力是有问题的，每天他都是安静地坐在自己的位置上鲜少出去和别的同学玩，课堂上提问他，他的回答都是小小声的，有些同学听后都表现出不耐烦了，这时我走到他的面前摸了摸他的头，对他说："黄老师，相信你一定能行的！"小家伙似乎来了劲居然把嗓子给打开了，同学们不可思议地还给他鼓起了掌，下课后我轻轻地走到他面前，把两个大拇指轻轻地点在他的额头上，小家伙抱住了我的腰但什么也没有说，我知道这就是他给我最好的回应。精神的力量是无穷的！虽然没有人能左右我们的命运，但是老师的一句重要的话语有时就如同人生的一颗启明星，温暖我们心灵的港湾，照亮我们前行的路程。所以我在和孩子们相处中，更多的是给他们以热情的鼓励，表扬他们的优点。

每一个孩子都是祖国的希望，民族的未来。对每一个孩子我们应该耐心、细心。我虽然是一名普通的小学教师，但我时刻提醒自己分分秒秒地珍惜宝贵的时间，真真切切地爱着所有的学生，踏踏实实地做着该做的工作。也愿我的孩子们在今后都能考上自己理想的大学！

教师的爱

吴飞霖

　　"教育需要爱，也要培养爱。没有爱的教育是死亡的教育，不能培养爱的教育是失败的教育。"这一教育名言告诉我们，爱是教育的生命，是教育的催化剂。

　　我们经常听到有老师抱怨："现在的学生不好教，现在的孩子太不懂事。""某学生真是油盐不进。"不可否认，由于信息渠道的多元化，学生接受的不再只是父母、师长那里"正统"的思想，而是更为丰富也更为复杂的信息，这些信息的获得必然会引起学生思维的复杂化，甚至是疑惑和混乱。此时，老师如果只凭纯朴的爱心去教育学生，而不是在教育的内容和方法上做一些调整和探究，恐怕不仅不会收到预期的教育效果，甚至还会引起学生的抵触和厌烦。著名数学家苏步青教授回忆说："我小的时候是个差等生，学习成绩在全班40名同学中总是倒数第一，各科成绩比较起来，语文成绩较好。有一次，我写的作文交给语文老师，他认为我是抄袭的，并当场讽刺我，使我的自尊心受到很大的伤害。在他上课时，我的眼神总往外瞅，不愿和他对视。后来，换了一个王老师，他衣着俭朴，但很有学问，不歧视我，还鼓励我，讲牛顿、爱因斯坦的故事，他改变了我的人生道路，当我从日本留学回来，第一个想见的便是王老师。"苏老先生的亲身体验给教师提出一个深层次的问题，那就是一个人在小学或中学，在学业上、品德上的暂时后进，并不能注定日后会无所作为。在教师的鼓舞和激励下，他们当中同样会涌现出苏步青、郭沫若等驰名中外的科学家、文学家。教育的实践告诉我们，后进生的心灵创伤只能用心灵的温暖来医治，精神的污染只能用精神的甘露来洗涤，多给后进生一点爱护和关心，把爱的教育融入他们的心田，他们就会感到教师真正地关心他，帮助他，就会接受教师的教诲和劝告，产生追求进步的动机和行动。教师对学生的爱不是抽象的一个字，而是一种具体的教育过程，是建立在教师对学生的理解、宽容、原谅、赏识、信任的基础上，形成的是一种心理相容，只有这样，师生关系才能体现平等和尊重，才能体现出我们人民教师优秀的师德，那么教育的效果也就会像我们所希望的那样：随风潜入夜，润物细无声。

　　我原来所教班上的孩子小磊，是个喜怒无常的孩子，一会儿乖巧灵活，一会儿却暴躁易怒，对于他的行为哪怕是好意的相劝，有时他都会变本加厉，与人反目成仇，从一年级到二年级我可没少为了他的事情而操心。在平时的教育当中我也会特别关注，把他的位置排在教室的最前面，上课也会经常鼓励式的提问他，可他老是说不会；我还经常检查他作业，他也不能按时完成；他的笔没有了，我借给他用，他的作业本用完了，我帮他买，可他似乎觉得理所当然，一句"谢谢"也没有；他和同学发生矛盾，明明是他惹的祸，他却总是有一堆的理由来辩解死不承认……与他的家人沟通也毫无进展，没有任何用处。他的父母都是生意人，常年在外，他的日常生活都是爷爷奶奶和保姆负责，但是爷爷奶奶都是没有文化的人，他们对老师永远都是一句话：老师，他爸妈常年不在家，我们又没有文化，只能寄希望于老师了，希望老师帮我们多管教，我们根本管不了他，他只听老师的。听到这番话真是觉得把孩子送到学校，就等于是老师的孩子了，需要老师全权负责，但是说起来容易做起来难啊，更何况我们面对的不是一个孩子，而是一个班的孩子呀。在和小磊一起走过的日子，我努力地磨炼着自己的爱心和耐心，给他足够的关心和体贴。

终于有一天，下课后，我正准备走，小磊拿着一张报纸走到我前面说"老师，我生病了，你看！"顺着他手指的方向，我看到了"遗尿症"。把报纸拿到办公室后，我仔细研读了它的临床特征：夜里沉睡，不容易醒，好动，注意力难以集中；胆怯、自卑、不合群或急躁易怒造成性格缺陷，严重会出现暴力倾向。而这些症状正是小磊平时的表现，我很内疚，以前对小磊没有深入的了解，让他承受过重的心理负担、病痛的折磨，还要接受老师们无数次的批评，他幼小的心灵怎么能承受住这么大的压力呢？我的付出其实已经有了一定的回报，至少我已经开始慢慢走进了他的心里，我已经成功了一半。课后，我找来小磊，对他说："小磊，对不起，之前老师一直以为你是调皮捣蛋，既然我们已经知道了你的病情，那我们就必须克服，而这克服的过程也许需要一段时间，但是老师相信你一定可以慢慢克服，老师和你一起努力！现在我们一起来想克服的对策，好吗？"小磊慎重地点了点头。

此后，我和小磊的爷爷奶奶沟通，让爷爷奶奶睡觉前督促小磊不要喝水，夜里按时让他起来小便，并且买一些药对他进行药物治疗。从这个学生的转变中，我也深深地感悟到了老师要爱学生，要想办法让学生对你的爱"领情"，这不是一件容易的事。但只要不放弃，用真情去打动学生，感化学生，总会看到学生的变化，收到理想的效果。

当然，小磊将来的路要靠他自己走，作为陪伴他走过一小段生命历程的我，从和小磊的点滴相处中也明白了学生的问题不是一朝一夕形成的，需要一个长期的过程去解决，并且我们作为教师要学会理解和尊重学生。

鲜花怒放，百里飘香

施　婧

　　人生就像一片未知的前方，每当我们踏进一处新的地方，便会发现不一样的风景，也许是波光粼粼的湖面，也许是绿意盎然的森林，也许是漫天星辉的夜空。不同的风景代表着我们不同的际遇，同样也代表着我们人生不同的故事。

　　2011 年的夏天，我实现了自己的梦想，成为凤翔路小学的一名数学教师。

　　抱着大学四年来勤奋学习的成果，我走入了我的班级，原以为靠着自己的学识可以轻松应对小学一年级教学上的任何难题，可未曾想到的却是小学一年级的小伙伴们不但在学习接受程度上跟我想象的有些差距，而且在学习以外的生活中也是需要我细心照料的，毕竟他们还是六岁的孩子。

　　六岁的孩子天真无邪，对新鲜的事物充满好奇，虽然在幼儿园的时候有了初步的学习经验，但是年龄幼小的原因，他们易动，在课堂上总免不了吵吵闹闹，"欢快"的课堂纪律着实让我头疼了好一阵子。

　　其中，一个叫亮亮的学生特别调皮。

　　有一次上数学课，我在讲台上讲了大概有五分钟的时候，亮亮才出现在教室门口，样子有点儿狼狈，头上还有些许的草屑，估计在外面玩疯了。

　　我有些生气，因为这是他第五次在数学课上迟到了。

　　我按捺住情绪，不过还是绷紧脸，严肃地问他："亮亮，为什么迟到？"

　　或许是我的严肃吓着了他，亮亮低着头，没有说话，只是不断地用手指扯着衣角。

　　我并没有因为他的沉默而选择立刻原谅他，我觉得他是因为我平时太过温和而忽略我是一位老师，所以我必须纠正他的错误。

　　我接着对他说："你如果再这样，我会告诉你的爸爸妈妈的。"

　　这时候亮亮抬起了头，只是他那双大大的眼睛里满是泪水，他哽咽着，带着一丝哀求的语气对我说："求求你老师，不要告诉我的爸爸妈妈，我迟到是因为外面有只蝴蝶太美丽了，我一直跟着它跑啊跑，所以才迟到的。"

　　看着他满是泪痕的小脸蛋，我意识到我过于严肃了，说到底，他们还只是孩子，对于新鲜事物的好奇是他们的天性，我不应该这样的责问他，而是需要寻找一种方式让孩子们在不影响学习的情况下得到快乐。

最终，我想了一个法子，那就是事先跟他们商量好，如果安静地听老师讲课，老师会在课堂最后五分钟里讲一个特别有意思的故事、孩子就是孩子，对于听故事几乎没有什么免疫力，这件事得到全体小伙伴们的积极拥护，虽然课堂上的时间少了五分钟，但是小伙伴们认真听讲，学习效率要比以前高出不少，而且有意义的故事还能扩展他们的认知，正所谓一举两得，一箭双雕。

在这件事上我还小小得意了许久呢。

由于这五分钟的课堂故事，我和一年级的小伙伴们建立起牢不可破的亲密关系，我会时不时地找他们聊天，他们也乐于和我叽叽喳喳地谈天说地，虽然年龄上的差距让我大部分时间里不太明白他们所说的事情，但是我会很有耐心地听他们说完，他们虽然还小，但是孩子的尊严我必须认真对待，不能因为他们还小就忽略这件细微却极其重要的事情。

从一年级到现在即将毕业，我和我的学生之间发生了太多太多的故事，酸甜苦辣皆有之吧，看着他们逐步地成长，就好比看着含苞待放的花蕾正在无比绚烂地绽放，我的内心是骄傲的。

这处风景美丽到了极致，风过处，鲜花怒放，百里飘香。

而我的故事会一直继续。

静等花开

许怀东

台湾大学张文亮博士在小品文《牵着一只蜗牛去散步》中这样写道：
上帝给我一个任务，让我带一只蜗牛去散步，
我不能走得太快，因为蜗牛实在爬太慢。
虽然它已经在尽力爬，但还是只挪一点点……
我催它，我唬它，我责备它。
蜗牛用抱歉的眼光看着我，仿佛说："人家已经尽了全力！"
我拉它，我扯它，我甚至想踢它。
蜗牛流着汗，喘着气，往前爬真奇怪……上帝啊！为什么？要我带一只

蜗牛散步！
但天上一片安静。
喔！也许上帝抓蜗牛去了！根本不在！
好吧！松手吧！反正上帝不管了，我还管什么！
任蜗牛往前爬，我在后面生闷气……
咦？忽然闻到了花香，原来这边有个花园。
我感到微风吹来，原来夜里的风这么温柔。
我听到鸟叫，我听到了虫鸣，我看到满天的星斗多亮丽。
咦？以前怎么没有这些体会……
我恍然大悟。原来，上帝叫蜗牛牵我去散步……
我的手指轻轻地颤抖着。
原来是蜗牛在带我散步！
看完这篇小品文，我不由想起十几年前教过的一个学生：李阳阳！
那时，我刚从别的老师手上接手了二年级的数学教学，希望每个孩子都能优秀是我的梦想。为此，我认真上课，全力抓差补缺，立志不让每个孩子掉队！可是，事与愿违，第一单元考试，全班就有一个孩子不及格！他就是李阳阳。看到试卷里非常简单的题目他却屡屡做错丢分，严重拖班上数学成绩的后腿，我急得直上火，对全班大喊："李阳阳，上来！"阳阳走到我面前，一声不吭。我一边看着试卷一边大声地说："你是怎么考的数学？这么差，平时你听课没？"说完，我抬起头，看到的却是孩子一张惶恐的脸，脸颊的肌肉

还不时地在抽搐，把我吓了一跳。我马上把音量降低了下来，轻声地问："阳阳，这次数学你是不懂还是粗心啊?"他没回答我，依旧紧张，脸也不由自主地在抽搐。我赶紧让他回去，不敢再问他什么了。回到办公室，我马上把他刚才的反常告诉他原来的老师，那老师告诉我：原来，李阳阳上学前班时，他爸爸望子成龙，对他很严厉。写字算术错一点点就会大声呵斥甚至棍棒相伺。结果到上一年级时，孩子非常恐惧学习，刚开始老师上课点他的名字时他整个人都会发抖、抽搐，他那种状况连他爸爸也不敢再给他压力了。明白了原因，我不由为这孩子心痛，我知道对这孩子不能像对正常的孩子那样严格，他需要老师的爱，需要我放慢脚步陪他慢慢成长。于是，我对他降低要求，只要求他自己和自己比，今天和昨天比，只要取得一点点进步我就肯定他，表扬他："阳阳，别急! 我等你!""阳阳，今天的作业写得不错哦!""阳阳，这次考试比上次好哦，你一点也不差过别人!""阳阳，这些计算错了，我们一起来改好吗?"……想尽办法去鼓励他、教他。渐渐地，他来到我旁边改错时脸抽搐得越来越少，表情越来越平和，成绩由二三十分慢慢到四五十分到五六十分……在他五年级时，平时的考试已经能达到七十分左右的中下水平，但和他以前比，我已经很满意了! 最重要的是，他在心理上已经和正常的孩子一样了! 其实，回想那几年我何尝不是像张文亮博士说的那样：正带着一只蜗牛去散步? 而我的"蜗牛"也在慢慢地带着我，使我能不断发现身边新奇和美好的事物，让我的生活变得如此的丰富和有爱。

教育是慢的艺术，需要我们保持平和的心态，多一份耐心，多一份理解和等待，让孩子经历快乐的童年，慢慢地长大! 而我们，只需静等花开!

一个孩子是一颗花的种子

麦晓燕

"我坐在斜阳浅照的石阶上，望着这个眼睛清亮的小孩专心地做一件事；是的，我愿意等上一辈子的时间，让他从从容容地把这个蝴蝶结扎好，用他5岁的手指。孩子，你慢慢来，慢慢来。"这是台湾作家龙应台《孩子，你慢慢来》这本书中的卷首语。这个在我们的教学中不是也适用吗？我们所接触的孩子都存在着个性差异，有的活泼可爱，有的调皮捣蛋……在学习方面，接受能力、理解能力等等都有差别，他们都是一个个独立的个体，真是每个孩子就是一颗花的种子！

谢壁竹，一个特别的男孩子。我接手他们班的数学课起，就发现他上课总是坐得歪歪扭扭的，课堂上注意力很难集中，布置的课堂练习基本不做，只有当你敲着他的桌面说"谢壁竹，快点做练习"，他才会慢慢地打开课本，懒洋洋的。有时干脆连课本都不拿出来，整个人都是一副懒懒散散的样子，在重点批改他的作业时发现错得并不是很多，通过作业可以反映出他不是一个笨孩子，但是他为什么是这样子呢？经过一段时间的提醒与观察，还是这个样子。于是我觉得必须改变自己的做法，因为单靠提醒是解决不了问题的。

我就和班主任顾老师沟通，这个孩子怎么这样呢？顾老师跟我说："他已经进步很多了，现在能安静地坐在教室里，也不会影响其他孩子，只是学习、纪律方面都需要老师的提醒，要不然他就自顾自地在玩耍。"

的确，对比之前的表现，他现在已经有很大的进步了！为了帮助他取得更大的进步，我通过顾老师了解他的家庭情况，再与他妈妈沟通，了解他在家的情况，知道了他的作业之所以没有错很多，是他妈妈每天都在旁边看他写作业，时时刻刻提醒他，辅导他。从中我也了解到他是很难集中自己的注意力，所以在课堂上才会出现这种状况。针对他这样的情况，在课堂上我对他多了一份关注，多了一份提醒；为了帮助他纠正注意力不容易集中的毛病，在他的那个学习小组，我安排他任小组长，让他带领他们组的成员进行课堂讨论学习，通过这样的安排，我发现他能很好地组织同学进行讨论，并且能大胆地发言。他每天都能有一点进步，如今天能自觉做好课前准备了，慢慢地不用老师提醒主动完成课堂练习了……经过一段时间的观察，我发现他能按老师的要求做好课前准备，在课堂上也不再是懒懒散散了，有了朝气，能主动做课堂练习。

农淑好，是班上的一个文静的女孩子，有点偏激，不在乎别人对她的看法，也听不得别人对她说不好的话；当你批评她，她就会摆出一副不以为然的样子，课堂上也看不到她举手发言，就是一副唯我独尊的样子。偶然的一节课，我发现她在认真地记笔记，而其他孩子静静坐着，不会动手做笔记，于是我认真地说："农淑好是我们班上最会学习的孩子之一，懂得做笔记！"她的脸上出现少有的红晕。我不经意的表扬，从老师的角度出发，是为了集中其他孩子的注意力，而在被表扬者身上产生的效果是不一样的。自从她得到表扬之后，在我的数学课堂总能见到她高高举起的小手，总能看到她认真听课的样子，作业也完成得很好。她课前课后总是跟在我身后，问我需不需要帮忙，这节课上什么内容。每当这时候我总会轻声细语地与她东聊聊西说说，慢慢地我发现她的小脸露出甜美的笑容。"亲其师而信其道"，老师对孩子一声轻轻的表扬，收获的是孩子对你的信赖。

华振宇，是我班上的阳光男孩，性格活泼开朗，是老师的得力助手。作为班级的数学科代表，他做事积极主动，有条理，责任心强。但是毕竟是孩子，总喜欢听到赞扬的话语，害怕被别人误解，被别人埋怨。有一天，我看见他红着眼睛跑到我办公室说："麦老师，以后我不帮抄每日一题了。""为什么？能告诉老师原因吗？"我吃惊地问。"同学们说就怪我抄错数字，害得他们都不得分。"他边擦泪水边说，很委屈的样子。"喔，老师明白了。那你先把眼泪收回去，男子有泪不轻弹。"他忍着眼泪点点头，慢慢地平静了。

"老师知道你不是故意抄错题，所以我直到现在都没有批评你。老师要与你谈谈的是，当同学们对你产生误解，责怪你的时候，你对你自己的表现满意吗？"他听了摇摇头。"你刚才的表现连你自己都感到不满意，老师也觉得你没能很理智地对待这件事，而是想只要我以后不抄题了，就不会遭到同学们的误解和责怪了。事实上你是在逃避，而不是积极主动地去面对并改正它。从这件事上反映出你做事不够踏实，不够专心。这个毛病也表现在数学知识竞赛上，本来你是可以得满分的，最难的题你都能做出来，很棒！可是就错在简单的计算题最后的结果上，被扣分，与满分失之交臂。我真替你感到可惜！"

"老师，我知道错了。那天我抄题的时候，不够专心，心里还想着体育课上踢足球的事。"

晓之以理，动之以情，是我们做孩子思想工作的一个法宝。当你在处理孩子出现的问题时，用上这个法宝，往往会收到事半功倍的效果。在说理、动情中引起孩子的共鸣，拉近与孩子之间的距离，这颗花的种子定会在某个时刻绽放。

台湾作家龙应台在《孩子，你慢慢来》一书中用她独特的方式给我们讲述了一个无痕的教育理念："花开须有时，唯有静等之。"

有人也曾说："每个孩子都是一颗花的种子，只不过花期不同。"每个孩子就是一颗独一无二的种子，有的开得快些，有的开得慢些，我们要做的就是静等每颗种子开出鲜艳的花朵。有时候，一个合适的机缘能改变一个孩子，而这个机缘是需要时间和耐心去等候的。每个孩子都是一颗不一样的种子，他们需要适合自己生长的土壤，只要我们用爱浇灌，总有一天，他们都会傲然绽放！慢慢来吧，别着急！

用爱播撒希望

石　颖

高尔基说过："谁不爱孩子，孩子就不爱他，只有爱孩子的人，才能教育孩子"。从刚刚毕业的新手教师，到现在已经走上讲台十几年，我满腔热情投入工作，无微不至地关爱着我的学生。工作中的辛苦劳累在孩子们纯真的笑容之下烟消云散了！

记得一天，我上课的内容是解决问题，至今那节课仍给我留下深刻的印象，教学内容是关于一道应用题的解题策略，整节课孩子们的学习状态特别好，他们竟然想出了十几种解法，沉浸在成功的喜悦之中，这其中也包括我今天故事的主人公——俊萌。

这个小家伙就像他的名字一样，又聪明又可爱，一年级开学时，他就引起了我的注意。他个子小小的，头大大的，尤其有一双清澈的大眼睛。吸引我的还有他的经典造句，用"（　）是（　）"来造句，别的孩子都说"妈妈是医生，爸爸是警察"等等，但他是这样说的："妈妈是领导"，这句话一时被广为流传。后来我开玩笑地问他：俊萌，你知道什么是领导吗？他解释说：妈妈是正领导，爸爸是副领导。我问他为什么，他是这样回答的：在家里，妈妈说话最厉害，连爸爸也要一起听。原来如此啊！

但就是这个可爱的孩子，在我的课堂上却安静不下来，把他的"爱好"发挥到了极致。俊萌因为个子小，经常是坐了不到两分钟，不知道什么时候就又站了起来，开始玩他的各种"玩具"——课本、练习本、铅笔，无一幸免。最惨的要数他的水杯，据我观察，这些东西都已面目全非。他的桌面从来都是湿的，而且经常是吵得四邻不安。大家的投诉成了我每天必须要处理的内容。就这样我的批评成了他的必修课，每次他都是抬头很无辜地看着我，不说话。无奈，我只能打电话联系他的家长。他的妈妈态度很好，答应配合管理！果然，他能安静地听几天课了，桌面也比以前干净整洁了许多，可是好景不长，过不了几天一切又回到当初。

在一次下班的路上，我遇见了前来接他的外婆，老人家说，俊萌出生时由于是早产，才3斤多，是外婆一调羹一调羹地把他喂大的，全家人更是视他为宝。但同时他们也发现孩子的小动作比别的孩子多，他们也在试图纠正孩子出现的问题，但是都没有什么效果。讲起这件事时，外婆也露出了伤心的神情，我更能理解老人家的心情了。现在我自己也做了母亲，更加能够体会家长对孩子的那份爱和那份"紧张"。

这件事后，对我的触动挺大的。我想每个孩子外在的表现一定有深层次的原因。后来我改变了以往批评说教的沟通方式，通过鼓励和聊天，试着和他做朋友，下课时找他聊天，做广播操时找机会纠正一下他的动作，找各种机会拉近与他的距离。经过一段时间的交流，我发现俊萌有一点点改变了，慢慢地开始融入课堂了。一次单元测验他考了100分，下课后他开心地告诉我，妈妈答应送给他一本课外书。我也鼓励他继续加油，并且对他说下次如果还是100分，老师送他一封表扬信。这小家伙真争气，上课的状态越来越好，虽然偶尔也会开小差，也会有一点儿小动作。我惊喜于孩子的点滴进步，不仅是学习成绩的提高，重要的是行为习惯的改变，而且我还发现他乐于助人，总是找机会帮助发牛奶的组长或者帮助同学发作业，于是我找机会让他担任了小组长，这回孩子学习的劲头更足啦！成绩进步越来越明显，六次测验有四次满分，真的很棒！虽然分数不是唯一的评价标准，但是孩子进步了我们都很开心！他的家长也惊喜于孩子的改变，平时更加注意纠正俊萌的一些习惯。

俊萌的故事给了我许多思考：作为教师如何开展有效的教学？除了教学方法和策略得当之外，对孩子个体情况的了解也非常重要。古人讲过：因材施教！这真的需要我们在教学中慢慢体会。我们要关注孩子们的个体差异，采用更加适合孩子们的方式开展教学活动。孩子们的童年只有一次，也许我们的一个微笑，一道温暖的目光，一句关心的话语，都会唤起他们学习的兴趣和自信。作为教师，爱与责任时刻提醒着我，在孩子的世界里，我们不仅扮演着教师的角色，更应该是他们的朋友，陪伴他们健康快乐地成长！

与爱同行

刘晓霞

高尔基曾经说过："谁不爱孩子，孩子就不爱他，只有爱孩子的人，才能教育孩子。"我不想苍白空洞地说我为伟大的教育事业做了些什么，但是从教的这两年，我一步一个脚印，以满腔热情无微不至地关爱着我的学生。正是由于这份真诚无私的爱，使我教的孩子们在父母的陪伴下快乐成长，而我的教师生涯也因此充满了阳光和快乐。

毕业以后，我有幸加入南宁市凤翔路小学这个大家庭。我负责二年级的数学教学。第一次进入教室站在讲台上时，我紧张而不知所措。班主任夏老师似乎看出了我的不安，在我的耳边悄悄说："不要紧张，看着学生。"紧接着，她向孩子们介绍了我，又让班干部做了自我介绍，这样我对这个班级有了一个大概的了解。在短短的时间里，我紧张的心情似乎得到了平复。我开始环视教室的每一个角落，发现每一双眼睛里都流露着一丝兴奋与喜悦。

第二天，我怀着紧张而又企盼的心情去上第一节课。面对这 57 个麻雀似的孩子们，我才真正意识到教师职业是何等的艰辛和琐碎。三尺讲台站上去容易，要站好可真难啊！这难道就是我将要为之奋斗一生、奉献一生、努力一生的事业吗？我有点儿茫然。这时候组长看破了我的心事，对我说："教师工作是细致、烦琐的，有时候甚至会很苦很累，但必须记住教师干的是良心活儿。"听了这些话以后，我感到非常惭愧，也豁然开朗。"起始于辛劳，收结于平淡"这就是我们教育工作者的人生写照啊！既然选择了这份职业，就要对每一个孩子负责。

此后，在组长的建议下，没课的时候我就旁听老教师的课，学习老教师的上课方式和经验。同时我也有了一个执着的信念，要全身心地投入教育事业中去，努力工作不断进取，尽我所能，让每一名学生都能够够成材，让每一位家长都放心。

还记得开学的第三周，我们班上有一个叫灏灏的小男孩，能说会道很是可爱，可是在学习方面，他给人的感觉就没那么好了；上课注意力不集中，做作业动作很慢，不肯动脑筋，书面作业相当潦草。发现问题后，我找他谈话，希望他能够遵守学校的各项规章制度，按时完成作业，端正学习态度，争取进步。可是效果并不明显，这让我备受打击。于是，我向老教师请教，应该用什么方式与孩子谈话，更能让他们领悟其中的道理。我采取了以下一些措施：

1. 先让学生认识到自己的错误，作为学生应该尊重老师团结同学，树立做一个好孩子的思想。

2. 在平时的课堂上，反复提问他，回答正确的时候，我会毫不吝啬地给予肯定和表扬，回答错误的时候，我会稍加引导，让他再想一想。

3. 批改作业时我用了足够多的激励语言，尽可能地激发他的进步。例如，这次的作业完成得非常的好，有很大的进步，如果书写能够更工整就完美了，等等。

4. 课后，我会询问其他孩子，看看他在课后的一些表现，以及和他的家长沟通，了解他在生活中的情况。

一周以后，我发现他的情况有所好转，注意力集中的时间长了，作业能够按时完成，回答问题也比以前更积极了。我开始反思自己，每一个孩子都是特殊的，存在着差异性，不能够用同一个方法去教育所有的孩子，必须要了解每一个孩子的个性，因材施教。

教育是爱的事业，这种爱是"一切为了学生，为了一切的学生，为了学生的一切"的博大无私的爱，它包含了崇高的使命感和责任感。爱是一种伟大的力量，没有爱就没有教育。

赞美的力量

杨秀敏

我今天在这里给大家讲一个真实的教育故事。

从事小学教育二十几年，我总结出教育教学工作最大的法宝就是表扬与赞美小朋友。一个人的进步并不是天生的，它常常来自别人的肯定、赞美和鼓励。赞美给人欢乐，赞美给人信心，赞美催人奋进，赞美给人克服困难的无穷力量。因此要想矫正某个小朋友的缺点，不妨反过来先赞美对方的其他优点，他一定会全心全意去维护这份荣誉，生怕辜负了自己和老师。

黄泽宇同学在我们班上是个个性鲜明的孩子，刚开始我发现他任性、自私，常常因为一件小事与同班的同学大打出手。他还特爱面子，喜欢好成绩、喜欢听表扬的话，却不能正视自己的缺点，甚至逃避。作业经常不完成，有时他害怕我查他作业，上课前就把作业本、练习册放到下一层楼消防栓的后面藏起来，然后跟我说作业找不到了。单元测试卷考好了就拿回去给家长签名，成绩不好的，就干脆藏起来谁都不让看，更谈不上订正了。知识点没掌握好的地方就掖着、藏着，生怕同学和老师知道，有损面子。欲盖弥彰，学习成绩只会越来越差。我也为此联系了他的家长，希望取得家长的配合，可是收效不大。

我记得三年级下学期的时候他接受了记者的采访登报了，其内容我依稀还记得一些：黄泽宇同学是凤翔路小学三（2）班的学生，他兴趣爱好广泛，多才多艺，架子鼓打得很好，曾经去香港参加交流比赛，还拿了金奖；爱劳动，在家里能主动做些力所能及的事情；在学校，更是个品学兼优的好学生，很爱学习，是班上的数学科代表，并且各科成绩优秀。看了报道我很高兴，原来他有这些优点啊！但是我发现报道里有些不属实的地方，那就是转来凤翔小学后他从来没做过三（2）班的数学科代表，而且那时候他的表现离科代表的要求还差一大截呢。

那天我一走进教室，同学们都围在我身边，兴奋地告诉我说"老师，黄泽宇上报纸了。你看，你看！"还指了指报纸上的照片。几个孩子满脸都是兴奋与喜悦，就在这时，有一个心直口快的孩子带着疑惑的眼神，望着我说："杨老师，可是他不是我们班的数学科代表呀。"听了同学们的评论，在一旁的黄泽宇感到很不好意思，霎那间脸红得像只熟透了的番茄，悄无声息地走到座位上，坐了下来，低下了头。看着他那副样子，我心想：得为他打个圆场，为他挽回面子，让他抬起头来走路。我就跟同学们说："黄泽宇同学在转来我们学校之前，也就是在一二年级的时候，做过数学科代表，我是从学生手册上面知道的，再说了如果他努力，将来有朝一日，他会当上我们班的数学科代表的，你们说是不是呀"。同学们听了以后都觉得有道理，连连点头说："是的，是的。"这时黄泽宇同学的脸上也露出了释怀的微笑，看来我的话说到了他的心坎上了，他抿了一下嘴，仿佛在暗暗地下定决心。

这件事给了我很大的启发，俗话说得好：魔高一尺，道高一丈。我想他既然这么爱面子，我就在日常教学中多赞美他，给足他面子。

在参加学校个人才艺展示中，他代表班级参赛，获得较好名次，我赞美道："你太能干了。全班同学只有你会打架子鼓。"他考试成绩较好时，我又赞美道："瞧，你进步了，全班同学就你进步最大。"为了提高他的成绩，增加他的自信心，我还专门走到他的身边为他查漏补缺，单元测验后让他打开试卷跟他一起分析试卷，跟他一起订正。订正完试卷，我总是要跟他讲一个道理：虽然成绩不理想，不能拿出来炫耀，但更不能把它藏起来，一定要打开试卷把不懂的地方弄懂，这样下次才会考得更好。

一次次的帮扶、一次次的鼓励，每一次小小的进步，我都给他大大的夸奖，强化再强化。慢慢地他终于能勇敢、坦然地面对自己的不足，并且及时弥补自己的不足。虽然上学期期末考试没上 90 分，没达到我班的平均分，可是我从他那真诚、豁达的眼神中发现他已经走上正轨了，跟同学也能友好相处了。

此时我看在眼里，喜在心上。好孩子真是夸出来的。我有理由相信，他还会有更大的上升空间。

四年级上学期，我试着让他做数学小组长，他的组长工作认真负责，每天除了收发作业、点人数，还能逐本翻看作业，检查作业质量，发现不规范、不工整、不订错的作业，能及时督促同学整改，谢家霖同学有几次不订错，都被他查出来，逮了个正着。看到这些，我没有忘记在同学面前给他送上赞美："真了不起，黄泽宇同学小组长工作可认真了，比老师想得还周到，其他组长可得多向他学习哦!"他的辛勤劳动没白费，带动了小组同学的进步，也赢得了同学们的认可。

赞美的力量这么神奇，我何乐而不为呢？为此，我经常把赞美他的话挂在嘴边上。每一次的表扬都是在给他充电、加油、打气。俗话说得好，一好百好，一通百通。他听课认真了，作业认真了，学习成绩也在直线上升。

三八节那天，孩子们没有忘记给老师送来祝福，黄泽宇同学也送给我一张贺卡，真是一个有心的男孩子。打开精美的贺卡，只见上面工整地写着两句话，第一句话是："杨老师节日快乐。"第二句话是："杨老师，我想做数学科代表。"事情已经过去半年了，真没想到他对"数学科代表"这么情有独钟，也许在他的心目中这个"科代表"就代表着至高无上的荣光，代表着出类拔萃的智慧，代表着他心中的一个美好的愿望吧。

好吧，就轮给他做做这个"科代表"吧，至少对他也是一种约束吧。我思考了一下就答应了他的请求。他的愿望实现了，可以想象此时他多么的喜悦。课间他放下了手中好玩的玩具，同组长一起催收作业、检查作业，然后一本一本翻开送到老师的办公桌上。下午又带领组长把老师改好的作业拿回教室，发给同学们，每天上下楼梯来回地跑，从不喊累。真没想到老师宽容和爱的赞美，能孕育出这么巨大的能量。

金无赤金、人无完人，虽然孩子们还会任性，还会不服管教，还会犯这样那样的小错误，但请记住这句话："赞美的力量是伟大的，是神奇的。"只要我们能及时捕捉教育机会，多关注学生，将赞美洒向他们的心灵，相信每一个微小的进步都会成为学生成长道路上的一座座里程碑！

我坚信在凤翔小学君子风范养成教育的熏陶下、在智慧爱心的培育下，这些小凤凰的羽翼会日益丰满，他们将在这里起飞，有朝一日他们会飞得更高、更远。

故事讲完了，大家觉得怎么样？面对还没有养成良好的学习、生活习惯的孩子，面对还没有掌握好的学习方法的孩子，面对懵懂、不明事理的孩子，我不再束手无策。多赞美孩子，他们会慢慢地喜欢上我，悉心地听我教导。好了，故事到此为止了，很想跟上几个笑脸……

做孩子成长路上的守护人

梁　芳

　　2011 年的秋季学期开始了，孩子们陆陆续续回校注册，忙了一个上午，终于把注册的事情理清了，我也可以回到办公室休息一下了，回到办公室刚坐下来不久，忽然传来一阵很轻的敲门声，然后伴随着一句稚嫩的略带一些忐忑的声音，"老师，我们可以进来吗？"我回答道："可以。"门开了，进来了一个很害羞、很腼腆的小女孩，后面还跟着两个大人，"梁老师您好，我是李回的爸爸，我女儿这个学期从田阳县中心小学转到你们班，请给我们办一下转学手续。"跟孩子聊了几句并办好转学手续后，孩子就跟着爸爸妈妈一起回去了，孩子在跟我交流时一直都是低着头的，不太敢看老师，这个孩子较文静，不爱交流，自信心略显不足，这是李回给我的第一印象。过了一会儿，年级组长把孩子的"摸底测试成绩"送过来了，我看了一下，数学 63 分。

　　开学半个月过去了，我对李回的了解又更多了一些，她有一个优点，就是认真听课，认真完成家庭作业，尽管家庭作业的质量不是很高，但从工整的字迹上看，孩子确实是在很努力、很认真地去完成。第一单元数学测验了，李回 54 分，全班倒数第一。看着孩子拿到试卷后憋红了脸的样子，我的心里"咯噔"了一下，我想，一个学习态度那么端正的孩子，成绩不应该是这样啊，尽管"摸底"考试也略知孩子的基础可能不是很好，但从这半个月的观察当中，我觉得像她这样学习态度端正的孩子不应该是这样的成绩的，我一定要找出原因，帮助这个孩子。下课了，我把孩子叫到办公室，孩子很忐忑地跟着我（以为老师会教训她），我和气地跟她唠起了家常："李回，到我们学校有半个月了吧！能适应吗？跟班里的同学相处得怎样？这一次数学考试你觉得考得如何？是不是觉得难度特别大？"孩子没吭声，"是不是对这一次考试成绩不满意？"孩子点了点头，我微笑着说："不要紧，每个人到一个新的环境，总是要有个适应过程的，我偷偷告诉你噢，我小时候有一次数学只考了 30 分，呵呵，你比我小时候厉害多了，你从来没考过这个分数吧！"孩子看看我，觉得有点儿不可思议，我接着说："考了 30 分，当时我自己也觉得挺难受的，所以就及时调整好心态，努力学习，争取下次考试能有进步。你看，经过后来的努力，我还不是一样考上了大学，现在还当了老师，所以说，有时候考试考差是很正常的，一次考试考不好并不代表次次都会考不好，只要我们有信心，认真去学，总会有进步的，老师相信你一定能行!"李回听完我的话后，眼睛一亮，说道："老师，我真的能把数学学好吗?"我说："能，一定能，老师给你定一个目标，第二单元数学测验只要你能考到及格就OK了。"经过跟李回谈心，她紧绷着的神经慢慢地放松了。其实我小时候根本就没考过30分，这是一个善意的谎言，目的就是降低教师高高在上的身份，俯下身子去理解孩子，从孩子心理出发，找到一个跟孩子同一条水平线的平台，这样孩子才更愿意跟我们谈心、才更相信我们，因为我知道考试不理想的孩子更需要得到老师的理解和关怀，更需要老师适当的鼓励。在跟孩子交流的过程当中，知道了她的父母平时很在意分数，一旦成绩考得不理想，就会责骂孩子，当天我及时打电话跟她父母进行了交流，告诉他们先不要太在意孩子的分数，对待这一次考试要轻描淡写地带过，不要批评她为什么考得那么差。从那以后，为了让李回找回学习的自信心，我抓住一切机会对她进行鼓励和表扬。

一个月过去了，学校举办了家长开放日，听完课后，李回的父母来到了办公室找我，李回的爸爸说："孩子这段时间的学习积极性蛮高的，也有一些进步，但我们家这孩子不是学数学的料，孩子遗传了我，偏文科，数学怎么都学不好，她从来没有考过90分以上。平时打骂也用上了，可就是没法把数学学好。"我问道："你平时总在孩子面前说孩子不可能学得好数学是吗?"这回妈妈插话了，妈妈说："是的，平时李回爸爸总在孩子面前说，孩子，你数学不可能拨尖的，你遗传了我偏文科。"听他们的话后，我知道孩子的问题出在哪里了，爸爸整天在孩子面前说孩子不可能数学很拨尖，久而久之，孩子从心理上也就认为自己不可能学好数学了，对学好数学就没什么信心了。海伦·凯勒曾经说过："信心是命运的主宰。"可见，自信心对一个人是多么重要。孩子缺乏了自信，学起来就会事倍功半。我就跟李回的父母说，从今天开始不要在孩子的面前再提她学不好数学这些话了，对孩子的目标要适当地降低一些，让孩子有一些成功的喜悦，不要把目标定得太高，这样孩子总达不到那个目标，就以为自己不行，就没自信了，对她一点点进步要及时地进行表扬，多给孩子一些信心和鼓励，不要打击孩子。李回的父母愿意配合我。

从那以后，李回的笑容越来越多了，也慢慢爱举手发言了，课堂上听不懂的知识点，课后也愿意主动问老师和同学了，看到李回一个个可喜的变化，我由衷替她感到高兴。第二单元数学测验，李回得了73分，我在班上大力表扬了她进步很大，然后又把目标定高了一些，第三单元的测试成绩定在80分。但第三单元测验，李回没有达到这个目标，只考了70分，我又单独找她，及时对她进行心理上的疏导和鼓励。到了第五单元测验，李回竟然考到了91分。还记得那天晚上，李回的妈妈给我来了电话，激动得语无伦次地说："梁老师，谢谢您，李回终于上 90 分了。"我说："这个孩子，只要你能多给她一些信心，愿意多花一些时间去等待她成长，不急功近利，她会不断地给你惊喜的！"在老师和家长的不断鼓励下，李回学习的自信心越来越高，也越来越爱学数学。孩子的学习也在不断地进步，在第二学期的期末考试中，数学竟然考到了 99 分。所以说，有时我们大人要放下架子，俯下身子与孩子站在同一水平线上，了解孩子的心理，从孩子的心理出发去引导孩子，鼓励孩子，努力做好孩子成长路上的守护人！

带着自己和孩子们一起成长

何桡迪

2014 年来到凤翔路小学的时候，我刚刚考取了教师资格证。教育教学对于本来不是师范学校毕业的我来说只是书本上的概念知识，而且学校安排我跨学科教授信息技术科目，让我更紧张了。

虽然已经毕业一年，但是如何跟小学生相处，还是一个让我头痛的难题。小学生并不像成年人一样思想成熟，虽然对一些事情他们也会有自己的想法，但是并不能全面地看待事件。那时我在一年级担任副班主任，孩子们对学校的环境和事物都很陌生，对新的小伙伴也不熟悉。为了更了解这个年龄段的孩子，平时观察班主任是如何跟孩子们相处的，如何控制课堂的，遇到不懂的地方就咨询班主任或者其他老教师，渐渐地，孩子们对我越来越亲近了。

在上第一节信息技术课的时候，我很紧张，教授的是三年级的信息技术。由于跨学科教学，我非常害怕讲错话、说错知识点、教错操作技能，为了避免这些问题的发生，我在课前将整个单元的内容都操作一遍，把在操作上有可能出现的问题和一些解决办法都写在课本上。在课堂上，尽量把更多的时间留给孩子们自己操作，如果遇到一些课堂上不能马上解决的问题，我会利用课余时间上网搜索解决办法，慢慢地我对课本熟悉了，对孩子们也了解了。

第二年，我接手了新的一届三年级，我面临一个新难题——换教材。虽然新教材的内容并不难，都是一些初级的基础操作，可是一本要用一年的新教材，对于每班每周只有一节信息课的我来说，这就考验我的课时安排能力了。虽然教育局安排了新教材的学习，但是对于课时安排还是由教师个人去决定。我认真地研究了这个学年每学期的上课安排，尽量做到不空出任何一周的课。一本书，四个单元，我就将四个单元合并看成两个单元，每个单元安排在每个学期。安排好课时，我发现从第一单元的如何开关机到第四单元的网上浏览，都是孩子们在家都会使用到的操作技能，如何让孩子们在课堂上愿意学习这些他们都使用过的操作技能呢？这又是一个难题。为了找到这个难题的解决方法，我咨询老教师，上网搜索资料，最终我找到了适合这种情况的教学方式。我决定打破平时教师讲学生听的教学方式，把课堂交给学生，让孩子们提前预习课本内容，课堂上自告奋勇地给同学们讲他自己了解的操作技能和知识，除了能让其他孩子学到知识，还培养了讲课学生的表达能力和勇气。

　　教育其实就是教书育人，除了对孩子们的教育，还有教师的自我教育。在未来的教育生涯中，我愿带着自己和孩子们一起成长！

倾听花开的声音

李伟英

今早，我像往常一样，买了早餐就来到办公室。刚坐下不久，早餐还没吃完，便有三个女生走了进来，其中一个姓廖的女生向我反映一个叫雯的女生肚子不舒服。

起初我并不是很在意，因为平时她们经常和我开玩笑，再说了看上去一脸笑容，所以没放在心上，最多开个病例条去找校医看一下就没事了。但是我起初的想法错了，因为我发现雯女生脸上的笑容散去，转眼间眉头紧锁，一脸忧伤，所以我就让她们继续说下去。

认真听完她的讲述，我才知道事情的大概情况。原来昨天晚上吃晚点的时候，雯女生和廖女生用廖的杯子一起吃绿豆粥，这时候宋女生也过来想要廖的杯子吃绿豆粥，可这时候廖说等会吧，因为还要等琳同学来，琳还没吃呢！恰好这时候，雯插队进来说，她还也要吃，宋就生气了，她自己还没吃呢，怎么可能让一个插队进来的吃呢？所以一巴掌拍到了雯的肚子上，并大声说道："你不是已经吃了吗？"

接下来发生了什么我不知道，因为雯同学只说到这里，但后来雯回到宿舍的时候，肚子开始不舒服了，吐了一个晚上，早上起来，还去校医处吃了药，早餐也吃不下去，所以才有刚开始的一幕。她们还告诉我，今早的时候，宋又在别的女生面前大声嚷嚷说谁谁谁怎么样，不要在游泳比赛的时候拖后退等。

我听完以后马上意识到这是个棘手的问题，刚接手这个班级才一个学期，就知道这个班的女生很难管理，问题也比较多，动不动就吵架，为人处世存在很大问题，其中就有宋、雯等学生在内，宋的脾气很早就知道了，家里宠得像个宝，小公主脾气、任性都体现得淋漓尽致，完全不顾她人感受，处理不好，冷战不说，对学习、对整个班级的管理都会有很大影响，更严重的是万一雯的肚子内脏受到伤害，那就不是普通事件了，上个学期某些突发事情已经让我够憋气的了，万一再出个什么问题，那我就成为"名师"了。

于是我打算让她们其中一位女生回教室去叫宋下来，可我话刚说完，雯就说上去叫宋她也不会下来的。好吧，既然那么难请，那我等会亲自去请吧！然后我叫她们先回教室去了。

等她们离开办公室了以后，我就去打杯水来喝，恰好碰到本班的另一位女生也在打水，于是我叫她上去叫宋学生下来。不一会儿，宋就下来了，她非常有礼貌地在门口报告，有礼貌地跟老师打招呼以后，我就让她进办公室，等她来到我面前，我让她站好，她就乖乖地静静地站在我的办公桌旁边，眼睛不时地打量着我。

沉默了一会，我们就开始谈话了。

"你觉得我这个老师怎么样？"我盯着她的眼睛问。

"很好。"她回答很快。

"觉得老师偏心吗？"

"不偏心。"

"处事公正吗？"

"公正。"

等她说完，我就开始进入话题了："那你告诉老师，昨晚你在吃晚点的时候是不是在黄爱雯的肚子上打了一巴掌？"

她的眼睛就开始飘忽起来了："她都吃了一次了，又来吃一次，而我都没有吃，所以我就随手一挥……"

"看着我的眼睛说话！"我盯着她的眼睛说。

"我就随手一挥，说，你已经吃了一次了，我都没吃。"她急起来了。

"那你知道因为你的一巴掌，昨晚她吐了一个晚上，今早吃不下早餐吗？"我平静地追问道。

她摇摇头，不说话，沉默了一会儿，泪水在眼眶里打转，然后一颗晶莹的泪水就滑落了下来，"不知道。"

"那你什么时候知道呢？"

"今天早上。可她就是吃第二次嘛，廖给她吃，我过去想吃的时候，廖说琳没吃呢，要等她吃，而雯过去又给吃。"

聊到这，一切真相都已经浮出水面了，唉，小公主就是小公主啊，不仅任性，嫉妒心还挺强的，这可不好。

"那你有没有错呢？"

"有！"

"你错在哪里呢？"

"我不该拍她肚子。"

"还有吗？"

她沉默着，想了一会还是没想出来，我就严肃地跟她说："你做事不够冷静，太过于冲动，所以才导致这样的事情发生，是不是？"

她点点头。

　　"不管怎么样，事情已经发生了，我相信你也不是故意拍她肚子，也不想把事情闹得那么大，是吧？"人做错事了，总得给人家台阶下，毕竟六年级的孩子了，自尊心是比较强了。

　　"嗯！"她又使劲地点点头，眼泪再次掉了下来。

　　"我们在一个班集体里面，就应该友好相处，老师也希望看到我们班的十一个女生都能快乐地在一起玩耍，一起成长，一起度过小学最后一年。现在事情已经发生了，我们就让它过去吧！现在老师问你，你想不想挽回你和她之间的友谊呢？"

　　"想。"她回答得虽然不是很响亮，但是急切之心却感觉到了。

　　"那就好好向她道歉。你可以选择两种方式，一种在班上道歉，一种就是老师叫她下来，你当面向她道歉，你选择哪个？"

　　"老师，我还是单独向她道歉吧！"

　　"那老师就去把她叫下来。"

　　于是，我来到教室，把雯和廖叫到外面来，再一次详细地问了事情的经过以后，发现双方讲述的有点不一样，宋说背着雯挥手，不小心拍到肚子，而雯说她是面对她拍过去的。看来，宋还是有点小小的撒谎成分呢，但不管怎么说，人家现在也知道错了，就不去追究这些小事了。

　　于是我对雯说："她现在知道错了，想向你道歉。"

　　"其实，她只要别让别的女生不跟我玩就行了。"雯的回答，让我出乎意料，看来这宋还真不简单啊，有意思！

　　"行，等下你就跟她说就行了。"

　　"廖能不能和我一起下去？"她有点担忧地说。

　　我犹豫了一会，说："行！"

　　说完，我们就向办公室走去。

　　走到办公室，来到宋的面前，宋不敢抬头。

　　"老师多带个人下来，可以吧？"我看着她。

　　"可以！"

　　"现在，你有什么话就和她说吧！"

　　等了一会儿，还是没见开口，可一颗颗豆大的泪水再次从小脸蛋滑了下来，掉到了地上，唉，真是个爱哭的小公主，我最怕看到女孩的眼泪了。我就轻轻地拍着她的肩膀，慢慢地说："不要紧，想好了说什么就说吧！她在等着你最真诚的声音呢！"

　　"雯，对不起，我不该拍打你肚子。"沉默了好久，宋终于冒出了几个字。

　　"没关系，只要你以后不要不让别的女生跟我一起玩就行了。"

　　"你看，她都原谅你了，你也做得到吗？"我等着宋说。

"嗯!"

"那你们就握握手和好吧!"

说完,她们彼此伸出手来,紧紧地握在一起,我把手搭在她们的手上,"从现在起,你们就和好了,要像以前一样好好相处哦。我和廖做你们的见证人!"停顿了一会,我接着说道,"好了,你们现在回去上课吧!"

就这样,她们俩紧握着手,愉快地走出办公室……

窗外,天气格外晴朗,一朵喇叭花在朝阳照耀下舒展美丽的身姿,明天或许开得更加艳丽吧?

舞动的精灵

李祉烨

　　少儿舞蹈应该注意作品的儿童化，作品的内涵。用儿童的、生动的、活泼的舞蹈动作来反映少儿舞蹈作品，而在少儿舞蹈的教学过程中，兴趣是最好的老师。

　　爱玩是孩子们的天性，我们可以采用做游戏的方法培养少儿对舞蹈的兴趣。如玩《小鸟找窝》时，老师说："我是鸟妈妈，小朋友们都是小鸟，要跟着妈妈学习各种本领。"少儿学跳手绢花，让他们自由选择不同颜色的手绢花，他们拿到自己喜欢的手绢花开始跳舞，手上有和老师一样颜色手绢花的幼儿便围在老师身边舞蹈。少儿在这样愉悦的游戏中跳舞兴趣会始终高涨；在枯燥的基本功练习中也有一些趣味能使学习收到事半功倍的效果。通过趣味游戏训练，孩子锻炼了身体，所以在对孩子舞蹈兴趣的培养中要利用孩子的天性才能收到事半功倍的效果。在教学活动中，我们还可以以活动、竞赛、表演的方式去完成。少儿舞曲大多数都是浅显易懂，边放音乐边引导孩子们通过动的过程去释放自己的身体，因此在舞蹈教学中不是逐句的手把手教孩子们怎么跳，而是培养孩子们用一对会听的耳朵、一双会看的眼睛、一个灵活的身体，引导他们在自由、宽松环境下尝试跳跳、唱唱、自编、自创，让他们感受到一个自信的不一样的舞台空间，教师可在适当时候传授些专业的舞蹈知识，并进行点评。

　　即兴是指舞者在一段音乐或意境中，在没有正规的策划和编排的情况下，随着音乐表达自己的肢体语言和对音乐意境的理解，带着随兴而舞随机而舞的意识和思想内涵，是一种不受时间、空间、主题、意义等限制的自由舞蹈。舞蹈的每个动作都有内在的含义，如果老师仅要求模仿生活中的某些机械动作，那么这些舞蹈动作就没有活力，少儿就很难在舞蹈中感受美的形象。我们可以给他们放一段音乐，然后告诉他们主题，让他们自己去在音乐中舞蹈。音乐响起后，少儿能听着音乐做动作，表演时有信心和独创性。例如表演一个活泼乱跳的小兔子，有长耳朵、红眼睛、短尾巴；一只淘气的小鸭子，有游水的、捉虫的、走路的；一只可爱的小鸡，有吃米的、捉虫的、玩耍的；用碎步表现小鸟出来了，有看蓝天的、有往地上看的、有左右飞的，孩子们会别出心裁地编出许多出乎意料的动作。这样使幼儿根据音乐旋律各自做自己喜爱动作，在音乐游戏中感到愉快，表现出内心的喜悦，享受着自己表演动作，并欣赏同伴动作的美，充分发挥了自己的想象力、创造力。因此，让每个孩子在原有基础上都有提高，解决了全面发展和因材施教的关系，也进一步提高了少儿对学习舞蹈的兴趣。

兴趣对一个人的个性形成和发展有着巨大的作用。兴趣会促使人不断深入钻研、创造性地工作和学习。良好的环境，合理的选材，科学的教学方法和即兴这四个方面是培养少儿舞蹈兴趣的重要条件。注重兴趣对少儿舞蹈的重要性，并更多地关注孩子兴趣的培养、才艺的开发，让孩子们快乐自在的享受舞蹈的乐趣，从而孜孜不倦、持之以恒地去追求舞蹈的最高境界。

鼓励的魅力

陆　健

　　转眼间在学校工作已经两载了，这其中经历很多，最有感触的是鼓励和赞赏在教学中的重要性。一个资质一般的学生经常会在连续得到教师的赞赏后有很大的进步。

　　这几年课改全面展开，通过课程改革，教学行为的转变，学生们都动起来了，课上学生们都积极回答问题，来增加自己的积分。每节课都会由学生起主导作用来完成本节课的内容，让每个学生都能融入到课堂中来，但是最近发现每节课回答问题的几乎就是几名班级干部，再就是几名胆子大些很想得分的学生。

　　这又是一个摆在我面前亟待解决的问题。

　　这究竟是什么原因呢？难道那些不回答问题的学生就没有上进心、求知欲吗？我摸索着寻找问题答案的渠道。首先利用下课时间与学生们聊天，课后又找他们谈心。发现有的学生不回答问题是反应慢，等想明白了，别的学生都站起来回答完了，抢不上；第二种原因是犹犹豫豫，不知道回答的对不对，所以就不敢站起来当众回答问题；第三种情况是胆子小，不敢面对这么多人说话，站起来大脑就一片空白；第四种情况是怕万一答错了被同学们取笑；第五种情况是觉得回不回答都没意思，谁愿意得分就得，缺少上进心。总之经过谈心，聊天发现学生中胆小、腼腆的占多数。不调查则已，一经调查总结发现教师平时只注意传授知识，并没有过多地思考学生的想法，现在才感觉到平时这部分工作的空白。

　　针对这些原因，我寻找着解决问题的方法，鼓励能否起作用呢？于是我打算开始尝试。

　　以往上课回答问题学生不需要举手，谁会就直接站起来回答，现在要改变这种回答方式，上课时学生举手，由教师指名回答问题。近期我们开始学习信息课，女同学们非常喜欢而且对 QQ 较为敏感，在我的调查中不愿回答问题的女同学占多数，我就利用信息课找女同学回答问题，讲《聊天工具QQ》一课，复习 QQ 步骤时，有几名男同学举手我并没有叫他们回答而是点了我班的宋宛琳同学，她平时不愿说话，总有种自卑感，我希望通过回答问题让她建立起自信。我用微笑和鼓励的眼神示意她，虽然她回答的声音非常小，只有站在她附近才能听见，能从座位上站起来这是多么大的转变呀，并且问题回答得非常好，我给予了肯定并奖励一分，全班同学给予热烈的掌声，她的脸泛起了红晕并挂着一丝笑意。其实我的心里和她此时的心情是一样的。这是她的转变，也使课堂悄悄地发生了变化。之后提出的几个问题胆子小的学生在状态上也有转变，身体比以前坐得直了，头也抬起来了，有观望的架势。我还是先从女生开始，让她们逐步建立自信，也让那些蠢蠢欲动的不敢回答问题的女生们有站起来的欲望。愿意表现自己的学生急得都要站起来了，课堂积极参与的氛围越来越浓。这样久而久之举手回答问题的学生也更多了，我的心里也美滋滋的。

鼓励的作用毋庸置疑，对一个学生的积极成长，有着其他方法不可替代的作用，那么我想正确的鼓励方法应该是什么样子的呢？我们在教学中如何运用鼓励这一方法呢？我想可以从以下几个方面来做：

第一，鼓励一定要明确。教师对学生进行鼓励时，不要笼统地说"你很棒"或"你真行"之类的话，而应该对他的行为有明确的激励作用。如当学生把他认为画得很不错的画给你看时，你最好不要说："哇！某某，你画的画好漂亮啊！"而应该说："某某，你画的房子很特别呢！"或者说："某某，我注意到你画画很认真，花了很长时间才把这幅画画好。"至于这幅画漂亮不漂亮、有没有价值，就留给学生自己去判断吧。作为老师应该注意，不要对学生的作品随意地解释，因为不同于学生创作原意的解释，可能造成学生对自己作品的质疑，也可能造成学生因解释错误而感到难为情。

第二，鼓励强调过程，不强调结果。一句"好棒啊"或"好漂亮呀"的话，丝毫没有点出学生努力的过程，若能换句话，例如："这幅画从头到尾都是你自己设计画的呀！"不但肯定了学生的努力过程，也肯定了学生的能力，学生也会因此受到莫大的鼓舞，对自己也更有信心。

第三，鼓励应对孩子本身进行比较。教师应对学生本身进行比较，并明确指出学生进步的地方。学生画完一幅画给你看，你可以说："这幅画比上一次画得好，你把模特的眼睛画得很传神。"不要对他说诸如"你比某某画得还好"的话，这可能会增加他的自负，也可能给他带来压力，怕下一次画得不如别人。

第四，在自然的语调中表达真诚的鼓励。过于平淡或高亢的话语都无法传达真心实意。老师对学生的鼓励必须真诚、热忱，但绝不需要夸张的语言和动作。亲切温和的话语，温柔而鼓励的目光，会给学生以强有力的支持。

鼓励就像雨露，常经雨露的花会开得更艳；鼓励是帆，有帆的船儿能乘风破浪。我想我会在教学中不断总结鼓励对于学生成长的作用与方法，不断改进鼓励的方式和方法，让更多的学生在鼓励中燃起希望之光。

心灵的触动在科学探究活动中

韦杏婷

说起教育，我们小学科学教师的心中也有许许多多令人感动的故事。这些故事就像闪光的珍珠，点缀着我们科学教师繁忙而充实的教学生活，使我们平凡的教学生涯充满了欣喜和感动。

故事一

一次科学课上，我和同学们一起研究《听听声音》时，我结合小学生喜欢模仿的特点，首先安排孩子们模仿各种有趣的声音，看到孩子们那天真的表情和逼真的动作，我仿佛又到了童年，不由自主地和孩子们一起模仿起各种声音。当我提议让孩子用"我在……听到了……发出……的声音"的形式，描述我们刚才模仿的声音时，孩子们都踊跃发言。课堂气氛空前高涨。

为了让孩子们对声音有更多的认识，接下来我问孩子们关于声音还想知道什么？由于前面的铺垫，孩子们思维的闸门已被打开，他们结合自己的生活体验，提出了许多出乎我意料的问题。如有一个学生说：人是怎样发出声音的？问题一提出，孩子们四目相对，鸦雀无声。这时，我引导孩子把小手放在脖子处，说一句话来感受声音是通过声带的振动产生的。还有一位男同学提出：鱼会叫吗？还没等我讲解，孩子们就迫不及待地展开了激烈的争论。为了节约时间，也为了把科学探究延伸到课外，我让同学们在课外仔细观察，到时再汇报。

作为一名小学科学教师，在教学中深切感受到科学的严谨、神奇，促使我不能有丝毫倦怠和马虎。认真备课、上课、查阅大量资料，成了我工作和学习中必不可少的部分，无论有多忙、多累，只要一想起课堂上孩子们那一双双渴求知识的眼睛，再累再忙，我也毫不懈怠。

科学的力量是无穷的，学生的潜力也是无穷的，等待着我们去探索、去挖掘，我会和孩子们在这条探索的路上不断勇往直前！

故事二

在昨天的科学实验室里，我正在给六年级的孩子们上《考察家乡的自然水域》一课。孩子们在陆续不断地汇报自己在学校附近考察的一条小河水污染情况，汇报的气氛非常热烈。一位女同学说："小河里的水又脏又臭，让人不敢接近。"一位男同学说："小河边有许多白色垃圾和居民生活垃圾，使小河水变臭了。"接着有一位男同学说："小河边的汽车修配厂和万通浴池每天不停地把废水排到小河里，河水一天一天变绿、变白，河水里的小鱼都死掉了。"此时，有一位女同学情不自禁地说："小鱼可真可怜啊！"教室里孩子们争相发言的气氛立刻停下来。于是我让孩子们推想一下：为什么会出现这样的污染情况呢？孩子们开始在小组内你一言我一语地进行议论，不爱护环境、环境保护意识淡薄、居民素质不高……课堂平静的气氛又一次被打破。

我接着同学们的话题，顺便问了孩子们一个问题，在污染的河水中，河水里的小鱼会怎么样？孩子们异口同声地说："小鱼会死掉。"随后，我让每个小组的同学用肥皂水和清水做一个对比实验。实验一开始，所有的同学都聚精会神地看着小鱼的"举动"，一分钟、两分钟……时间一分一秒地过去，每一个同学都屏住了呼吸。然而当小鱼在肥皂水里游得越来越迟缓时，班里的同学都不约而同地喊了一声："快把小鱼捞到清水里吧。"这个声音喊的是那么及时，那么响亮。此时孩子们对小鱼的同情、怜悯，不忍伤害小生命的情感得以自然而真挚的流露。因此，在这样的教学情境当中，学生从观察的现象中受到了熏陶，从而激发了探究欲望。心理学家研究指出，探究的欲望是推动学生进行研究活动的内部动因，这就是说学生的探究欲望一旦被激发，就会对研究活动感兴趣，并以积极主动的态度和坚强的意志参与研究活动，并进行深入的研究。而我们的科学教师就要在学生探究科学的活动过程中，适时诱发学生探究科学的欲望，使孩子们在充分感受体验科学的同时，心灵得到升华。

课在继续进行着，孩子们仍在忙活着观看小鱼的"余生"，后来小鱼终于得救了。在这次科学探究活动中，孩子们受到了一次难忘而深刻的教育，他们的心灵触动无疑是巨大的，这种发自内心的情感体验，对孩子们的影响将是终生受益的。我们的科学教师在科学探究活动中，只有让学生大胆进行探究，孩子们才会真正领悟到学习科学的真谛，体会到学习科学的乐趣。孩子们也能亲身体会到生命存在的价值，懂得了热爱大自然，亲近大自然，珍爱生命的意义所在。正如孩子们续编的那首关于《生命之源——水》的小诗所说："因为有了你，小树才变得那么嫩绿；因为有了你，小鱼游得那么欢畅；因为有了你，我们人类才能生存下来；因为有了你……因为有了你，地球才变得这样美丽。"

选择了教师，就选择了一份以爱为主题的职业

黄帼贞

屈指一数，如今从教已有十二年，这些年的教学生涯，我与学生之间发生了许多真真切切的暖心故事，这里面蕴藏着浓浓的师生之情。

有位教育家曾经说过："教育如果没有爱，如同池塘没有水一样，没有水就不能成为池塘，没有爱就没有教育。"和孩子们在一起，肩上不仅背负着传授小小少年知识的重任，还肩负着育人的职责。一个关切的眼神，一句关心的话语，都能让孩子的心与你贴得更近一步，心育是育人之本。

记得是个周末，我接到学生家长的一个电话，和我反映她的儿子只想在家中玩计算机，不想上学了，说这个孩子还曾因为在家玩计算机旷了几次课，希望我能劝劝他。我感觉到家长对我们老师非常信任，我特别感动，心想一定要尽我所能地帮助这个孩子。

那天我把那名学生请到了我的办公室。这名学生的性格比较内敛，平时也不怎么合群，喜欢独处。我了解到他的家庭状况，父母陪他的时间不多，可他很需要别人去理解。我知道这样的孩子缺乏父母的关爱，也不爱与人交流，所以计算机就是他的精神寄托，计算机就是他的朋友。他只是需要多一点关爱。交谈时，我寻找和他谈话的突破口，那就是计算机。我和他只聊计算机，聊他的日常，谈他的生活，不谈有关沉迷计算机的危害，也不谈他的学习。因为计算机是他最感兴趣的话题，他从一开始就放下了戒心，开心地和我谈他的事情。"亲其师，信其道"。我们很愉快地谈了两个多小时，孩子愉快地接受了我的建议。谈话结束以后我联系了他的家长，与我深入长谈，告诉家长不是一次谈话就能够解决问题，平时需要他们付出更多的时间精力去陪伴孩子，让他慢慢摆脱对计算机的依赖，家长听取了我的建议对我由衷地感激。

后来，他再也没有出现因为在家玩计算机而出现逃学的情况。一切都在向着好的一面发展。

几年后，我收到了这个孩子寄来的一封很长的信。他考上了一所重点中学。在信中他提到了那次谈话，他写道："老师，虽然您对我逃学的事只字未提，但是我特别感谢您当年对我的耐心与关爱，我读懂了您眼中的爱。"

自此我常想，选择了教师，就选择了一份以爱为主题的职业。为人师，就要付出自己的真心实意；为人师，生活里便多了许多美好。"给学生一点温暖，学生就会给你整片阳光"，我们要做在学生心里播洒阳光的领路人！

言传身教，身教重于言传

郭宣彤

清晰地记得，我刚当上老师时，爸爸跟我说过这样一段话："以后你要更加注意自己的言行举止，你做了什么，孩子都在看，他们会跟着学，绝对不能误人子弟！"

他的意思很清楚，就是要我注重品行，言传身教。

刚当上班主任的时候，为了让学生能尽快熟悉学校的规定，我每天都拿着《入学手册》对学生滔滔不绝地重复"君子风范"养成十二项，时间久了，我发现学生很麻木，我在上面说，他们却在下面发呆，今天提醒过的事情，明天还会犯。我就想，或许在孩子心里，我讲的道理只是说话而已，听见了不一定等于明白了。所以无论我说多少，说得多有道理，孩子们也不一定能记到心里。而我平常的行为，才是他们喜欢模仿的，也是对他们影响最深的。我不禁回想起很多年前的一则公益广告：妈妈在外面忙了一整天，晚上回家不顾劳累，仍然坚持给年迈体弱的母亲端水洗脚，这一切被年幼的儿子看到了。当她拖着疲惫的身子回房时，儿子悄悄地去为妈妈打了一盆洗脚水，摇摇晃晃地端到妈妈跟前，一声"妈妈洗脚"……让人感动不已。这不正是身教的力量吗？

于是我恍然大悟，迅速改变策略。每天进到教室，我都会笑容满面地跟孩子们问好，排队、做操或者是放学的时候，遇到其他老师、阿姨和门卫我都主动跟他们打招呼，学生看见以后也会跟着我做，久而久之，孩子们几乎都能养成主动跟人问好的习惯。有的时候，我还会悄悄地观察孩子们在没有老师提醒的情况下，是不是也能主动跟人问好，结果发现大部分的同学都能做到。虽说不是每一个孩子都能做到，但是他们确实是比开学时进步了，这样的效果比我之前苦口婆心的说教要好上许多倍。

还有一次放学排队的时候，我看见教室门口有一张废纸便随手捡起来扔到了垃圾桶里，从那以后，班上有许多孩子看到教室或者是走廊有废弃物，都能自觉捡去丢。但让我最感动的，却是小杰。我还记得刚开学的时候，学校门口有很多人发宣传单，孩子们图新鲜总是伸手去要，结果不是用来折纸飞机，就是被撕得七零八落地丢在了地上，长长的人行道上撒满了被丢弃的宣传单。那天我带学生放学，还剩下几个孩子，我便让他们睁大眼睛在人群中寻找家长的身影。而就在我和孩子们四处张望的时候，小杰默默地蹲下身子捡宣传单。我当时在想：咦，他捡来干吗？难道跟别的学生一样用来折纸飞机吗？我刚想跟他说"脏，别捡了"，才发现这孩子把我们班等候区所有掉在地上的废纸、宣传单一张一张地捡起来丢到旁边的垃圾桶里。这时我的心里已经充满了感动，但是小杰马上又带给了我更大的惊喜。他看见班里其他几个孩子在旁边聊天，便发动他们一起把旁边班级的等候区也捡干净了。我看到以后真是有说不出的高兴与激动，脱口而出："小杰，你真棒！"听到我的声音，小杰立刻转过头来看我，这时小家伙才发现我一直在关注他。估计是我的表扬让他觉得很不好意思，他脸红地挠了挠头，脸上却绽放出了灿烂的笑容，他那水汪汪的大眼睛里流露出了开心与满足。送完孩子的我在走回办公室的路上一直深感羞愧，我一直认为学生只需要学会在家、在学校不乱扔垃圾，能把地上的废弃物丢进垃圾箱就足够了，街道这种地方自然会有环卫工人打扫。然而就是这样被我忽略的地方，小杰看到了，他真正做到了不论何地都能自觉爱护环境，我为他感到骄傲！

子曰："其身正，不令而行；其身不正，虽令不从。"言传身教也许是个古老的命题，但我始终坚信在学生的世界里，成年人尤其是教育者的榜样作用是不可忽视的。作为教师，自身的品行尤为重要。老师的思想、信念和道德，以及处世的态度、行为、仪表等方面，对学生的成长都产生着潜移默化的影响和教育作用，这种教育方式比批评、责骂与训斥效果要好得多。千万不要轻视言传身教的力量，在孩子面前，你就是他的榜样，他就是你的镜子。无声的教育最美。

君子之花悄然绽放

蒋 茵

　　我是一名美术教师，但担任班主任工作已经两年了，在当班主任的这些日子以来，和孩子们朝夕相处，每一天的工作都充满了神奇色彩，自己似乎就像是一个万能的演员，角色千变万化！有时候我是调解员，是朋友，是保姆，有时候我也可以是一名警察！

　　赞扬、奖励学生是我惯用的鼓励学生的手法，因此在我们班的教室里总存放着许多奖品，可渐渐地我发觉这些奖品正在悄悄地消失，真是令人十分抓狂，于是我着手于此案件中。首先我对孩子们表示出了明确的态度："老师发现班级里的奖品莫名地丢失了，如果有谁误拿了这些奖品希望他能悄悄地主动将物品归还，我既往不咎，否则我绝不轻饶了他。"就这样日复一日地等，大半个月过去了，我不仅没有找到嫌疑人，班级里的东西还在不断丢失，而我别无他法，也只能天天守在教室看看是否能找到蛛丝马迹。

　　一天早晨，我早早地来到校园，这时候校园刚开门不久，教学楼里的学生还寥寥无几，当我刚走到教室的窗前突然发现有一个身影在讲台下忙碌着，是峰同学正聚精会神地往自己的口袋里装东西！看到这一幕我又气愤又激动——心想终于被我抓到了！于是我二话不说大步迈到门前用力地推开了门，随着"嘣"的一声几乎是同时地喊出了"峰同学"三个大字，他当时被吓得跳了起来，"你在干什么！你手里拿的是什么东西，马上、立刻、迅速交出来！"面对我一系列的问题，只见他定了定神，表现出一种泰山崩于前而不乱的淡定感而说道："我没干什么，只是来看看。"便慢吞吞地将手里的东西递给我。我努力地压住心里的一团火，故作冷静地说："到我办公室里来。"到了办公室以后不管我是好说歹说，他就是一副油盐不进的样子，一直保持沉默，好吧，既然软的不行给你来硬的吓唬吓唬你！"既然你什么都不愿意和老师谈，那蒋老师只好将这件事转交给警察处理了，到时候要是查出什么来，连你爸爸妈妈都救不了你了！"只见他眼睛咕噜咕噜转了几圈，小手抓着两边的裤子，似乎立刻感到害怕起来，用很微小的声音央求我道："不要报警更不要告诉家长。""答应你可以，但是你要把事情交代清楚，不然你可别怪老师不心软啊。"他想了一想摸摸脑袋，就招供出以前的奖品都是他拿的事实，原因竟然是他看到别的同学得的奖品多他的少，加上他又很想回到家能够得到爸爸妈妈的表扬，所以才犯下了错误。

　　其实，站在孩子的角度上来说他并没有意识到这是一种偷窃行为，他只是想获得一些物质上的满足来填补自己内心的虚荣感，但没有想到他获得的方式不妥当。我冷静地思考了一会儿，心平气和多了，慢慢地对他说道："孩子，你知道吗，老祖先给我们留下了许多忠告，其中有一句是这样说的："君子爱财，取之有道。"它告诫后人取财必须要靠自己的辛勤劳动和汗水，不能走歪门邪道。我很理解你喜爱这些奖品的感觉，但是希望你能明白，想要得到奖品，必须得通过自己的勤奋和努力。俗话说一分耕耘一分收获，不劳而获的想法不是一个君子应该有的，相信你一定能够成为一名"取之有道"的小君子，对吗？老师会替你保守住这个秘密，不会报警，也不会将这件事情告诉你的爸爸妈妈和同学们，只是希望你能默默地改正错误，成为一名诚实守信的好学生。"听完这席话，我能感觉到他内心的变化，整个人也放松多了，眼眶里充满了泪花。只见他信心满满，决定痛改前非地对我说了一句："老师，我一定能改正错误，成为一名诚实守信的好学生！"

　　结案了，我的警察角色完美地谢幕了，班级里也恢复了往日的平静，但我还是习惯每天早早地来到教室与孩子们在一起，因为我生怕错过了见证孩子成长的每一个瞬间。也许教育需要的是陪伴、信任和鼓励，就让我们静静地呵护、等待吧，相信这些君子之花正在酝酿着属于它自己的力量！

播撒七彩阳光种植美丽春天

滕　云

　　我已从事了两年的小学美术课教学工作了，其中发生了很多的故事，有开心的或不顺意的。开始时是很不习惯的，因为很少会用粉笔、黑板画画，但是后来慢慢地和孩子们成为了朋友，课间看着孩子们兴高采烈地拿着自己的美术作品给我展示时一张张纯真的笑脸，就喜欢上了美术教师这个有趣的职业，望着学生们听课那明亮的眼睛和稚趣的图画，看着那童真的线条、色彩，我内心感到非常的欣喜。

　　课堂上，他们可以尽情地发挥自己的想象，展示自己的才能，用自己独特的眼光和不同的表达方式来展现他们脑海中的世界。让人高兴的是看到学生在课堂里快乐地学习，与他们交流天真无邪的想法，一起完成他们眼中的世界；更让人高兴的是看到孩子们在课堂中创作出来的优秀作品，很是欣慰。

　　记得刚入学的第一节美术课，我非常紧张，一进到教室望着一双双好奇的眼睛，与孩子们互相认识后一张张可爱的笑脸，自己的心情就轻松多了。因为学生第一次上美术课，对于任何新鲜的东西，学生都非常感兴趣。在美术教学中我发现许多学生在绘画过程中缺乏自信。作为一名美术教师，怎样让孩子们真正地获得自信，爱上美术课呢？除了在平时处处播撒暖人的话语、露出会心的微笑、投去赞许的目光，更重要的是，美术课上的内容能让孩子们喜欢。

　　在一节学做贺卡的课上，我让学生在亲手做的贺卡上写上给父母的祝词，回家送给他们。一下课一个小女孩儿害羞地跑到我的面前，把他亲手制作的贺卡递到我的手上，神秘地说"等会儿再看"便微笑着跑远了。当我打开那张他亲手绘制的贺卡时，一串大大小小的字映入我的眼帘："老师，您好。我很喜欢您的美术课。您画的画很漂亮！"虽然这张贺卡画的都是一些简单的图画，却是我收到的最漂亮的贺卡。

　　在我所教的班级里有个学生谈不上太调皮，但上课的自觉性很差，总是出些小状况，惹得其他学生老是告他的状。记得有一次我发现他的作业画得比平时认真多了，于是我拿起他的作业本向全班同学展示，并告诉同学们他的作业比以前进步了，认真了，希望大家向他学习。我发现那次表扬后，他上课也能认真听讲了，并且作业也一次比一次认真。这样的例子在我所教的班级中还有很多。可见，老师的鼓励对学生是多么的重要。所以作为老师，一定要多给孩子一些赞赏和鼓励，一句赞赏的话、一个欣赏的眼神有时真能影响孩子的一生。作为一名教师，还应该有耐心。对待学生应该像对待自己家里的孩子那样，当他犯错时不要一味地指责打骂，要认真地分析孩子出错的原因，找到孩子心灵的震撼点，让他们醒悟，并从此奋进。我要热爱每一名学生，关心每一名学生，做让学生满意的教师。

　　作为教师，要关心学生的点点滴滴，让每一名学生都健康、快乐成长，"撑一支长篙，向青草更青处漫溯"，那教室里放飞的是希望，那根粉笔画出的是彩虹，我希望手中的画笔，继续延续着我平凡的故事。

自信让美术课堂绽放

莫媛媛

　　每个人都有自信心，它是克服困难、继续前进的保证。作为一名普通的小学美术教师，我的工作虽然平凡，但也有令我印象深刻的故事。

　　有一次我在讲述"巧巧手"一课时，引导着学生展开丰富的想象，以手为原型画出各种图案。我在前面用彩碟布置了红、黄、绿、紫等几种颜料，并没有进行特别的说明，只是告诉学生如有需要可到前面取来用。此时，教室沉浸在一片喜悦自由的气氛中。学生们有很多的奇思妙想，有的以"手"为原型画出了两只争斗得面红耳赤的大公鸡，它们的大尾巴可真漂亮，红黄绿条条相间，五彩缤纷。还有的学生画出了一只只象征和平的白鸽，白鸽那洁白的羽毛就像学生那纯洁的心灵，那么美好。这时，我的视线中出现了一个平时在班里并不起眼的小女孩。她慢慢地走到颜料前，挽起她的小袖子，伸开小小的手，在她的左手上涂满了大红色，又伸出了右手的中指沾满了绿色。我走在后面跟她回到了座位，只见她把左手往纸上一印，有了一个红红的小手印。我迷惑了，不知她下一步要干什么。只见她又把右手的中指往红手印下一按，我恍然大悟，哇，好漂亮的一朵花呀！那红的花、绿的叶真是好看。面对这样的情景，我的心里泛起了一阵阵的涟漪，多么聪明的学生，多么美好的画面！我被深深地感动着。同时，我的心里也涌出了一种感觉——惭愧。当时我准备颜料只是想让学生做画面的点缀用，并没有想到可以用这种方法"画"出如此富有想象力的画面，我觉得自己身上的担子很重。作为一名美术教师自身的综合素质是多么重要呀！所以我们在上美术课时，既要准备好各种方案，又要善于激发学生内在的潜力。让学生进入艺术学习的前台，是对学生进行综合素质教育，提高学生的综合性创新能力。

　　还有一次，那是上学期刚开学的时候，我给一年级上课，为了对孩子们有个初步的了解，我让班上的孩子们自己画一幅自己最想画的画。孩子们一听，都兴高采烈地拿起手中的画笔画了起来。突然，我发现在教室的西南角有一个小男孩趴在桌子上，一动也不动。我走上前去问："你为什么不画呢?"小家伙睁大眼睛看着我，没有说话而是摇了摇头。我又问："怎么啦? 有什么问题可以告诉老师，老师可以帮你的呀!"小家伙这才开口说道："老师，我不会画画，我画得很难看。"我这才发现，原来是小小的自卑心理在作怪。我亲切地问道："你会画长方形吗?"我一边鼓励一边引导他,小家伙在纸上画了个长方形,我又问他这个长方形可以像什么,他说像公共汽车,我启发他把长方形添画成了公共汽车。然后,我又让他画了几个简单的几何图形。在我的启发下,他把各种几何图形都添画了出来。虽然他的作品看起来还很稚嫩,线条不流畅,颜色涂得也不均匀,可我还是夸奖了他。小家伙看着自己的作品,露出了笑脸。我告诉他:其实画画很简单也非常有趣,只要你大胆地画,简单地涂涂抹抹也能创造出美。从那以后,每次上课的时候我都会关注他。我发现他经常上课不带绘画工具,每次遇到这种情况,我都没有责备他而是让同桌的小朋友借给他绘画工具。上课的时候,他从来不举手回答问题,作业有时也拖欠。我知道,这还是他的自卑心理在作怪。要改变他的这种状况,必须培养他对美术课的学习兴趣,建立他的自信心。因为有位哲人说过:"自信心是每个人事业的支点,一个人若没有自信心,就不可能大有作为。有了自信心,就能把阻力化为动力,战胜各种困难,敢于夺取胜利。"针对这种情况,我在美术课上极力地关注他。每次创作过程中,我都给他鼓励,"相信自己,你一定能画得很好!""画得真不错!""你涂色涂得很漂亮!"……在美术课上我经常制造机会请他回答问题,当我给予他回答的肯定时,他都会露出一丝羞涩的笑容。经过一段时间的反复辅导和鼓励,小家伙体验到了成功的喜悦,渐渐地消除了胆怯害怕的心理,克服了他不敢下笔画画,不敢大胆发言的心理障碍。现在,他已经喜欢上了画画,喜欢上了美术课。

其实,每个孩子都是天使,他们都有表现美的双手,都具备学习美术的潜力。这就要求我们,在美术课堂活动中发现孩子们有缺乏自信的表现时,我们要及时引导,对他们多一些耐心,多一些鼓励,让他们在美术活动中建立自信。

美术课堂融入赞美教育

韦洁玲

一个会意的眼神，一个恬静的微笑，一句温馨的话语，一次亲切的抚摸，也许能让学生心中涌起一股暖流，留下一段美好的回忆，从而打开学生心灵的门户，激励他们昂扬向上，走向成功。

著名的童话家郑渊洁有一句"名言"：夸奖可以让白痴变成天才！虽然这话听起来有点儿夸张，但是细细想来，还是有一定道理的。在生活中无论是男女老少，听到他人的称赞之词，无不喜笑颜开，美在心中。

由此联想到我们的美术教育，在对待学生的问题上，尤其是当学生犯错时，我们常以批评为主要的教育方式，结果使学生形成了拘谨、缺乏自信的人格特征。新世纪的创新教育以学生的发展为本，这就要求我们必须和学生站在同一高度，以平和、平等的心态去面对学生，尊重他们，相信他们，关心他们。我们要积极实现自我角色的转换，使自己成为组织者、帮助者、促进者、合作者。要学会倾听、沟通，特别是当学生犯错时，不能"一棍子打死"，不妨换个方式，表扬他们做得好的地方，让学生自我反思自己的行为。在教学中，要多表扬，称赞学生应该成为我们的一种良好心态。

称赞的方式是多种多样的。既可以使用饱含深情的语言称赞，也可以使用丰富的体态语言称赞：会心的一笑，竖起大拇指，鼓掌或摸摸头，随手拍拍学生的肩。还可以使用任务称赞：让学生范画，上讲台展示等。

要做到和谐地沟通，赞美教育必不可少。它能有效地保障老师和孩子之间的交流顺利进行——怎样说孩子才会听，怎样听孩子才会做。

比如我的班上有个特别调皮不愿意认真听课的孩子。于是我用了许多方法来辅导他，可是都不见效。后来经过观察我发现"小捣蛋"从不喜欢画我布置的作业，可是想象力很丰富，能画出许许多多的外星线条，于是我就鼓励他说："画得真好，这个是飞碟吗？这是老师见过的最厉害的飞碟了，它充满了科技感。""小捣蛋"歪了歪头，冲我笑了一下。呵呵，我知道，我成功了，他终于接纳了我这个老师。于是我继续说："今天我们要设计一套未来的房屋，老师知道，如果你愿意的话，一定能画得很棒！对不对？""小捣蛋"眼里发光，得意地看着我说："那当然！"就这样，他第一次完成了我的作业，线条非常活跃，虽然颜色涂得不好，可是，我给了他一个很不错的成绩

"A＋"，他高兴地在班上展示着，我也笑了，我看得出他脸上的满足感和幸福感。

每一次当孩子们完成了一幅美术作品之后，我都这样赞美：

"我觉得这里画得最好，因为这个房子很特别。"

"我觉得这里涂色很均匀，也没有出线，不错。"

"这里的颜色搭配很逼真，像水彩一样。"

"神童！天才！画家！"

当然，其中孩子们也有调皮的时候，这时，我就去赞美他身边的人。为了也得到我的赞美，他们会马上表现出乖巧的一面，十分可爱。

赞美的结果是"小捣蛋"的美术兴趣与日俱增，观察力和想象力明显提高。期末他还参加了全国绘画比赛，这是我第一次看到他把一幅画给画完，并且认真地涂好颜色呢！

记得有一句家教名言是："孩子生长于赞美之中，他便学会了爱。"

当然，赞美不是盲目的，赞美的艺术是不可或缺的。

首先，及时地称赞学生。"孩子是捧大的"。积极引导和及时鼓励对一名学习暂时困难的学生而言是非常重要的。老师及时地给予称赞，会使孩子形成有价值的思想和行为。后进生往往很自卑，敏感，他们很在意老师和同学的态度。我们老师平时要注意观察他们的举动，努力发现他们的闪光点，只要有一点点进步就及时表扬，逐步培养其自信心，使其看到进步的希望，让其感到进步的乐趣，成功的喜悦。

其次，真诚地称赞学生。作为老师，应慷慨地给予孩子称赞，但同时要警惕称赞的滥用。表扬能增强孩子的自信心，微笑能增进孩子的亲切感，但是绝对不能让学生麻痹了这种表扬！称赞应是对学生特长或成绩实事求是的评价，赞扬也得有价值，要坚持"有思想的表扬"，不为表扬而表扬。要发自内心地给学生"拍马屁"，尤其在课堂上，往往要"自觉"地屡屡给他们送去"高帽"，让他们生活在肯定和认同的环境中，重拾自信。这才是真正的称赞。

再次，艺术地称赞学生。著名的特级教师王兰说："不是聪明的孩子常受表扬，而是表扬会使孩子更聪明。"表扬的话谁都会说，但如果运用不当，有时会适得其反，所以对学生的表扬要起到教育、激发、强化的作用，就应该讲究艺术性。

前两天我看了一个让我深有感触的故事：

"我一看就知道，将来你一定会是纽约州的州长"，一句普通的话，改变了一个学生的人生。此话出自美国纽约的一所小学校长。话语中的"你"是指当时一名调皮捣蛋的学生罗尔斯。小罗尔斯出生于美国纽约声名狼藉的贫民窟，这里环境差、充满暴力，是偷渡者和流浪汉的聚集地。因此，他从小就受到了不良影响，读小学时经常逃学、打架、偷窃。一天，当他从窗台上跳下时，校长将他逮个正着。出乎意料的是，校长不但没有批评他，反而诚恳地说了上面的那句话，并给予他语重心长的引导和鼓励。

当时的罗尔斯大吃一惊，他记下了校长的话并坚信这是真实的。从那天起，"纽约州州长"就像一面旗帜在他心里高高飘扬。在此后的 40 多年间，他没有一天不按州长的身份要求自己。51 岁那年，他终于成了纽约州的州长。

每个孩子都有他可爱的一面。我相信：我爱他们，他们也会爱我的，虽然还是会继续顽皮捣蛋。但是多夸夸他们吧！也许会有惊喜！

总之，在日常的教育教学中，我们不要也不能吝啬称赞。让称赞成为我们的习惯，让赞语成为我们的"口头禅"吧！

爱的约定

张　敏

"我们不能把学生当作没有思想、没有感情的被动的受管理者，而应该把他们当作有思想、有意志、有情感的主动发展的个体。成功管理的前提是尊重他们的意愿，尊重他们的人格，把他们当作实实在在的'人'，而不是驯服物。用孩子心灵深处的能源，去照亮孩子的精神世界，显然是最节省能源的方法。"

——摘自《班主任工作漫谈》

花了一个星期的时间，一口气阅读完了魏书生的这本书，原以为这本书仅是针对班主任工作教育教学的书，却不曾想到其中的内容入情入理，言辞恳切，更蕴含了深刻哲理。更多的是它带给我许多启迪，留给我许多思考。

对于刚刚踏入教师行业的我来说，在凤翔的这一年，是我收获与成长的一年。凤翔的孩子带给了我很多东西，他们让我笑过，让我偷偷地哭过，也让我感动过。在孩子们的成长中，我也逐渐成熟起来。我感谢他们，是他们让我在懵懂的教学生活中感到了快乐和满足，是他们让我有了成就感。

在这些孩子当中，给我印象最深的是一个小男孩，他曾带给我不少"麻烦"，让人烦忧，让人恼火。他是最与众不同的，他就是学前3班的然峰。

上课时，他喜欢与他周边的孩子讲与课堂无关的话，课堂内外老是听到他叽叽喳喳的话语，他喜欢带动四周的孩子做"手工"，喜欢上课吃零食，喜欢下午来学校睡觉，让我怎么也没想到的是他坐得端端正正的也能睡着。下课了，他喜欢四处乱跑，喜欢去玩消防栓。课堂上的无所事事，课后撒欢似的乱跑，每次看着他那样，刚开始不断地提醒，可越到后头他越不理你，以致于我上课的劲头一下全没了，真想上前把他拽到外面去，但是我细一想不能那样做，所以我试图酝酿一个能让他主动融入班集体的办法。

这个孩子本质并不差，他知道自己身上有很多的坏毛病，但他总不能克制自己。我知道后，私下对他说："然峰，咱们两个来个约定，好不好？你是聪明能干的孩子，只是呀，有些坏毛病影响了你，你也想当班级里的第一名，对不对？"他很爽快地答应了。上课了，他的注意力明显要比以前集中，我能看出他在寻找机会，由于他一直没有参与的习惯，还很不适应，但这节他一直在努力改变自己，甚至于能够举手回答问题了，得到了我的表扬后，他越加积极主动了，不仅能按时地完成作业，书写越来越工整了，还慢慢地能够参与课堂。我经常给予他鼓励，慢慢地我发现他身上的不良行为习惯在一点点地得到改正。

过了一段时间，他的吊儿郎当的习气收敛了不少，反而对我多了一些尊敬和感激。每天放学后他总会留在学校等五年级的姐姐放学，自从我们有了约定后，他会在等姐姐的同时帮助我打扫教室的卫生，摆放整齐教师的课桌椅。有一天，他拉着我的手，眨巴着眼睛歪着头对我说："张老师，我很喜欢你，也喜欢上你的课。就是有时管不住自己，所以经常惹你生气，我知道，你让我改掉毛病有点儿难，但是我会努力的。最后偷偷告诉你，虽然你严厉时像一头母狮，但温柔起来像妈妈！哈哈！"得到他如此评价，所吃的苦、所受的气就像一缕轻烟被微风吹散了。

在所谓的"捣蛋鬼"的心灵深处，你给他一粒温暖而充满信任的爱的种子，它一定会生根发芽开花结果。他不需要华丽的语言、不需要精美的礼物，只不过是期望我们用一颗普通的爱心给足他爱和关注，给足他鼓励和肯定。

故事还有很多，40个孩子，每天发生着不同的故事，每个故事都是我一笔宝贵的财富。最后，我想用一首诗歌来总结我的感受："有一种态度叫享受，有一种感觉叫幸福。享受着教育幸福，你就多了一双发现的眼睛；享受着教育幸福，你就多了一份快乐的心情；享受着教育幸福；你就多了一股创造的激情；享受着教育幸福，你就多了一种生活的诗意。假如你能从平凡中品味出伟大，从失败中咀嚼出失败的成就，你会惊奇地发现，幸福无时不在。"

我相信，用自己的心去爱每一个孩子，那么我们的心和孩子的心会一天天地靠近，幸福的感觉每天都在享受。曾有人问过，爱，究竟是什么？在我看来，或许爱不是索取，不是交换，它是付出，是给予。

关爱与认同伴孩子成长

黄兴官

作为一名年轻教师，教学工作与班主任工作应该是齐头并进的，在教学工作上，我兢兢业业，力争上好每堂课，无愧于每名学生。面对教育工作，我也丝毫不敢懈怠，在学校工作的这两年里，时常有一些让我感动的故事发生，也许面对我的学生，我只无意中的轻轻一扶，无心中的微微一笑，我的那群可爱纯真的学生，却让我有着意外的惊喜，这些惊喜也是对我做老师的一份无价犒赏。

在这短短的教师工作生涯中，我最深的体会是鼓励是认同别人的一种重要方式，学生在成长过程中，有的受鼓励多一些，被人认同成功感容易满足，往往容易取得进步；有的受批评多，特别是一部分缺点多的学生，不管在家里还是在学校，可以说极少获得表扬，久而久之，失去了上进心和自我认同感，缺乏自信心，转化工作就难做了。这时候，作为老师的我们一定要注意拿起鼓励这个有力的武器，帮助学生树立自信和自尊，使其性格和人格回到正确发展的轨道上来，因为学生缺少的正是关爱与认同。

比如我所带的年级里，有名学生，他的智商不是很高，在班级里比较受歧视，同学喜欢拿他逗乐，时常取笑他，他总是在大家的哄笑声中红着脸低着头。为了不再让他受到同学的歧视，我开始有意无意地在班级里帮助他。记得有一次班长因请假无法去开每周一次的班长例会，我想这是个机会，于是点名让他代替班长去开会，并要他带本带笔做好记录，回班级后要把开会的主要内容传达下去。听完我分配的任务他很意外，但我分明看见他眼睛里的惊喜，二十分钟后他回到教室，他看着我，好像不知所措，我示意他上讲台去传达会议精神。全班顿时发出一阵笑声，我知道大家一定在想他怎么可能传达得清楚呢，老师真糊涂，怎么能让他去开会呢！我看见讲台上的他有些为难，似乎不知道从何说起。于是，我对着全班同学说："我们首先感谢这位同学牺牲自己的宝贵时间去代替班长开会，请大家为他的牺牲与奉献鼓掌。"台下发出了热烈的掌声，他似乎有了些勇气，我继续鼓励他，说："请你把今天开会的主要内容向大家传达一下。慢慢说，你一定能说好！我相信你！"我发现他一直用我不曾见过的眼神注视着我，似乎我给了他无限的力量，他终于开口了，虽然还是言辞模糊，甚至有些词不达意，但总算把话说完了。我示意大家给点掌声，这时班级又给予了雷鸣般的掌声，他脸上终于绽放出了笑容，这是我见过的最美最真诚的微笑，让我久久难以忘怀。更令我想不到的是这件事后他给我写了张字条，说谢谢我，从来没有人这样重视过他。

从这件事上我发现了老师应善于鼓励学生，对学生只一味地批评、指责、训斥，学生容易自我否定、自卑，甚至还会学会撒谎，做出逆反的敌对与反抗行为。作为一名教师，应注意从正面、积极的角度去审视学生，要善于发现并捕捉学生身上的闪光点，适时给学生一定的鼓励，可能效果更好。

总之，老师应真正有爱心，理解学生，尊重学生，不要吝啬你的鼓励，这样你才能从中感受到教育感化人的真谛。

理解学生，做学生的知心朋友

杨　朗

记得那是一节体育课，教学内容是：篮球，复习行进间投篮。

上课铃声响起，同学们像往常一样很快地站好队，我宣布了上课内容，这时班里唐明光举手说道："老师，我肚子疼。"凭着多年的教学经验，我看出这名学生是在"装病"。如何处理？我当时很冷静，因为我知道这件事，如果处理不得当，势必会产生非常不好的副作用，出于这个目的，我说："这样吧，你先到篮球场旁边休息。"他默默地走到篮球场旁边坐下。这时，我想这种情况如果不加以控制，在以后的教学中此类的事情会越来越多，将来有可能达到不可收拾的地步，如何做呢？我带着学生一边做准备活动，一边思考着这个问题。学生们对这个问题也表露出一些自己的看法，因为有人在窃窃私语，我听出来的意思是：上节体育课学习的"三步上篮"，他就没有学会，是不是怕大家笑话他呀？我突然想起上节课学习"三步上篮"时，他就没有掌握这个动作，我当时还批评了他，是不是当着全班学生批评他，伤害了他的自尊心？一种内疚感从我心里涌现出来。如果是这样，我应该如何弥补呢？

一切活动都按部就班地进行着，学生们"三步上篮"的动作越来越正规，越来越合理，越来越接近实战。可我心里还一直惦记着那个大家"遗忘"的同学，我不时偷看着他，通过他的表情，我能感觉到，他有一丝丝的自卑感，而我越来越感到自己上次课处理问题的不得当。这节课，绝大多数的学生通过练习，都能够比较熟练地运用"三步上篮"这项技术，按说应该是很好地完成了教学目标，但是，我上次课处理问题不得当，导致一个学生对体育课有可能产生了厌烦，也许影响到他的一生。我决定不能再耽搁了。安排好学生自己练习，我来到了那名学生面前，下面是我们的一段简短的谈话。

师："怎么样？肚子好点儿了吗？还疼的话，赶紧到校医室去看看。"

唐同学支支吾吾地说："老师，其实我肚子根本就不疼。"

我试探着问他："那你为什么不去上体育课呢？你不喜欢篮球吗？"

他挠挠头说："老师，'三步上篮'我学得不好，我怕同学们笑话我，还有……"

我一下子就明白了他的想法，还是在"想着"我上节课对他的批评。他又接着说："我回家后还让我爸教我着呢。可还是做得不熟练，不敢做。"

"你看这样好不好，老师跟你一起到篮球场上，你做一次，让老师看看可以吗?"我一边说着一边用手指着楼侧面的一个篮球场,班里的学生基本看不到那个篮球场上的情景。他欣然同意了我的提议。

我们来到了篮球场上,他做了一次,动作还是掌握不太好,但是明显比上节课好多了,我鼓励他再来一次,第二次又有了很大的进步,我又针对他的问题对他进行了专门的辅导,他的动作好多了,基本能够独立完成了。为了激发他的斗志,建立起他在同学之间应该有的信心,我对他说:"你的动作没有什么问题,就是再熟练一点儿就更好了。一会儿,你敢不敢在大家面前做一次?""老师,我还是怕出问题,怕同学们笑话我。""这样吧,你再练练,如果你感觉没问题了,就去做,怎么样?""我试试吧。"

我来到大家面前,把大家召集起来,简单地把这个学生的心理负担说了说,跟大家商量出一个办法。一声哨音,大家集合起来,那个学生也回到了队伍里面,我简单地总结了一下刚才学生练习的情况,提出了一些改进意见。学生们接着练习,轮到那个学生做动作了,他犹豫了一下,在我眼神的鼓励下,他终于运起了篮球,一个还是比较生疏的"三步上篮"展现在了大家的面前,他还没有反应过来,全班同学都用力地鼓起了掌,这也是我刚才跟大家商量的一个对策,他不好意思地拿到篮球,回到了队伍里,接下来的练习,我和大家好像忘记了那个"蹩脚"的"三步上篮",忘记了那个"生病"的学生。

下课了,看到同学们满头大汗地离开了篮球场,我心里非常高兴。我的结论就是:理解学生,做学生的知心朋友。

理解与信任

李钰谦

体育课上，学生处于积极活动的状态，情况多变，学生的思想、行为也随着变化。在教学指导过程中教师要善于观察学生的各种表现，抓住苗头，抓住倾向，因势利导，有针对性地及时进行鼓励表扬或批评，以达到育人的目的。及时地教育引导，杜绝不良现象，有助于学生维护集体的荣誉和利益，以建立一个和谐、团结互助的班集体。

在一次三年级的体育课上，我准备的上课内容是快速跑。上课的时候，发现有几名学生的手上还提着橡皮筋。说真的，每次我都和学生强调，上课要有上课的纪律，不能做与上课无关的事情。可都已经集合了，为什么他们还不能放下手上的东西呢？我心里面很不高兴，真想好好地训斥那几个同学，以树立自己的威信。可这样一来，学生还能够很好地完成这节课的教学任务吗？这个时候，我选择的是理解。"同学们，你们这段时间是不是特喜欢玩橡皮筋啊，看，我发觉有的同学为了这个都已经不怎么听老师的话了！"一句话，把所有学生的目光都集中了过来。"那好，老师这节课就上一节游戏课——趣味跳跃。"话音刚落，下面一阵欢呼。看来，他们已经对这节课产生了极大的兴趣。

这样一来，我想这节课的教学任务应该是可以圆满完成了，不是吗？毕竟，小学生的自尊心特别强，当着众人的面对其指责与数落，只会让他更加反感，由此产生叛逆的心理。现代的教学理念，更多的是贴近、鼓励和信任，这样的师生关系才会融洽，才能更好地组织教学，才会在相互理解和信任的环境下实现教育目标。

努力地做好每一件事

许 敏

"把每一件简单的事做好就是不简单，把每一件平凡的事做好就不平凡。"这是海尔集团总裁张瑞敏说的一句话。对于我而言，无论在生活中还是工作中，我都努力地做好每一件事。

我在教育行业中担任体育教师只有短短几年时间，我的教学都是在摸索中前行。学校跳绳队的孩子们为了代表学校参加比赛，训练非常积极，但成绩提升缓慢。慢慢地我观察到孩子们在跳绳时间后半段耐力和力量跟不上，于是我按照训练常规给他们每天加大训练量，要求晨练围绕学校田径场跑三圈，甩绳三组500次。任务布置第二天，一个高年级孩子对我抱怨说："老师，跑三圈好累！"接着又一个低年级孩子上气不接下气说："老师，第三圈时我都跑不动了。"听完孩子们的抱怨，我开始反思教学方法是不是有什么地方不妥。经过反复思考后，我发现给孩子们制定的目标过大，他们需要花费时间和精力，中途就会很容易放弃。如果制定小目标，短期就可以轻松实现，实现一个小目标之后，再制定一个新的小目标，如果能实现一个个小目标，最终就能真正地实现大目标。于是我让每个孩子根据自己的情况制定小目标，比如"自己可以跑200米，设定下一个小目标为完成250米跑，甩绳每次只能完成150次，小目标就设定为完成200次。"

孩子们通过不断积累成功提升了自信心，也让我感受到做教育，要用心地去观察，善于反思，把每一项最基本的工作做到尽善尽美。

为教育梦筑力

黎　莎

大家都在讨论中国梦。我认为，实现中华民族伟大复兴，就是中华民族近代以来最伟大的梦想。"中国梦"是强国之梦，是富民之梦，是复兴之梦，要实现"中国梦"，首先要实现"教育梦"，"教育梦"是实现中华民族伟大复兴这一"中国梦"的基石。

——习近平总书记阐述教育梦

走上三尺讲台一直是我从小到大的梦想，讲台即是我的舞台。我很幸运，刚毕业即走上了我的舞台，一直从事教师行业至今已有八载，在我的教学生涯当中充满着酸、甜、苦、辣，但是我都把它们当成是我最宝贵的人生财富。今天我想和大家聊一聊我的教育故事。

故事发生在一节关于三年级学生对于韵律操编排的课上，在热身环节，我安排学生分成四组，进行接力赛跑的游戏。我讲明了游戏的规则和要求后，比赛正式开始了，比赛过程中，各小组你追我赶，每个小组都不愿意落后，很快，比赛分出了胜负，我决出了一、二、三、四名，转身打算准备下一个环节的课程。这时，一个名次倒数的小组发生了激烈的争吵，我急忙跑过去，只听到：

学生 A：都怪你，要不是你长得胖，跑得慢，我们苹果队就不会输。

学生 B：就是啊，没有你，我们能拿第一名！

学生 C：得啦，准备开始比赛了，吵什么吵，再吵你去别的组。

学生 D：（委屈得落泪哇哇哭了起来）都怪我，那我以后再也不玩了，不参加体育课的比赛了。

……

我一听就明白了是怎么回事。本想大声呵斥他们吵架及埋怨队友的行为，但是转念一想，这个方法肯定行不通，我得以理服人啊。我灵机一动，想到了一个方法，我让第四名的小组围成一个圈，伸手出来大家握在一起，唱团结就是力量，我带头高唱："团结就是力量，那力量是铁，那力量是钢，比铁还硬，比钢还强……"学生跟着我唱起来，那两个前面埋怨的小朋友看着我的眼神，我对他们会心一笑，他们不好意思地摸了摸脑袋。那个跑得慢的学生扑通就抱着我，更委屈地哭了："老师，我不是真的想跑得慢，我是真的跑不动，我很努力了。"此时此刻，我将心比心，蹲下来对他说："老师知道的，没关系，我看到了你的努力，而且我相信，今后你会在黎老师的指导下跑得越来越快。"他释怀一笑，感觉老师理解了比什么都重要。在前面处理的过程中，我将一场可能发生的"战争"就这样悄无声息地平息了。对于学生在交往中发生的摩擦，很多老师如临大敌，其实大可不必。老师应该学会分析，不要轻易地发表你的评论，通过转移注意力，通过共同关心的话题，化冲突或摩擦于无形，通过老师自己的行为使学生受到启发，受到教育，这是教育的理想境界，也是老师追求的。我领悟到了，教育其实就是润物细无声的春雨。

故事还没结束，课堂接下来进入了主教材韵律操的编排环节，学生有秩序地分成了四个大组，每个小组选派了一名组长，组织协助学生自行编排韵律操，我从旁巡视指导。今天这个是新授课的内容，我担心学生在编排上不能很好地完成，所以我每个小组都花了了很长时间仔细指导。在指导的过程中，我忙前忙后，分组、教学生怎么站位、音乐怎么播放、队形应该怎么排列……但是之后，我发现好多学生对这个环节不是很感兴趣，我产生了疑惑，将一个组的小组长拉到了一边，问为什么你们没什么激情。组长无奈地说："老师，你全帮我们组织安排好了，我们现在只是根据你的想法在跳，我们根本没有发挥的空间。"噢，我恍然大悟，是啊，这节课不是学生的自编环节吗？我却为学生安排好了一切。我突然意识到这做法不对，我让学生重新开始编排自己喜欢的动作。他们一下子兴奋了起来，一二三四、二二三四……你指挥我围圈，我安排你蹲下，各个花样造型跳起来。我顿时心里五味杂陈，是因为我低估了学生的学习能力，一直不敢放手，其实，孩子们的想法天马行空，比我们想象的更厉害。今天，他们的确给我上了一节教育课，老师和学生思维方式也不一样，学生有很强的创新能力，不同的环境，不同的老师，同一个学生的表现就有可能不同。我们自己天天喊创新教育，我们应该给学生建立自主、合作的关系，而自己却习惯于墨守成规，担心学生这个做不到那个做不好；天天说体现学生的主体作用，自己却事事替学生包办。我们很累，效果却差；当我们能勇于放手，将课堂还给学生，把学生真正当成课堂的主人，反倒有意想不到的效果。

三尺讲台虽小，但是我仍无悔坚持我的教育梦。虽然教育学生的道路上，我们还任重道远，但是我会在今后的教育路上筑梦前行。作为一名人民教师，只有爱自己的学生，像爱自己的孩子，尽情欣赏学生的创造，才能感受人生的幸福。而作为一名21世纪的人民教师，只有勇于进取，不断创新，才能赶上时代的步伐，培养更多优秀的学生。

我喜欢横着跑

魏小方

在一节一年级体育 30 米快速跑的教学课中，学生们正摩拳擦掌，斗志激昂地准备比赛。学生们上了跑道，我组织好队伍以后，比赛开始了。"加油，加油"，助威声此起彼伏，学生们个个争先，技术动作也比以前好多了，一轮比赛结束，有的为取得胜利手舞足蹈，有的为失败而沮丧不已，我抓住时机，让学生思考：怎样才能跑得更快。学生开始讨论，有的认为摆臂姿势很重要，有的认为步子要迈大一点儿，有的认为……气氛非常热烈，教学效果非常好。

"老师，我能不能横着跑？"一个稚嫩的声音在我耳边响起，随之而来的是学生们哄堂大笑。

"这不是捣乱吗？"我纳闷了，循声望去，一个男同学正满脸疑问地看着我。原来是第一轮小组赛跑最后一名的张民同学。

"为什么要横着跑？"我装着一点儿不生气的样子，耐着性子又问了一句。

"我喜欢横着跑。"张民理直气壮地回答，"有一次我抓螃蟹，螃蟹是横着跑的，而且跑得很快，抓了很长时间才把它抓住，螃蟹既然能横着跑，那我为什么就不能横着跑呢？"又是一阵哄堂大笑。

"咦，怎么有这种道理？"我暗暗发笑，觉得无可奈何，不知如何是好，忽然灵机一动，有办法了，说道："同学们可能觉得张民同学的想法很好笑，但是老师觉得他很聪明，平时很注意观察，我们的确还能横着跑，接下去，第二轮比横着跑，我们先请张民同学给我们做一下示范。"大家鼓起掌来。张民走出队伍，侧身对着跑道，像小螃蟹一样张开双手开始示范，虽然跑的动作看上去有点儿古怪滑稽，但确实挺快的，其实他的动作就是篮球训练中的滑步动作。大家不由自主地模仿他的动作练习起来。

第二轮比赛开始了，比第一轮还要激烈，想不到学生们对这种怪异的跑法还挺感兴趣，但是由于动作不协调，跑的动作令人发笑，有的还跑成交叉步。而张民成为小组赛的冠军。

"同学们，老师还想让大家思考一个问题，到底哪一种跑法最快？"比赛结束后，我又给学生出了一个问题。

学生们三三两两地聚在一起开始讨论。片刻之后，同学们自发地组织比赛，大多数采取两个直跑、两个横跑的形式。我特意观察金良这一组，张民在两次横着跑的比赛中都是最后一名。结论可想而知，大家觉得直跑是跑的最快的动作。这时候张民躲在队伍的最后，低着头，他也觉得横着跑不是最佳的方法。有几个同学开始嘲笑起他来。

这时候，我微笑着说道："同学们，今天我们学习了快速跑的动作，也知道了跑得最快的动作。但是，我们还应感谢张民，他让我们有机会学习了横着跑的动作，这也是一种跑的方法，在篮球和排球比赛中需要用到。如果没有他的创新跑法，我们还学不到这种跑法。所以，老师希望同学们以后在学习上敢于创新，敢于发表自己的看法。"

此时，张民脸上流露出的是洋洋自得的神情，学生们也投去羡慕的目光。

从那以后，我意识到作为一名称职的体育教师，应该善于观察学生的学习情况，正确、恰当地处理课堂上由创新或奇思妙想而出现的希奇古怪的现象，这是一种技能或是一门特殊的艺术。它需要教师有耐心和爱心，其次是要研究应对的方法和艺术，不要轻易地把学生行为定格为捣乱，更不要大发脾气，应沉着、冷静、灵活、机智地对事件进行有效的调控，变不利为有利，多加鼓励，并给予必要的启发及指导。这样既不伤害学生的自尊心，又能恰如其分地把各种技能传授给每一名学生。

让学生都能成为课堂中的小主人

区雁燕

　　时间过得很快。转眼间我已参加工作五年了，回忆这五年的教学工作，有很多的故事和快乐。在教学中所要面对的事情太多，有时候也很复杂。这几年的工作过程中也学到了很多专业的知识，积累了一定的工作经验，借此机会和大家一起分享一些我的教学经验。

　　小学阶段是性格形成的关键期，作为体育老师，我们应在教学中培养孩子良好的性格，使他们在生活中、学习中乐于交往，兴趣广泛，与人和谐相处和积极进取。如在体育课中的分组练习，时常会发现有个别学生不愿参与到小组的练习中，那么老师就要到小组中指导练习，并不时地过问该小组每个成员练习的情况，及时表扬表现好的小组与鼓励相对差一点的小组成员，让学生增添荣誉感和自信心。此外，还可创设小组的游戏比赛，让学生在愉快的气氛中与同伴打成一片。相信这样日积月累，持之以恒，能帮助孩子们培养起良好的性格。

　　其实体育课的课堂纪律不像语、数、外那么理想化，在课堂上需要学生动起来，然而又要动中有序。我们要根据每一个班的学生情况，采取不同的上课方式，这就是我们所说的上课要备学生了。记得那是一节三年级"跳长绳"课，这一节课我先复习之前学习的短绳，再学习新内容跳长绳。我让学生有一个过渡，学习"跳长绳"时首先是提问哪些同学会跳，然后让会跳长绳的同学示范一下，我再简单讲解跳长绳的动作要领，接着就让学生分组练习了，按照课堂常规我把全班分成两大组，一组男生、一组女生进行练习。我想孩子们应该可以愉快玩起来，练习起来了。在我巡视的过程中我发现有一些孩子慢慢提不起兴趣，三三两两地就开始玩起来了，我在想这些孩子不喜欢跳长绳吗？平时不是对短绳很感兴趣的吗？于是我找这些同学过来谈话，问一下原因。同学们告诉我："不会跳，怕同学们笑。"我恍然大悟，原来是我忽略了这个班的学生是比较内敛且刚开始接触跳长绳内容，全班会跳的同学不多，不会跳的同学想跳但又不敢跳，跳了又怕同学笑，所以这一些学生干脆就不跳自己玩自己的去了，失去了学习的动力，慢慢地孩子们看见一些同学不练习，大家也开始失去了兴趣，最终导致这一节课教学的失败。这节课给了我很大的震撼，课后我写了教学小结与反思，认为这节课出现以上的情况就是因为我没有充分备课，没有全面地考虑学生的实际情况，没有区分会跳的与不会跳的学生的练习。在这一节"跳长绳"课中讲解示范后我应该先组织小组练习，让学生自己找自己熟悉的小伙伴三人一组先利用短绳练习，这样在自己熟悉的伙伴面前不会害羞，能够比较大胆地展示自己。等孩子们基本掌握动作要领后再过渡到长绳，然后再根据不同能力的学生编排不同能力的队伍，学生也可根据自己的掌握情况到自己想练习或想挑战的小组中进行练习，这样课堂气氛就能活跃起来，从而激发学生学习的积极性。课堂上如何让学生变客为主，体现学生的主体作用，如何使不同的教学方法与手段让教师的教和学生的学融为一体，从而使教学达到事半功倍的效果，这是我们每一个老师都值得思考的问题！

通过这个教学小故事，我更加深刻地明白了教师在教学中应尽可能地为学生提供自主学习的机会，同时不能忽视学生的需要与情感体验，要使学生在教师的指导下潜移默化地培养自主学习能力。同时，教师要根据教学内容与学生的情况设计教法，让学生感到新、奇、乐，从而巧妙地激发学生的学习兴趣，让学生在学中玩，在玩中健身健心，培养学生大胆交往、健康交往的能力，让学生都能成为课堂中的小主人。

然而，在教学育人的道路上，我们应该多一些宽容，少一些心灵的隔阂。多一份宽容，就多一份理解；多一份信任，就多一份友爱。我们要在育人路上给孩子们创造一个宽容、理解、信任的环境，孩子们定会还给我们一个个耐人寻味的故事。

220

养成爱护环境卫生的习惯

容向军

在小学阶段进行日常行为规范的教育和训练是十分重要的，因为小学生具有很强的模仿性。从学生成长发展的心理特征分析，他们年纪小，自制力弱，处在世界观、人生观、价值观形成的关键时期，如果抓住时机从小重视进行行为规范教育，使他们养成良好的行为习惯，那么就为他们的人生发展奠定了一个坚实的基础。

开学不久，我发现一个现象，早餐用餐时教室里满地是纸屑，我利用班会课对学生进行爱护环境卫生的教育，但好景不常，一两天后，每到中午时教室里又是满地纸屑。我苦思冥想，认为行为训练要落到实处，结合我校开展"君子养成十二项"人人争做谦谦小君子等活动，进行切实可行的行为训练。

具体做法一：加强十分钟劳动的力度。人人设立岗位，对地面、墙壁等做到每天清洁，每人承包 1 平方米的地面，不丢纸屑，不画桌面，在劳动实践中体验感悟，窗明几净的教室会给人以"家"的感觉。

具体做法二：教师身体力行弯腰拾纸屑。上课时，只要同学不小心把学习用品丢在了地上，老师便做有心人，来到这名同学身旁，弯下腰为其拾起，这时同学都会感激地说："谢谢老师。"课间同学们在走廊里休息或者中午吃饭期间，只要见到地上有纸屑，都会弯下腰拾起纸屑，走到废纸篓前丢掉。有时同学见到老师会有条件反射。

具体做法三：反复训练，养成好习惯。为了让同学们做到爱护环境卫生要像爱护居室一样，我刻意创设这样一个情境：教室里，笤帚横在地中间，纸屑满地都是。同学们广播操结束后，走进教室，有的跨过笤帚，有的用脚把笤帚踢到一边走过去，有的只当没看见，有的弯腰拾纸屑。针对这四种现象，我让同学们展开讨论，谁做得好，为什么。

通过反复训练，反复讨论，同学们明白了：爱护环境卫生靠老师一人或几个同学的努力是不行的，应该人人有责，并成为自觉行动。要真正做到爱护环境卫生就像爱护自己的家一样。

展翅高飞的金凤凰

甘原芳

接到学校要参加舞蹈比赛的任务，我非常惊讶，这次比赛的准备时间短，任务重，我在琢磨着是用学习舞蹈参加比赛呢，还是用我们学校文化创编一个舞蹈呢？我在不断地纠结，最终决定用比较有特色的瑶族舞蹈《打蓝靛》展现我们的民族文化。虽然说是学习舞蹈，但是对于四五年级的孩子来说是有难度的，我深知一个成熟的舞蹈需要经过长时间的磨合和创编动作才能成型，而且成功的舞蹈是有故事的，而我们只有一个月的时间，排练的时间短，任务重。最主要的是舞蹈需要的道具比较复杂，而且制作的过程复杂，难度较大。

在接下来的两天时间里，我、李老师还有许老师像是与时间赛跑一样，马不停蹄地学习动作，剪辑音乐……上天不负有心人，不仅把音乐弄好了，还把比较有难度的动作编排好了。经过我们三位老师不懈努力，终于把舞蹈编排好了，接下来就可以开始正式排练！

"叮铃铃……"上课铃打响了。这节课是舞蹈排练时间，金凤凰舞蹈队的孩子来到了舞蹈教室，看着这些中年级的孩子信心满满的样子，我们也充满了自信，但是在教的过程当中，还是存在很多问题，虽然她们都是中年级的孩子，但是在舞蹈韵律上并不能很好掌握，我十分担忧，担心这短暂的时间里她们学不完动作，而且在应用道具上会出现很多的问题。于是我们制订了一个排练计划，十天时间内，前一个星期学完舞蹈动作，一天对上音乐，接下去两天时间完善动作，最后十天不断磨合动作和使用道具。在排练过程中，孩子们很努力，每天坚持用半天的时间参加舞蹈训练。炎热的夏天让孩子们湿透了衣服，通过不断练习，孩子们有了较大的进步。在一次次的排练一次次的表演中孩子们找到了自信，在即将比赛的前一天，一个孩子坚定地和我说："我们是学校的小凤凰，我们一定会变成大金凤凰的。"孩子很自信的表达让我感到十分欣慰，我相信孩子们一定会取得好成绩。

在比赛中孩子们表现得十分精彩，最后取得青秀区第一名，还代表青秀区参加了南宁市中小学生第十八届艺术节舞蹈比赛，并荣获金奖的好成绩，我为孩子们感到骄傲！同时非常感谢学校领导对这次舞蹈比赛的关心与大力支持。

让爱伴君子同行

许琳欣

班主任工作辛苦、烦琐而又充实。在班级管理事务中，在与孩子们相处的过程中，除去学习，除去纪律，这些孩子都是无比可爱的，与他们相处的过程是一个倾注真情，展现智慧，深入思考的过程。

说到教育故事，一个个鲜活的面容闪现在脑海中，给我印象最深的是那些问题多、常让我牵肠挂肚的孩子。

班上有一个叫小明的孩子，不爱参加集体活动，缺乏自信心，不喜欢和老师交流，上课不认真。在一次运动会上，班上选拔运动员，全班同学都积极参加，只有小明一个人独自在足球场上奔跑。我观察他的一举一动，发现他爱运动，而且跑得很快。于是，下课时我把他叫到办公室，我问："你愿意代表班级参加校运会吗？"他愣了一下，很兴奋地回答："愿意！"在接下去的日子里，每次文体课我都带运动员到足球场进行训练，只要小明能认真赛跑，我都会及时地在同学们面前表扬他，还特地任他为领跑员，慢慢地我发现小明越来越自信了，越来越喜欢参加集体活动了，胆子也越来越大了。有一次，我们班又要搬教室了，从四楼搬到二楼，学校安排人帮助我们搬，我和孩子们说的时候，他站起来拍着胸脯说："老师，我们都是男人，这些事情我们来。"我心想，你们就是一群"小屁孩"，还男人呢？话刚说完，这群男孩子就自告奋勇地背着桌子往二楼教室走了。男孩子们看见女生搬凳子，还抢着帮忙。我刚要把桌子搬起来，这个孩子已经把桌子抢过去了。我仔细观察发现这个孩子一个人就搬了八张桌子五张凳子。不到一节课的时间，我们就已经搬到了新教室。看着孩子们流着汗，我很心疼。

不管是搬教室还是打扫卫生，孩子们都不用我操心了。每一次他们走后我都回到教室检查卫生，发现桌子板凳比我弄得还整齐干净。每一次我要带队做操，他们都会早早地在楼下等着我。看到孩子们的进步，我感到无比欣慰。

每一个孩子的成长都需要过程，只要我们真心对待孩子，用爱呵护孩子，他们一定会成为谦谦君子。

读孩子的书，走近孩子

方 蕾

作为一名教育工作者，我们常常说：蹲下来，从孩子的角度去看世界，才会知道他们在想什么。"蹲下来，倾听孩子的心声；蹲下来，做孩子的好朋友；蹲下来，以孩子的眼光看待孩子；蹲下来，同孩子一起看这个世界。"没错，从孩子的需求出发，知道他们想什么要什么，才能更有效地开展教育工作。

寒假里，学校给每个年级的孩子推荐了适合他们的儿童读物，我作为家长跟着孩子一起读了几本，欣喜地发现，读了他的书以后跟孩子的共同话题越来越多，他愿意和我分享他的小秘密，他把我当成了好朋友！这不就是"蹲下来"的效果吗？这个学期我教的是一年级，正好和我的孩子"同龄"，于是我把这个方法用在了教育教学工作当中。

寒假结束，一年级的孩子们比上个学期进步了不少，已经学会了遵守课堂常规，但是偶尔还是有些小插曲。一天，预备铃声响起，我已经在一（6）班教室门口候课，平时已经学会课前安静等候老师上课的乖孩子们今天一点儿也不乖，吵吵嚷嚷停不下来。我耐着性子走上讲台，立刻有学生告状："方老师，杨小林带玩具来学校。""老师说过，不能带玩具来学校。""他以为他还在读幼儿园呢。"……我示意全班安静下来，本来想像平时处理类似问题一样请杨小林把玩具拿上来让我帮他保管，然后讲一堆道理，放学再让他拿回家。这时，突然想到了我和儿子一起看过的一个绘本《小兔子去上学》，于是决定给孩子们讲这个故事。当说到小兔子自带去学校的木马查理马儿把课堂搞得一塌糊涂的时候，全班都笑翻了。说到小兔子在森林里迷路的时候，孩子们都露出了紧张的神情。故事讲完了，孩子们的眼睛聚焦到了杨小林身上，大家都以为我会在讲完故事以后联系今天发生的事情讲道理，或者会批评杨小林，还有聪明的孩子举起手，想发表意见。但是我轻轻示意他们放下手，然后转过身，在黑板上写下了书名"小兔子去上学"，作者：（英国）哈里·霍斯。我说："这本书很有趣，绘图也很漂亮，同学们可以去找来读一读看一看。"然后开始了正常的上课。过了大概一个星期，那天我走在楼道里，杨小林突然跑上来跟我说："方老师，我买了《小兔子去上学》这本书，太好玩了。"他还告诉我，寒假的时候姑妈从美国给他带回他最爱的钢铁侠玩具，他每天都带在身边，甚至有一次连上学也悄悄带来，他跟小兔子一样喜爱自己的玩具，不过玩具不适合带到学校来。我轻轻笑了："方老师再推荐给你一本书，叫《小屁孩上学记》，也非常好玩，如果你看了觉得不错的话，就推荐给你们班的同学，好吗?"杨小林真的读了《小屁孩上学记》，这本书还在班上传阅开来，好几个孩子告诉我，他们有和书里的主人公朱尔多一样的烦恼：拼音太难了，音序表总是记不住。知道了他们的烦恼，我在我的音乐课堂上教会了孩子们唱"音序歌"，解决了他们的难题，还常常把朱尔多的故事在课前或者课间的时候和他们分享，"朱尔多"成了我和孩子们共同的好朋友！

我们凤翔路小学正在开展"书香中国 书润凤翔"系列活动，提议学生、老师、家长同读一本书，也就是让老师和家长们通过读书，站在孩子的角度去看世界，和孩子们一起成长。让我们一起"蹲"下来，读孩子的书，走近孩子！

孩子，你的成长是我的快乐

劳东霞

这十几年来一直在讲台上不断地上演着自己的教育教学故事，许多都已随着岁月的流逝而渐渐淡忘，可也有一些就如同树根一样深深地扎在了我的心上。虽然不曾惊天动地，却历历在目，感悟至深。

那是 2012 年的秋季，学校给我安排了学前班一个班的班主任工作。

说实在的，和孩子们一起生活在这个温馨的小家里，我感觉很幸福，但带班一个月后，发现孩子们经常会流露出"以自我为中心"的心理倾向：他们"霸道"地认为，"我喜欢的东西就是我的!"这显然不会受集体的欢迎，更不利于他们健康地成长。还有的小家伙不愿意和大家交流和沟通，从家里带来的课外书就只有自己可以看，不愿意和其他孩子一起分享，而且别人靠近他，还会发生打人事件，这样小朋友都不敢接近他。有的小朋友还经常和大家闹得不愉快，不是哭就是大闹一场，老师怎么调节他都不高兴……这样的现象让我意识到"孩子学会与人分享"是很重要的。从小培养孩子的分享行为是十分必要的。因为分享是一种对别人、对社会有利的行为，有助于个体社会性的发展，它是孩子个体亲近群体，克服自我中心的有力手段。现在的孩子，大多是独生子女，他们习惯了家长无微不至的呵护，处处以自我为中心，不知道如何关心他人，体会不到与人分享的快乐，这对孩子的健康成长极为不利。鉴于此，教师应从创设环境、主题教学、生活熏陶，建立小组、家园互动等几方面对孩子的分享意识进行培养，帮助他们学会"与人分享"，消退自我为中心的心态，促进孩子社会性的发展，为其一生品德素质的形成打下良好的基础。

于是在平时的教学中，我给孩子们讲故事，还将日常生活中有关分享助人的内容编入故事。故事的魅力是无穷的，听故事是孩子最喜欢的，而故事对孩子的作用又是很大的，可以让孩子们在欣赏故事、讨论故事、理解故事的同时明白有关道理，懂得正确的方法。在平时的教育中，我给孩子创造很多分享的机会。

比如在班上我开展"玩具、图书分享日"活动。在一个星期里，规定一个时间，请孩子带上自己最喜欢的玩具和图书来学校。在这个活动中，孩子要征求同伴的同意才能玩对方的玩具。这样不仅培养了孩子的分享能力，而且能够培养孩子懂礼貌的好习惯，同时能够提高孩子的语言表达能力和与人交往能力。

孩子们在这样的熏陶下，进步还真不小。班上有个小朋友叫子叙，有一天早晨他拿着一个自己制作的手工作品"蜗牛"来到我身边。孩子告诉我："老师，我想把这个漂亮的手工教给全班的小朋友，让大家都来制作这只漂亮的蜗牛好吗？"我听了连连点头。同时告诉班上的孩子："子叙要和大家一起分享制作手工的快乐。"那一节课，孩子们非常认真地制作。

还有一次，班上一个孩子过六岁的生日。生日前一天晚上，孩子的妈妈给我打来电话，告诉我，孩子一定要把生日蛋糕带到学校来，因为她想让全班的小朋友和老师都能吃到她的生日蛋糕。那一天我对全班的孩子说："贝贝要和全班的小朋友一起分享成长的快乐。"

记得那次，班上一个男孩子发烧生病了，没能来学校。下午，讲台上却放着一个生日蛋糕，接着我手机的铃声响起，那是生病男孩的妈妈打来的，孩子妈妈告诉我："今天是小桁的生日，可是孩子却发烧不能来学校了，孩子一直都叮嘱我们一定要把蛋糕带到学校，因为孩子要让老师和小朋友一块分享他成长的快乐。"当时，我们全班都感动了，大家在电话里为小桁唱起了那首熟悉又亲切的生日歌。

慢慢地，在平常的生活中班级里常常会看到小伙伴一块绘画，一起手工，孩子们体会到了分享的好处与快乐。

有一句话是这么说的："教育是一个缓慢而优雅的过程。"我不曾期望自己成为学生生命中画出浓墨重彩的那一个，但是优雅地用分享、阅读、有礼等好习惯为孩子们搭建出"小君子"的脊梁，不仅是他们的快乐，也是我的快乐。

让孩子在音乐课中感受快乐

王冬琳

音乐源于生活，表现生活。从儿童心理发展的认知特点看，他们对与生活有关的事物感知得较为清晰。音乐课堂教学生活化即在音乐教学中，启发学生联系已有的生活经验和知识背景，运用多种充满生活气息的教学手法进行教学，通过师生之间平等互动与交流，把生活经验音乐化，音乐问题生活化，在生活与音乐之间架起一座兴趣之桥，以此来激发学生学习音乐的兴趣，培养学生的想象力和创造性，使学生逐步获得感受与鉴赏、表现、创造以及音乐与相关文化等多方面的艺术能力和素养，实现让音乐课堂教学充满生命活力的目标，以至提高音乐素质，培养高尚的审美情趣，最终达到育人的目的。

在教学中，我慢慢体会到，要上好一节课并不难，难的是要上好每一堂课，很多问题并不能仅仅靠一节两节课就能解决的，是要靠平时对孩子潜移默化的影响，在细节之处慢慢灌输你对音乐的理解，把握住他们学习音乐的正确方向，并且能成为他们中的一员，让孩子真正地喜欢你，这才是最难最难的。在教学中，经常会遇到一些让我有心得的小事，事情虽小，但也慢慢完善着我对音乐教育的理解。

带低年级时针对学生的性格特点，每次开始上课，我都会在黑板上画个五角星，作为奖励送给表现最好的孩子。这一招，总会特别奏效。孩子们也特别喜欢上我的音乐课。我认为这也是对我工作最大的鼓励。

记得那一堂音乐课学习的内容是认识七个唱名。我问同学们，你们有没有谁已经认识了呢？孩子把眼睛瞪得大大的望着我。其中一个胆子特别大的孩子对我说："老师，那不就是我们数学上学的1、2、3、4、5、6、7嘛！话听到这儿，我不禁大声笑起来。说实在的，我刚接触到音乐时，也何尝不是将这七个音乐符号认成数学符号呢？我忍住笑，换用游戏的方式让她们来认识七个唱名。首先，我带着学生以"找朋友"的游戏认识了"do、re、mi、fa、sol、la、si"的七个唱名。然后，又带他们模仿我做手势。但是我发现他们在跟我做手势时，兴趣不是很高。我想了又想：为什么我不能让他们自己来为音乐王国里的七个小朋友都编上动作，以此让他们自己来熟悉音的高低呢？于是我就又开始行动了起来，等我话一说出来，就有好几个小朋友举手说："李老师，李老师，能让我来试一试吗?"还有几个小朋友甚至离开座位来扯着我的衣角，要我叫他表演。于是，我请了一个小朋友让他做"do、do、do"的动作，这时，我发现有很多小朋友都举起了小手，来跟着他表演。看着孩子们的表演，孩子们掌握得很快。于是我又叫了好几个小朋友同样为 re、mi、fa、sol、la、si 这六个音编动作，看着孩子们编的动作再加上我及时的引导，他们对这些音很快就全掌握了。

低年级的学生已能"聆听、分析、思考"音乐，大致能从音的高低、音的长短、速度、音量和旋律的起伏等方面去听去想。这一时期，学生还不具备音乐术语概念，和学生的交流，要避免过多使用音乐术语，要善于将音乐术语转化成学生听得懂的话，多以轻松快乐的游戏来让他们吸收要学的知识。同时要多鼓励学生敢于表现自己。这就是我在音乐教学中的一个小故事。

无畏生长，继续前行

韦 奇

故事一：做一个诚实守信的好孩子

那是一个燥热的夏天，我扛着琴去教室上课，阿帝同学默默地坐在教室前门的地板上哭泣，我轻声地问道："上课铃响了，你怎么不进教室呢？"他说昨天下午美术课的时候他借同学的水彩笔画画，不小心把同学的水彩笔弄坏了，同学看到自己的笔被弄坏了，伤心地哭了，看到同学哭得那么伤心，他自己也自责了起来。于是不知道怎么办才好，他怕妈妈责备他没有好好爱护好别人的东西，但是如果不告诉妈妈，自己没有钱赔一支笔给同学，他深怕因为这只笔，同学会伤心不理他，他心里一直很纠结。

身边的同学听到后，问他："你为什么一定要赔这支笔？"

阿帝说："做人就应该要讲诚信，弄坏了别人的东西，就要赔，要不别人会伤心的。"

第二天他果然买了一支新笔还给那位同学，于是两人又在一起开开心心地玩。

虽然这只是一件小事，看到孩子这样坚守诚信，突然觉得一阵莫名的温暖和感动涌入心头。小孩子都能记住彼此间信守的承诺，我们老师又能做到多少呢？

我们总是对小孩说，等到了下次会怎样怎样，或者提出许多条件要求小孩，殊不知，我们说的每一句话其实在孩子心里都是留有很深的印象的，而我们身为老师，应该更好地起到榜样的作用。

故事二：敢于拼搏 勇于追求

近段时间，我校的足球赛举办得如火如荼，咱们班的孩子自然也不例外，有一次是和某班比赛，班里的孩子一听到某班，很多人都投来羡慕的眼神，在他们眼里，某班的足球技术很高超，对于咱班很多初学足球的男孩子，很多人一下子就有些意志消沉，不够自信了。有一天下午小昊问我："老师，如果我们班输了，你会怪我们吗？"其实当时我内心是觉得温暖的，温暖地感到站在我面前的这个男孩子对于班级的爱是多么的强烈。我面带微笑地回答他：

"没关系，尽力就好，结果如何不重要。"

孩子们每天都在努力地练球，有一天在练球的时候，有几个孩子不小心把腿弄伤了，导致那天班里许多孩子都带伤上场，最后我们班还是输了。赛后，有一个别班的孩子对着我们班孩子说，你们输了。当时我们班的足球主力小昊哭了，那一刻，他哭得很伤心，他说："老师，我们输了，没有为班级争光。"

让人倍感温暖的是，后面我们班的足球队员陆陆续续地走上来，一起抱住了小昊，大家都把泪水化作前进的动力，孩子们都很认真地说，输赢不重要，重要的是我们能认识到自身的不足，改正不足的地方。那一刻全班异口同声地说了三遍"加油"。从这次比赛过后，孩子们在学习上也进步得很快。

也许我们老师也要像孩子这样，保持一颗积极向上的心，记住最初内心的梦想，带上敢于拼搏的心，勇敢前行！

让每一个生命绽放光彩

谢欣澎

别人眼里的教师，是一份让人羡慕不已，能够享受着带薪寒暑假的白领职业，我想只有当自己真的成为教师，才会明白：支撑教师们一如既往站在三尺讲台的信念更多源于回报给他们的精神财富。回顾与孩子们一同走过的这三年时光，有时候真的记不太清楚与每个孩子之间的故事，因为故事太多太多，有时候恨自己记忆力差，却没有用文字记录下来，因为时间匆匆流逝，自己文采平平。我只知道感动与幸福可以将疲惫与辛酸掩埋，因为有我们三（2）班这群可爱的孩子在我身边，我坚信我们的故事定会永远珍藏在我们的心间，无谓喜与悲，有你们的陪伴，我已然特别幸福。

232

上好一节音乐课，不光是对音乐教育有热情，还要专业过硬，有教育理论依托，有灵活的教学手法。上课自然、新颖，较难的音乐知识能通过教学实践手段使学生容易地接受并能乐于接受，师生共同上一节愉悦的课，我觉得才能算是一节好课。

一节有趣的音乐课，学生爱上，老师爱看。我觉得这本身就是一节好玩的音乐课。

无论你遇见谁，他都是你生命中该出现的人，绝非偶然，他一定会教会你一些什么。所以我也相信：无论我走到哪里，那都是我该去的地方，经历一些我该经历的事，遇见我该遇见的人。

来到凤翔三个年头了，刚来的时候，经常会有人问我："你为什么会来这里？你干吗要到这里来？"我总会笑笑说，"因为这里简单，我上班上得开心。"是，我想，没有什么是比自己开心更重要的事。很多事情，有舍必有得。回想三年多的时间，在这个学校，我的工作岗位上，确实发生了很多的故事。

一年级的孩子，全校的老师估计谈到他们都会变脸色。刚从幼儿园出来的小不点儿，突然之间成了每天7节课连轴转的小学生。且不说他们那么小，不适应，就连大人到了一个新的环境，也需要一个过渡、适应的时期吧！刚开学那会儿，我就暗下决心，每天要像打鸡血一样兴奋。只有作为老师的我来劲了，拉着这群小不点一点点地学好音乐课的规矩，才能把握好我的课堂，从而再去教授他们，什么是音乐，什么是音乐知识。还好，我很庆幸，在我的几位一年级班主任的配合下，孩子们越来越棒。我没有被这群小不点儿"带跑"，他们也越来越听话。慢慢地发现，他们其实也在慢慢适应自己"小学生"这个角色。上下楼梯时，虽然耗时可能还会比较久，不过，会慢慢地安静了，走进教室后，他们会小手背背后，等我开始给他们上课。上课时，也会一步步地跟着我走。班上可能还是会有几个"捣蛋鬼"，可是，当我不说话了，他们便会安静下来。还会有同学走到我身边，用小小的手拉着我说"老师，你不要生气，妈妈说了，生气容易变老。"我"噗嗤"一笑，孩子们天真无邪地指着我说："你们看，你们看，老师笑了，老师没有生气。"一群小淘气，真的，让我越来越喜欢。

四年级，在我心里，一直把他们当作大孩子，他们虽没有五、六年级孩子般的"成熟""稳重"，但是他们也开始有了自己的"思想"。开学一段时间，在一个班的班级群里，我听到班主任老师说，班上有一个孩子反映，音乐老师有一次在课堂上"误会"他了，并不是他犯的错，而我怪罪在他的身上。我开始反省自己，我一直这么告诫自己：我从来不会想过让别人说我是一个好人，只要没有人说我是一个坏人，那就够了。那么同样的，我没有奢望过别人说我是一个好老师，只希望没有孩子说我是一个讨人厌的坏老师。因为每个人对每件事情的评判标准都是不一样的。这可能就是我们常说的"众口难调"。第二次上课时，我当着全班同学的面说了这件事情，并且告诉他们，我是一个会道歉的老师。在我这里，老师没有绝对的对，老师也会犯错，也会有疏忽。所以，我会跟我误会的孩子说对不起。从那以后，孩子们看到我时，会给我"老师朋友"般的眼神，感觉，还不错。教育的路上，让我学会了接受，好的坏的都一并收下，接受工作生活中给予的全部馈赠。

旗帜本是没有任何意义，不过是一根竹竿，一块布。只有迎着风，飘扬起来，才能看到它的方向，才会是我们的努力所在。学校就如同"旗帜"，老师就是一根"竹竿"，撑起学生那一块"布"。只有迎着"百树优良的教育思想理念"的风，旗帜才会在山头迎风飘扬。

有趣的声音世界

韦依杉

　　回首两年多的教学之路，充满欣喜，满载收获，细细想来这一路的欣喜和收获还源于那一段段令人回味的教学故事。

　　那堂音乐课，教材第一单元"有趣的声音世界"，从"寻找声音——模仿声音——创造声音——利用声音表现情景"由浅入深，由简单到复杂，循序渐进地完成对声音的初步探索。要把学生带入一个奇妙、有趣的声音世界，我是这样设计的：我先说一个关于"耳朵"的谜语，启发学生用耳朵仔细听辨生活中的各种声音，说一说，然后我会将学生所倾听到的声音进行分类，城市的、森林的、乡村的等等，最后学习一首歌曲《大雨和小雨》。当进行到让学生说说听到的声音时，学生们没有了最初的拘谨，开始争先恐后地回答着，我把孩子们说的这些声音归类后，播放了事先准备好的课件。一条马路上有摩托车、警车、救护车、小轿车、公交车，上空还有一架直升飞机。用鼠标点击物体会发出相应的声音，学生们看得非常专注。我正要点击下一组声音，这时，一个男孩说："老师，我可以给这幅图编个故事。"我本来没有设计这个环节，但是我没有拦住他，对他说："那就试试吧。"小男孩说："一天爸爸骑摩托车上班，在路上突然听到急刹车的声音，看到一辆小轿车撞到了一辆大客车，道路马上就堵车了，在空中巡逻的警察看到了，赶快拨打110，警察到了又通知医院，救护车来了之后把受伤的人送到了医院，不一会儿道路就通畅了。"小男孩连说带表演，其他小朋友好像受到这个男孩的启发，纷纷要把以下的几组声音串成故事。我立即决定改变剩下的教学内容，让学生听声音编小故事。虽然有时他们的语言还不是很通顺，内容也显得简单，但是孩子们说得很带劲儿，最后我总结："小朋友们，正是这些奇妙有趣的声音使我们的生活变得更加丰富多彩。"

　　这节课已经过去几年了，却留给我深深的思索。我庆幸自己的随机应变，如果我当时坚持按照教学设计进行，孩子们那一个个美妙的故事怎么会产生？对音乐的体验怎么会那么深刻？感谢那一刹那的清醒，在不经意中创设了宽松、活泼的氛围，以民主的态度、轻松的语言，指导学生进行教学活动，放手给学生一个空间，充分发挥学生的想象力进行创造，没有固定的答案，也没有绝对的对与错，学生们在没有压力的情况下进行创造，对培养他们的创造性思维十分有利。创造是艺术发展的动力，是发挥学生想象力，积累学生音乐创作经验和发掘学生思维能力的过程和手段，对于培养具有实践能力的创新人才具有十分重要的意义。我相信孩子们一定会记住那节充满情趣、欢乐的音乐课。

以前我认为当教师光荣但辛苦，现在我认为做一名教师辛苦但幸福，每天我都在思索与行动中编织一个个美妙的故事。

"青"与"蓝"

任 媛

两千多年前，荀子《劝学》中提道：青取之于蓝，而青于蓝。

从事小学英语教学工作的这十几载，说长不长，说短不短。可每当回顾起脑海里那一幕幕虚虚实实的影像，最清晰最立体的还是那位令我心存无限感激的"蓝"。

那年青涩的我刚刚走出大学校门，怀里揣着的尽是些书本上的理论知识，正踌躇着如何将其与课堂实际相联系。我当时处身于大班额的环境里，课堂教学进行得相当不顺利，往往是很艰难才能完成一个单元的教学任务，自己反复琢磨却收效甚微。某一天，学校领导把我带到"蓝"跟前，说：学校里有一个师徒结对活动，我们打算让蒙老师做你的师父，引领你的教学，如何？当时我心底里的那个乐呀，到现在回想起来都还会嘴角上扬！从那天起，"蓝"牵起了我的手，在教学路上引着我一起走！

我的"蓝"，是英语组的教研组长——蒙肖莲老师，她的一些话语让我迄今受用。

师父说：没有目标，哪来的劲头？

在我与师父第二次见面的时候，她便与我签下了这样的一份师徒协议，目标一栏上赫赫地写着：磨炼任媛老师的各项教学技能，逐步形成其独特的教学风格。积极参与各级各类教学竞赛活动，争取一年内在我城区内崭露头角，两年内在市一级的课堂教学竞赛中获得好名次，三年内站在自治区级的讲台上发光发热……乍一看这"宏伟"目标，怵得我连连摆手："师父，您这不是天方夜谭吗？咱还是来点儿脚踏实地的吧……"越说我声音越虚无，一如我的内心。而师父却淡定极了，整了整我的衣领说："没有目标，哪来的劲头？"不久，果真迎来了一次城区级的课堂教学竞赛。我如临大敌，严阵以待。白天，师父尽量抽空指导我，她甚至走进我的课堂里，手把手地教我英语教学流程里的每一个环节。刚开始是她上一段，我学一段；渐渐地演变成我上一段，她评一段。然后我再改，她再评……每日下班后，我便独自留在办公室里，将今日所学内化，把师父所给的提点细细地融入教案里的每一句话、每一个词里。比赛的日子临近了，师父几次主动提出下班后陪我磨课。待咱俩再抬起头时，周遭已是一片寂静，皎洁的月光洒满讲台，一张张整齐的课桌椅已然铺上了温柔的光。

天道酬勤，在那一次的比赛中，我不负师父所望，取得了城区第 1 名的好成绩！那天，师父高兴得像个孩子……

从那以后，备受鼓舞的我工作起来更是劲头十足，朝着师父指明的方向日夜兼程！刚参加工作的第二、第三个年头，师父就导着我站上了各级各类教学竞赛的讲台，"征战"南北。我曾获南宁市优质课大赛一、二等奖数次，自治区级现场课比赛一等奖，全国信息技术与学科整合比赛二等奖……提前完成了师父当初给我订下的目标。每次展示完课后掌声雷动之际，我心里总是默默地对自己说：哪次比赛少得了师父忙前忙后的身影？哪张奖状背面不是写满了师父的名字？对，没错！有目标才有劲头啊！

师父说：众人拾柴火焰高。

在一次较大型的教研活动中，我独自担纲了一节展示课。这堂课的主题是 Library（图书馆），于是我因地制宜地把课堂搬进了学校宽敞明亮的图书馆里，目的是想让同学们身临其境地感受图书馆里实实在在的氛围，方便他们配合课本里的对话，开展一系列的活动。整个上课的过程，我陶醉其中，甚是顺畅。心想：这节别出心裁的课一定会得到同行们的好评！我是那么的自以为然甚至有点儿自鸣得意。可在后来的评课环节中，同行们积极地举手发言真是令我大跌眼镜。有的说："任老师，你运用情境教学法把这节课上到图书馆里来，很有新意！可您在上课前做实地考察了吗？偌大的图使馆里声音空旷，桌与桌之间的距离又那么远，你有无考虑到坐在后排的学生是否也能清晰地听到您的声音？"有的说："我觉得来图书馆上课得不偿失，因为这里没有多媒体辅助教学。"……越听我越沮丧，情绪低落写了一脸。师父把这一切都看在眼里。过后她找到我语重心长地说："瞧，那天老师们给你提的意见和建议我都帮你一一记录在笔记本上了，这些可都很宝贵啊。"我满腹心酸，一脸苦楚。师父接着说："其实你这节课上得真不赖，可是没能妥善地处理一些细枝末节是你一直存有的短板。这次的评课，同行们都给你指出了。你知道吗？看到大家那么积极地举手给你提建议，我心里很是欢喜。"我一脸诧异："为什么呢？"师父接着说："众人拾柴火焰高！其实，我们不怕别人说你，怕的是别人不愿说你啊！你试想看，如果别人明明看到了你的错误，却不愿指出，任由你继续犯错、出洋相，那才是最可怕的！"我恍然大悟……

蒙老师，我有过迷茫，是你牵引；有过过失，是你提醒；有过眼泪，是你鼓励；有过艰辛，是你同行！记忆虽泛黄，盛满的仍是浓浓谢意！能成为你的"青"是我教学道路上不可多得的幸！

两千年的古训："为往圣继绝学，为万世开太平。"教育需要传承，我想这才是蒙老师"师道"精髓之所在，她又再一次身体力行地启发了我。现在的我已然"茁壮"，我将依循她的脚步，把"师道"——传承！

爱的行囊里，需要一把"戒尺"

罗　慧

时光荏苒，不知不觉在小学任教已经有五年之久。如今，细细回想在这漫漫的教育路上，除了成功的喜悦，那些伴随我的疑惑和彷徨，如同路途中所经历崎岖的山路，曾经让我艰难前行，但是我没有气馁，不断克服困难勇敢前行，并且在我的心里，始终都会带着一个"爱的行囊"，里面装满了我与孩子们的点点滴滴，让我在这条路上收获了很多幸福。

担任班主任时，曾有过一段难忘的教育经历。在我们班众多的孩子里，有一个小男孩，从小他比较放纵，孤傲，自私。因此在学校与同学和老师相处过程中，不愿与人沟通，并且时常会发生冲突。一旦发生不愉快，他就会对他人蛮横地做出一些过激行为，有时会把同学书本撕坏，有时在课上踢摔桌椅，每回看到这些情景，我都心痛不已。起初我不断想通过耐心地教育和包容，改变孩子这些过激的情绪，但是情况愈演愈烈。长此以往，同学都不愿意和他相处，老师也无计可施，记得整整一个学年里，为了改变孩子的行为，我与他的家长每天都在关注，每天都在沟通，即使在家长开始彷徨无奈时，我始终没有放弃，因为我知道，我不能让孩子变得更孤独和无助。

于是我不断翻阅各种教育书籍，希望能从中找到更好的方法。令我欣慰的是，在各类书中，我终于找到了这个孩子问题症结所在，因为孩子从小接受的教育方式比较宽松和自由，每当孩子犯了错误，家长采取的仅仅是忽视态度，没有任何警戒和惩罚措施，于是从小就形成了一种意识，自己想做的事情身边的人都应该满足，即使犯了错误他人也都会原谅自己，所以对待他，仅仅依靠爱的包容和教育是不行的，李镇西老师这样说："所谓真正的民主不是纵容，不是让步，不是软弱，文明行为的养成需要规则，需要强制，需要惩戒。"

于是，我对于他的教育方式有所改变，并且让家长也全力配合。首先，在生活中让孩子自己和家长老师讨论一些生活学习规则，并签署了一份"进步合约书"，如果他因为自己情绪波动对同学和老师做出过激行为，根据之前与孩子协商好的，他将接受一定的惩罚，例如停止他所喜爱的活动一周，或者自己独处一段时间。同时，每当与同学、老师、家长相处时，孩子表现有所进步后，也会给予一定的奖励。这样一来，让孩子心中也逐渐装进了一把属于自己的"戒尺"。

就像雷夫所说过的："惩罚的目的在于让孩子知道，做任何事情有一定的规则，如果不能遵守，给予惩罚的方式最好的是停止孩子想做的事情，让孩子明白他在这件事情上有做得不好的地方。"是呀，对于不同孩子的爱，不仅需要宽容，还需要一把"戒尺"。

经过了一个学期的"合约"约束，我渐渐发现小男孩在和小伙伴相处时，他的世界里不再只有自己，而是慢慢接纳和融入，即使受到批评时，不再是蛮横无理，而是会诚恳地接受，甚至有时我还看到他默默帮助同学的身影，而这些的改变是我两年来从未敢想象过的。就在一次班会课上，我让孩子讨论"谁的存在让你感到温暖"，我竟然听到了孩子们提到那个孩子的名字，孩子们说："他现在学会关爱和帮助他人，时而让人感到温暖！"那一刻我激动地走到孩子身边，轻轻地拍着他的肩膀说："孩子，你听，我们都因为你感受到了温暖！"就在这一刻，我似乎看到孩子眼眶里涌出的泪珠。

这一段教育经历，让我和孩子都成长了许多，也许走在漫漫的教育路途上，惩罚并不是挡路石，而是要因人而异，因时而异。也就是当我拿出那把戒尺时，我要思量这一把戒尺的长短，能让孩子明白爱的原则是什么，而不是为了放纵而包容。李镇西老师有一段话是这样描述的："教育，对于孩子来说，'刚'是相对的，'柔'也是绝对的，三下五除二是相对的，润物细无声是绝对的，真教育是心心相印的活动。"我也深刻明白了一个道理，对待孩子不论是鼓励教育，还是批评教育，只有让孩子感受到惩罚也是一种"爱的戒尺"，才是孩子真正能接受的！

路漫漫其修远兮，吾将上下而求索，这一路上我需要不断背负这份爱的行囊，和我的孩子与我一同前行，但我始终也会记得，即使是充满力量的行囊里，也要装着一把"爱的戒尺"，让我不断成长……

创意之花遍地开

张　玉

　　记得我刚参加工作那年，为四年级的学生讲授"现在进行时"这一语法规则时，我自以为聪明地抓住了核心地教孩子记住这条语法结构，即 Be＋动词的一ing 形式，并帮同学们复习了 Be 动词的知识。孩子们好像理解了这条规则，我便举了几个例子，表面上帮同学们把这条规则背会了。

　　第二天上课，我先向孩子们提问这一规则，可是只有少数几个"最好"的学生还记得，其余的学生几乎都忘记了。带着失望但又不甘心的心情，我将课前准备好的写有"用所给词的适当形式填空"的题的小黑板放到了孩子们面前，这次有稍多一些学生举起了手，孩子们的答案五花八门。尽管有些学生很自信地说出了答案，最后我却不得不用正确的答案否定了他。过了一段时间，月考题中出现了有关这条规则的题目，孩子们还是有很多人失了分。我感到很苦恼，为什么一条这么简单的规则就这么不容易被孩子们记住呢？于是我一边听课，一边向身边的老师们请教，思考并探寻着：脑力劳动应当怎样进行，才能使知识保持在记忆里，才能使知识变得牢固，才能使孩子们做出一些意志努力而又不感到特别困难地回想起规则呢？如何提高他们脑力劳动的效率？

　　这个学期，看了苏霍姆林斯基的《给教师的 100 条建议》给了我莫大的启示：儿童的思想越是深入地集中在事实上来解释刚才讲过的规则，以及经过他们的意识思考过的事实越多，那么这条规则的识记和在记忆中的保持就越牢固。今年我在帮新一届六年级的孩子们理解并记忆这条相同的语法规则时，完全换了另一个思路。上课前，我在黑板上简单勾勒出了一幅帆船在海上航行，海鸥飞翔，白云朵朵的画面，孩子们对这幅图画产生了浓厚的兴趣，我便随机引导孩子们回忆起 boat、cloud、sea、wind、fly 等单词，孩子们很有成就感。然后我引导孩子们认识了 sky、sailing（a sailing boat）、seagull 等词，孩子表现出了对这些词的兴趣。在这种情境引导下我在多媒体上播放起 *Sailing* 这首英文歌曲，孩子们的耳朵一下子就被 Rod Steward 那略带沙哑，又温婉文伉俪的嗓音给抓住了。

I am sailing, I am sailing

home again cross the sea.

I am sailing stormy waters,

to be near you, to be free.

I am flying, I am flying

like a bird cross the sky.

I am flying passing high clouds,

to be near you, to be free.

我反复三次播放这一段音乐，随着舒缓的动听音乐声，孩子们已经随着音乐跟着唱起来了，慢慢地我开始进入指挥的角色，孩子们的歌声越来越响亮，我知道他们的情绪已经得到了放松，我也相信很多孩子已经喜欢上了这首歌。于是我暂停了音乐，简单地向孩子们解释了歌词大意，并鼓励孩子们自己把歌唱出来。有些学生一开始还有点儿害羞，但当几名学生流利地唱过后，孩子们的胆子变得大起来了。于是我开始引导孩子们变词不变曲地进行各种翻唱，孩子们很开心，我也很开心。因为我知道，他们开始动脑子用进入脑子的规则开始解释问题了。最后我出示了一整幅关于 Peter 一家人的周末生活的图片让孩子们加以描述，孩子们说得很好，其中 Peter 的妈妈在洗衣服，有些孩子不会洗衣服 wash clothes 这一短语，我便很大方地将短语给了他们，于是这节课里最令我感到成功的一幕出现了：班里英语成绩最差的边丽同学顺利说出了 "Peter's mother is washing clothes." 这个句子。

这节课与我去年的同一堂课上的效果是截然不同的，因为那时，回答问题的学生几乎每次都被我不忍心地否定了，而不是像今天这样能得到大家的认可。去年学生回答问题后的挫败感与今日课堂上孩子回答问题后的自信形成了鲜明对比。我很欣慰，因为我自己知道：孩子们今天是在思考、理解与解决问题中学习了"现在进行时"这一语法规则，但他们并不知道我的目的在此，可他们已经于无形中学会了它。当我再复习这一语法规则时，孩子们给了我让人满意的答案。作为一名新教师，要不断地研究知记和记忆保持的心理学规律，不断丰富自己的教学理论，并以所学理论去指导自己的教学实践。同时，在教学实践中，要灵活地选择课堂活动形式，调动孩子们的学习兴趣，引导他们在思考与探究中去发现并解决问题，通过这条途径而记住的规则，当遇到其中有什么被忘记的时候，孩子们经过一些努力就能回想起来。而借助于这些事实在他们的记忆里留下的痕迹，他们回想出了规则本身，课堂效率也大大提高了。

共同成长，为爱起飞

唐　琳

2015 年 8 月 26 日，阳光灿烂。这是我到南宁市凤翔路小学报到的第一天。走进校园，正对学校正门屏幕上方"准备，起飞"那四个闪闪发光的金黄色字眼，在阳光的照耀下显得尤为闪亮。它不仅照亮了我的心，也让我的教育生涯从这里重新开始——"准备，起飞"！

初　遇

来到教导处报到，教导主任却告知我：开学的工作早已布置妥当，课程也都全部安排好了，目前唯有数学老师还在待定中，问我可否承担一年级数学教学。

我自大学毕业开始就一直从事英语教学工作，对于数学专业从未涉及，叫我去教数学，我能胜任吗？可是，转念一想，新的起点，新的挑战，为什么不能给自己多一种可能呢？以空杯心态来面对，和学生一起学习新的知识，一起成长，不也是一件很快乐的事情吗？于是，带着挑战，带着学习的心态，开始了我数学老师的工作。

我所任教的班级是一年级 8、9 两个班。我忐忑的心在开学当天，就被两个班小朋友天真无邪的笑脸、纯真的眼神、稚气的声音彻底融化了。看着这些可爱的小天使们，我在心里暗暗告诉自己：一定要让我的小天使们在我的课堂中快乐学习，快乐成长！

沉　淀

刚开始上数学课我就像瞎子摸鱼一般，不知道自己将会面临一种怎样的状况。幸运的是遇到了我在凤翔的第一个教学导师——李德主任。在开学的第一个月，她常常过来听我的课，指导我如何去上课。她鼓励我多让孩子们亲自动手去参与课堂活动，充分利用孩子们乐于探索的好奇心去引导他们主动学习。她告诉我永远不要吝啬自己的赞美，大胆地鼓励每一个孩子勇敢发言，培养学生完整回答问题的能力。

我从她的方法中得到借鉴与启迪，认真钻研教师用书，反反复复去体会教师用书提供的教学建议。日复一日，周而复始。在不断的上课——反思

——调整——再上课的过程中，有困苦，有迷茫，有煎熬，有失败，但更多的是欢笑、感动，还有满满的收获。因为我深知：这是我作为一名青年教师积累教学经验的必经之路。

成 长

开学后的两个月，也就是 10 月 28 日，迎来了最让我成长的一节数学课。我被通知学校领导对我进行行政听课，而当天正好有八位其他学校的领导来我校交流考察，也一并顺道过来听我的课。上课前一晚，我一直处在焦虑不安、紧张不已的状态，虽然已经有了几年的教学工作经验，但是上数学公开课还是头一次。

这节课讲授的内容是 6 和 7 的加减法，然而在如何引导学生通过观察主题图，把列出的加法算式过渡到减法算式这个环节，我始终没有想到很好的讲授方法。凌晨 12 点，我躺在床上翻来覆去睡不着觉。教案、课件、预设活动、讲课环节轮番在我的脑海中翻滚。于是，我干脆又爬起来，打开计算机，搜索有关这节课的优秀教案和优秀课例。功夫不负有心人，终于找到了我想要的答案。我细细地斟酌着这节课的每一个教学环节，自导自演地演绎了无数遍，直到把每一个环节熟记在心，这才敢安稳入睡。

上课前，我问孩子们："今天有这么多的老师来我们班听课，你们紧张吗？"

孩子们微笑地整齐回答道："不紧张！"

有的孩子说："唐老师，你不用那么紧张啦！相信我们，你不是一直都说我们很棒吗？"

看着孩子们信任的眼神，听着他们自信的话语，我瞬间就释然了。一想起昨晚自己的紧张、焦虑，再对比站在我面前这帮小天使们，我倒惭愧了起来，自叹自己的心态居然还不如这些不经世事的小屁孩们。

上课了！孩子们踊跃的参与，大胆的表现，自信地发言，给了我一种无形的推动力，我被这无形的力量牵引着，挟裹着，思维不由自主地活跃起来、涌动起来，自信满满顺利地完成了这节课的教学任务，同时获得了老师们的肯定。这如释负重般的喜悦让我一下子变成了一个忘乎所以的孩童，和孩子们融入课后的欢声笑语中。这场景犹如一幅和谐而又美丽的画卷，永远定格在了我的内心深处。

起 飞

如今我已不再是数学老师，回到了自己本来的英语专业岗位。然而，在我担任数学老师的这一年半时间里，我和孩子们一起学习数学，一起体验学习数学的乐趣，一起收获知识的甘甜。在与孩子们的合作和悄然传递的信任与爱中，我们共同成长！

原来我一直以为，是老师在引导孩子们成长，然而在教与学的过程中，更多的是成长了老师自己，或是孩子们让老师一步一步成就更好的自己。

当我再次站在校门口，抬头仰望那金光闪闪的"准备，起飞"四个字时，对比初来乍到那时候的自己，我有了更为深刻的理解。

师者，传道解惑也！不管是哪一门学科，其实都有着共通之处，那就是不断摸索、不断进步、不断成长的向上之心。赠人玫瑰，手有余香，在给予孩子们知识的同时，我也收获了很多很多。

在未来的教育生涯中，我会和孩子们一起继续努力，共同成长，不负现在，不畏将来，不忘初心！我想，这就是作为一名老师最好的起飞点！

观察以及引导

农仙蒂

    刚毕业的那一年，我进入了一所刚成立的高中工作，担任班主任以及英语科任老师。班里的一名学生一直令我很头疼。

    学生廖元继，一直被视为差生。各门功课均难及格，学习也不专心，经常和班里的同学闹矛盾，腿部天生有些残疾，总被班里的同学嘲笑，老师和家长都很着急。

    但我偶然发现他对计算机有浓厚的兴趣，就鼓励他朝这个方向努力。不久，他拿到了全国计算机等级考试的二级合格证书，还在一些竞赛中获奖。他还利用业余时间找出发表在某全国性计算机杂志上的一篇程序文章的不足，写出更优化的程序，并得到该杂志主编的认可。在钻研计算机技术的时候，不时会出现数学和英语等其他问题，这促使他深入学习其他功课，使他的各科成绩均有提升，令老师和同学们刮目相看。

    航海家哥伦布发现了新大陆，在回国后的一次欢迎宴会上，有人公然挑衅说：发现新大陆，没什么了不起的，任何人只要去航海，最终都能做到。面对责难，哥伦布拿起餐盘中的一个熟鸡蛋，对众人说，有谁能让这鸡蛋立在桌面上不倒下去？人们面面相觑，不知怎么做。哥伦布说：我能。只见他把鸡蛋的一端轻轻磕碎，由于接触面积增大，鸡蛋稳稳地立在桌面上了。

    哥伦布能做到的，你不一定能做到。然而，只要你也能像哥伦布一样勇于探求解决问题的突破口，不可能就会变成可能，你就会成为在某一个领域出类拔萃的人。

    许多所谓不可能的奇迹，在别人完成后，看看那寻常的过程，你常常会认为自己也能完成。可问题的关键是，你有没有去尝试？你是否找到了突破口并且善于观察和引导。

静待花开

温欢欢

每个孩子都是一粒小花种，有着自己独特的花期。有的花种开放于春季，生机勃勃；有的花种绽放于夏季，五彩缤纷；有的花种脱颖于秋天，美丽动人；有的花种怒放于冬季，傲然挺立。还有的花种呢？或许如同一棵铁树，多年后的花开惊艳无比绚丽妖娆。

第一节英语课我便记住了这个独特的小女孩。作为一位新老师，进入教室后，我微笑着请每一个孩子做做自我介绍，孩子们大声有序地介绍着自己的名字和兴趣爱好，可是轮到小新时，只见她满脸通红地站起来，眼睛盯着地面，紧紧地闭着嘴巴。我走上前轻声地询问她："Girl, what's your name?"孩子把头埋得更低了。我拍拍孩子的肩膀安慰她别紧张，再次轻声问询，谁知道豆大的泪珠从女孩的眼眶中涌出。

这就是小新给我的第一印象。回到办公室后，我翻看小新的学业记录：待优生。原来这是个腼腆又不自觉的孩子呀。如何帮助她呢？先和孩子聊聊天吧。在和孩子的多次沟通中，我发现孩子虽然不敢在课堂上发言，但是在家里在妈妈的陪伴下却能开口读英语。于是在很多个夜晚，我收到了小新妈妈QQ的录音，录音里的小新，英语朗读从卡壳到流利，从小声说话到大声朗读。每当小新读完一个模块的单词或者课文，我都会给孩子发一个大拇指或者一朵玫瑰花，告诉她孩子你越来越棒了，鼓励她继续坚持下去。在课堂上，我也常常表扬孩子单词抄写得整齐又漂亮，将她的抄写本展示给全班同学看，增强她学习的信心。在课间与孩子聊天时，我会看着她，赞美她有一副柔亮动听的好嗓音，告诉她老师期待她能在课堂上将声音展示出来。同时我也给小新找了一个同学小老师，及时帮助她。

经过两个学期的努力，逐渐地小新的英语成绩由不及格变为了优秀，但是在开口说英语，课堂发言上小新还缺乏自信心，于是我采取了多人一起读、两人一起说、小组成员开火车的方式，培养孩子在课堂上发言。虽然目前的小新站起来回答问题还是很紧张很拘束，甚至有时候也羞于开口，但是我相信未来的她一定能绽放出自己最美丽的花朵。

快乐的课堂

李雨茜

　　转眼来到这个可爱的学校已经将近六年的时间了，对于小学英语教师这个角色，我也慢慢从刚开始的彷徨、迷茫到现在的摸索和适应，也通过和这些富有童真童趣的孩子们一起学习和相处，慢慢地感觉自己也回到了小学的那段无忧无虑的时光。

　　每次周一晨会，和孩子们一起高举双手大喊我们凤翔小学的口号"准备，起飞！"的时候，我都在心里默默地承诺，一定尽自己的所有努力帮助孩子们做好一切准备，使他们真正能像一只只美丽的金凤凰一样展翅高飞。在这六年的时间我已经完成了两个小轮回的教学，送走了两批毕业生了，有时候想想真的是岁月如梭，孩子们进来的时候一个个天真烂漫，像个企鹅似的矮矮胖胖，转眼到小升初时高大挺拔，长得比老师还高了；也从只会哭鼻子要妈妈不想来学校的孩子，变得渐渐地习惯了新学校、新班级、新同学和新老师，我似乎看到了孩子们在努力适应一个个属于自己班级小社会角色的过程。对！每个人都要适应自己的社会角色，而且学校也像是一个小小社会，在这里每个孩子都能找到自己的位置，快乐地学习成长。

　　然而，在这段过程中也有属于我的酸甜苦辣。似乎有人说过，人不能改变生命的长度，但是可以改变它的宽度。作为一名教育工作者，我曾经为自己的工作而困惑过，但是就在这六年里让我突然间顿悟，生活工作不一定就是我们看到的那个样子，我们其实有足够的能力去改变它！而问题的关键是我们想不想去改变，有没有足够的能力去改变。参加工作已经六年的我，不再是刚刚进入教学岗位的"小菜鸟"了，六年的教学工作中发生了许许多多令我感动、开心、难过、沮丧的故事。但现在回头想想，那些难过沮丧的事情似乎很模糊了，想起的大多都是与这些天真可爱的孩子们一起学习时发生的许许多多有趣的事情，跟孩子们唱唱跳跳，学学玩玩，气氛融洽学习的时刻才是我真正宝贵的回忆。每当我走进教室的时候，望着这些可爱的孩子们，脑海中总是会回忆起我刚刚进入凤翔路小学上第一节课的情景。记得那时当我走进一（6）班教室，看着一张张可爱的笑脸，我的心情好极了。互相做完自我介绍后，我就开始上课。一开始他们还饶有兴趣，可后来就坐不住了：说话的、打闹的、做其他事情的，教室里乱作一团。没办法，又得停下来讲纪律，就这样说说停停，一节课下来，整个人像虚脱了一样，喉咙像着了火似的，几乎连话也说不出了。原来还以为唬小学生挺容易呢，第一天就当头给了我一棒。回到家，坐在桌子前细细地回想今天的课："为什么会上成这样？"想着想着，脑子里突然闪出教育鼻祖孔子说的一句话：兴趣是最好的老师！为此，我去了书城买了几本著名小学教育专家总结的小学课堂教学经验的书进行学习。读万卷书不如行万里路，再多的知识都必须要运用到实践当中才会发生作用。接下来的一段时间里，我一边上课一边自我学习一边改进教法。在课堂中，我抓住孩子们的兴趣点，培养学生的兴趣，设计活动让学生提高积极性，小学课堂必须符合小学生的特点，此外还要关注到不同年龄阶段孩子的不同需要。因此慢慢地，我开始有准备地上课，备好一些可以吸引孩子们注意的可爱教具。记得在上一（3）班一节新授课的时候，我事先准备好卡片踏进了教室。起立——我摆摆手，示意他们不用站起来，然后对他们说了声："Hello!"很多学生一听到这个熟悉的单词，都争着向我说 Hello. 于是我趁势伸出手和学生一一握手，面带微笑向他们问候着："How are you? Nice to meet you!"一下子，在我面前伸出了许多小手，争着和我握一握，课堂气氛一下子就活跃起来了，接着我又让他们来了一次英文歌对唱，看着学生们渐渐融入英语环境中，我拿出做好的图片、卡片开始上新课，为了让每名学生都有发言机会，我采用击鼓传花的方式，让卡片在学生手中传递，当我说："stop!"时，手中有卡片的学生必须站起来，大声念出手中的单词，学生都非常喜欢这个游戏，不知不觉几个单词就在看似玩耍的游戏中深深印在学生的脑子里，我也舒开了眉心，开心极了。孩子们在蹦蹦跳跳中学会了知识，也让我知道孩子们好动的天性真的是上天赐予的礼物，如何利用好这个礼物，对于每一个教育者来说都是举足轻重的。和这些孩子们相处融洽的同时，我坚信一个道理：课堂不仅是老师传授知识的地方，更是学生们体会知识的舞台，让学生、老师彼此快乐的课堂才是真正的课堂。真心希望在凤翔小学学习生活的学生们在学校、家长和老师的共同努力下能真正地学到有用的知识，为他们今后的人生做小小的铺路石。

有时候想想尽管课堂中的精彩生成可遇不可求，但只要我们的老师能够充分尊重学生，给予学生恰如其分的引导鼓励，给予学生充分的时间和机会自主合作学习，真正放手让孩子们在课堂上自己动手、动脑，发挥他们的主观能动性，定能打开他们思维的闸门，使孩子们创造性思维的火花灵动地出现在我们的课堂中。而正是这种以学生为主老师为辅的智慧课堂，才是能让孩子们接受并真心喜欢的快乐课堂！愿这种快乐课堂模式能在所有校园里生根发芽，发展壮大！

温柔的力量

冯 梅

在孩子们的眼中,我既是一位十分严厉的老师,又是他们的知心姐姐。角色的双重性来自一次对学生偶尔的温柔,温柔竟激发了他们学习英语的巨大力量。

在五年级的一次午读课上,在教完单词之后,我随机抽查到一个男生,他紧闭双唇,神情散漫。我请他跟我读,他却不开口。我指着"China"这个单词说:"这个总会读吧?"他硬邦邦地回了两个字:"不会!"我心中的怒火立刻燃烧了起来:"连 China 都不会读,你是不是没带耳朵来?"他低头不语。

第二天的英语课上,孩子们都在读句型,他却直愣愣地盯着自己的课本,嘴巴就像贴了胶布一样,闭得严严实实的。我走到他的身边提示他:"张开嘴巴,大声念。"他大喊着:"我不会!"我顿时火冒三丈:"刚才不是教了吗?"他瞪了我一眼:"教了也不会!"瞧他那倔样,我气不打一处来:"你跟着大家念不就好了吗?你究竟想不想学英语?"他嘟着嘴趴在桌子上不说话。

下课铃一响,还没等我走出教室,他就使劲踢桌子以示抗议,我真想立即冲过去大骂他一顿,可我沉思了片刻,他现在心里肯定很不舒服,我若是和他硬碰硬,关系一定会闹僵,以后学习上就更难沟通了,先冷处理,再伺机诱导。于是,我当作没听见响声,默默地走出去了。

回到办公室,我查了他各科的成绩:英语 40 分,语文 95 分,数学 97 分。这其实是个聪明的孩子,英语也没理由学不好的呀。也许是他对英语不够重视,导致成绩不理想,进而失去学习英语的兴趣和信心。现在关键是要帮助他转变态度,树立起自信心!

过了一天,我把他叫到教室外的小花园,我对他温和地说:"我不想让其他的老师看到他,觉得他没上几天课就被老师叫到办公室,对他印象不好,所以挑了这个地方。其实你是个很聪明的孩子,英语肯定能学好的。"我的语气很坚定,也很柔和,他的表情也放松了很多。我们的谈心很顺利,他慢慢地对我敞开了心扉。

我们聊了他过去两年的英语学习情况。他说他从来没考及格过,看到英语就头痛……我对他说:"以前都是过去式,现在只要肯下苦功,不出一段时间，你就和其他同学站在同一个起跑线上了。"他的眼神有些疑惑。我又继续开导："我们先订个小目标，争取下次考试及格，如何?"他胆怯地说："我怕我做不到。"我坚定地告诉他："你一定行的! 相信我，也相信你自己，你数学那么好，证明你并不笨。我们一起努力，好吗?"他缓缓地点了点头。

接下来的那段日子，他学习非常认真：上课听讲、踊跃发言、记笔记，开口朗读，背单词也很积极。下课还经常看到他向别的同学请教。

在接下来的单元考试中，我大吃一惊：他竟考了80分。领到试卷那一刻，他盯着自己的分数，久久不说话，脸上的表情捉摸不透。我拍拍他的肩膀，嘴角泛起一丝笑容，他抬头看着我，嘴唇颤抖着，依然没说话。但我知道：他成功了，他有信心了!

我在全班同学面前大大地表扬了他，大家都为他竖起了大拇指。他笑了，有丝腼腆，却很灿烂!

随着学习的推进，他不仅自己找到了英语学习的自信和方法，而且以自己为榜样带动着其他厌学英语的同学，让他们也找回学好英语的信念。正因为有了大家的共同努力，该班在全市的英语统考中获得平均分96分的好成绩。

有人说这是个奇迹，其实这只是教学思维的转换，严厉之余，偶尔的温柔也许有你我意想之外的收获。

教育随想

刘春秀

  重返讲台，已是数年后的今天。鸟语花香的校园，孜孜不倦的园丁，教室里悦耳的朗读，操场上奔跑的健影，花园里游戏的少年，我知道，这将是我起飞的开始。

  清晨，伴着朝阳，老师和学生开始了一天的学习生活。广播响起，凤翔小君子踏步有序地进入田径场篮球场，矫健的步伐，昂扬的姿态，开始了体操和太极拳的锻炼，看着学生整齐的队形，规范的动作，心中甚是振奋，健康的体魄是人之根本，想起梁启超在《少年中国说》中写道：少年强则国强，少年进步则国进步。这不就是最真实的写照吗？

  大课间活动结束后，一天的课程和活动就这样井然有序地开始了，教室里学生洪亮的朗读声，教师们声情并茂的授课，同学们积极回答问题，又或者安静地伏台奋笔疾书，教师传道授业解惑，学生聆听学习成长。守得寸土耕耘在，春来犹见桃李开。我为我是凤翔人而骄傲。

  悦读课是凤翔开展的全民阅读课，这时候的校园是安静祥和的，沉浸在书香里。人手一本书，安静阅读，抱着求知若渴的态度，在书海中畅游流连，在感悟中成长前行。

  作为一名科学教师，我首先要培养的是学生的科学兴趣，内因是动力，发现有趣的现象或问题，带领学生去探究实践，用科学的方法，提出问题——分析问题——进行推测——不断验证——得出结论，循序渐进，培养学生发现问题解决问题的能力。

  我也将不断学习，与学生共同进步。

讲故事在少儿美术教学中的应用

刘晓东

在小学的低年级美术教学中，趣味性和技能性的结合一直是一个困扰我的问题。在实际的美术教学中，孩子喜欢感兴趣的活动，结果却常常不尽如人意。

故事在提高孩子兴趣方面的作用是无须质疑的，故事的情景导入有利于好的画画氛围的形成，每次画一个故事，孩子会对画画产生更加浓厚的兴趣。

比如我们要画鸡蛋，对孩子说："鸡妈妈找不到它的蛋宝宝了，我们一起帮她把蛋宝宝画出来，贴到外面去找。"和"今天我们学画鸡蛋"起到的作用肯定是不一样的，今天我重点要说的是故事在提高小学美术技能技巧方面的作用。

一、用故事提高孩子的构图技巧

在美术课上，有的孩子因为胆子比较小，画的画儿也很小。如果老师直接要求孩子"我画多大你们画多大"，孩子常常会很被动，他们可能会照老师的样子去画，但是积极性就会大打折扣。

面对这样的情况，我采用这样的方法。比如我们要画一头大狮子，我会用大狮子的声音对孩子说："我是一只大狮子，我很大很大，有多大呢？这张纸只能装下我的头。"这样一来，孩子们都跃跃欲试，想看看自己能不能画出一只这样大的狮子。

这样的情境教学不但对于构图的大小有帮助，还有助于构图位置的确定。比如我们要画两只小兔子，我们在画第一只时，可以先用游戏的口吻说："我是一只小兔子，你们别把我画得太大，我的好朋友一会儿还要来呢。"孩子就会自然地留出位置。在实际的美术教学中，这几种构图的方法是我常常用到的，感觉到效果还不错。

二、用形象的故事性语言帮助孩子掌握线条的技巧

在画小草的时候，有的孩子画画常常会不敢放，画出来的小草没有尖儿。其实，为什么不用故事的方式来引导呢？给孩子们讲故事，一株小草，从土里"唰"地长出来，长得很快，小草说："你们要快点儿长哟，不然我的草尖就像被剪掉一样！"画蝌蚪的时候，我也注意提醒孩子：不要让你的小蝌蚪断尾巴呀！在这样轻松愉快的氛围中，孩子渐渐就学会了这种画法。

比如小学一年级在刚开始学画太阳时，常把太阳光的线画到太阳里面，教师可以学着太阳公公的声音对孩子说："小朋友轻一点儿啊，不要让我的胡子扎到我！"孩子们哈哈笑成一团，再画的时候，就会注意到这一点。

三、用故事性的语言帮助孩子掌握涂色的技巧

平时，我们在教孩子画画时总会提醒孩子："不要涂到外面去""把里面都涂上""不要空着""一道一道地涂"。这样的提醒对于孩子来说当然是有帮助的，因为我们毕竟要教会孩子一些技巧，可是常常我们会因为这些帮助破坏了孩子画画的情境，用这些单纯的技巧性问题干扰孩子的思路，这就得不偿失了。

其实，如果让孩子的画画，特别是涂色进入一种被动的状态，那么课堂效果一定会大打折扣。油画棒上色比较麻烦，有的孩子没有耐心去涂。如果上课时不提醒他们，等下课再提醒，孩子一定没有耐心去改。上课提醒呢，就有可能会破坏了他们的思路，引起他们的逆反心理。因为在我们大人看来，我们希望孩子的画能够"像话"，可是对于孩子来说，画画就是游戏，就是满足自己心理发泄的一种要求，在这两者之间找到切合点，是有困难的。

能不能用故事的方法去引导孩子们涂色？比如孩子在给小房子涂色的时候，我会说："油漆要慢一点儿刷，不要刷到天上去了。""一道道地刷油漆，应当会更漂亮！还省油漆呢！不信你们试试！"当孩子涂小动物的时候，我会以故事的口气对他说："哦，小心啊，小马很冷啊，不要让他掉毛啊！"当孩子涂衣服的时候，我学着小女孩的声音说："我要穿漂亮的衣服，我不想只穿一个颜色的衣服！"

四、用故事的方法引导孩子丰富画面

如果教孩子添画背景时说："现在给你的画添上背景，比如大树、小鸟、白云、太阳。"时间久了，孩子们添的东西都千篇一律，缺少创造性。所以，在教孩子们添画背景时，可以换一种说法："好了，现在小鸭子已经来了，你想带它去哪儿玩呢？小鸭子还想找个小伙伴和它一起玩，你会找谁和它玩？"在这个过程中，孩子的想象力和创造力都得到了更好的发挥，孩子们的画面就会充满新奇的变化。

美术活动是一种快乐的游戏，让孩子体会到绘画的乐趣，在故事中促进孩子绘画能力的发展，其乐无穷。

较量——平凡的教育故事

陈国凤

2017年的秋季学期，我有幸成为南宁市凤翔路小学这个温暖大家庭的一员，并担任一（1）班的班主任。接班后我发现，这里的家长文化程度普遍较高，对孩子的期望值很高，所以，对老师的要求也更高。我虽然已经有了二十多年的班主任工作经验，但也不敢有半点儿的懈怠。果然，在开学后不久的一天，我迎接了一次直面的挑战。

事情还要从2017年10月31日的晚上我收到一位家长的短信说起：陈老师，我儿子的新橡皮放在桌子上经常会不翼而飞，而且已经好几次了。建议开个班会强调一下吧，虽然丢失的东西不值钱，但就怕孩子养成习惯变成偷窃行为。看完短信，对于我这样一个嫉恶如仇的人来说，真的有点儿坐不住了，再加上家长的话又不无道理，我更是心急如焚，但一时又无计可施。有句话叫"屋漏偏逢连夜雨"，我又一次深刻地体会到了它的含义。

第二天下午，放晚学的时候，我和孩子们正排着队等待家长的到来。突然，一个男孩的外婆一来就大声质问另一个男孩说："你为什么打我孙子？"说完，就拍了一下男孩的手背。我连忙过去制止，说："你怎么能这样？有什么事你告诉我，由我去处理！"原来是两个男孩中午排队时互相推挤了一下，造成了矛盾。真是无巧不成书，外婆的这一举动正好被男孩的爷爷看到了，顿时脸上一黑，嘴里不满地嘟囔着，拉起孙子，怒气冲冲地头也不回地走了，这位外婆也拉起外孙，急冲冲地走了。我本想叫住他们的，但那天正逢星期三，放学后马上就要开会，我就忍住了。但我的心突然一沉，预感到一场暴风雨就要来了！我怀着惴惴不安的心走进了会场。过了不久，我的手机震动了一下，我打开一看，原来是那位外婆发过来的信息：陈老师你好，我是嘉嘉外婆，今天真不好意思了，给你添麻烦了，对不起，是我的错，这样处理方法太不当了，引起家长的误会，我后悔死了，我只是轻轻拍下琦琦的小手，这小手这么爱打人，只想说说他而已，但这动作难看而且造成了误会，我心里非常不好受，我已追到琦琦爷爷做了道歉和解释，爷爷虽说没关系，我的心里也不好受，我希望他们团结友爱做好朋友，再想想小孩打架也没什么，今天打明天又和好，我真是何必呢？陈老师希望你帮我跟琦琦爷爷说说，希望谅解！我当时心里有种如释重负的感觉，连忙给她回复短信：说实话，之前您那个举动确实不应该，我能理解您心疼外孙的感受，但那不利于解决问题，又不利于益嘉的成长。但我没想到您能反省得这么快，认识得这么深刻，还及时做了补救，真的令我非常感动！明天我一定在孩子们面前好好表扬您，因为您为孩子们树立了知错就改的榜样！我会向琦琦爷爷父母解释这件事的，也希望你们双方家长不会因此产生隔阂，也算为我减轻后顾之忧吧。再次谢谢您！突然，我灵光一闪，周五班会课的内容有了！

那节班会课，学校规定的主题是"不做丢三落四大王"。我为了既不更改主题，又渗透丢失东西的现象，是这样设计这节班会课的：我首先问："什么叫丢三落四？丢三落四会造成什么不好的结果？"当有孩子讲到丢三落四会让自己的东西丢失时，我又顺势追问："丢失东西又会有几种原因呢？"有的孩子说自己不收拾，掉到地上不见了，还有的说有同学借了不还，还有的说被别人故意拿走了……

于是，我就讲到古时候人们对偷东西的人是如何严惩的，偷东西会失去朋友的信任，"小时偷针，大了偷金"的道理，接着，我动之以情：老师最喜欢有错能改的孩子，因为敢于承认错误的孩子是最勇敢的……然后，我就大力地表扬了嘉嘉的外婆，并且希望孩子们都向她学习。说实话，我对能找回丢失的橡皮不太抱希望，只希望以后能将这种风气杀下去就好了。令人意想不到的是，过了两三天，我又收到了前面那位家长的短信：感谢陈老师帮忙解决玺玺的橡皮问题。他回来和我说了情况。我也鼓励他以后有问题要大胆报告老师。不好意思，让你费心了。最后橡皮奇迹般地出现在他同桌的文具盒里。哎，这年头的小孩真粗心。估计不可能是他同桌拿的……读到这里，我的心中一阵欣喜……

苏霍姆林斯基说过："只有促进自我教育的教育，才是真正的教育。"经过反复实践，我懂得了教育不能光靠约束、压制学生；而是要引导、启发、激励学生积极向上，自我教育。这样，我们老师才能在和孩子们的"较量"中立于不败之地……这些我跟我的学生们的小故事将永远珍藏在我的记忆里，伴随着我继续在教育教学的道路上一路前行。

守护天使

包宇声

"老师！老师！我发工资了！我得到了人生的第一份工资！"

"……"

刚接通电话，我的耳膜便被一阵欢呼雀跃的声音冲撞着，这是刚出来参加工作的林栋同学，我的学生。虽然现在他的声音粗犷有力，完全没了小学时代的清脆稚嫩，但我依然知道是他。

那时，林栋同学回家的路刚好和我同一方向，每天放学他都紧紧跟在我身边，不是往前蹦跳几步，就是倒退着走，活像个猴子般。林同学为了看到我的笑脸，每天都准备几个谜语，给我路上猜。如果我猜不出来，他便高兴得手舞足蹈，觉得他是比老师还厉害的人。由此，放学路上的"偶遇"便成了他的期盼，每天他都在路口等着我放学，和我一起回家。

林栋同学的劣性较重，随着年龄的增长，更是懒惰，经常不完成老师布置的作业，为此我不少找他谈话。并且同一件事他会多次再犯，有一次，我忍无可忍，于是火冒三丈，狠狠地批评了他。

结果第二天，我的办公桌上便收到了一封来信。打开白色底，素雅小花点缀的精致信封，我的内心久久不能平静。虽然事隔多年，但对信的内容，我依然记忆犹新。

尊敬的老师：

您好！现在您工作怎样？顺不顺利？我的学习让您操心了。我有许多许多的烦恼想要对您诉说。

我记得以前，您的微笑常常使我们高兴，可爱极了，就像18岁的少女一样，笑容又多又灿烂。可现在，笑容渐渐消失了，忧心忡忡，时不时还大发雷霆，比魔鬼还可怕，您那魔鬼的样子——怒目圆睁，火冒三丈，都把同学吓着了。老师啊，我们怎样才能让您恢复那心花怒放的样子呢？

以前，每次放学我都和您猜几个有意思的小谜语，时不时您猜不出来，我却开心死了。

我那美丽又年轻的老师啊，把闷闷不乐的皱纹都去掉吧，把快乐和笑容都找回来，希望您看了我这封信，当着全班同学来一个灿烂的笑容。

祝您

    身体健康！

您的学生：林栋

    看着这封信，我感到羞愧无比。因为我个人的情绪我个人的过错给不少学生留下心灵的创伤，回想真是后悔平时对他们偶尔过分的严厉。为了改变我自己，给自己一个保证，也为了让林同学真正换掉他不做作业的坏习惯，我征得他的同意，摘读了他信中的一些句段。当学生听我读到他把老师描写成"魔鬼"时，都不禁哈哈大笑起来，并指责他对老师的描述太夸张时，我丝毫没有责怪他，心里更多的是感激他对我直言不讳，感激他对我的真话的"教育"。最后我遵守了他的诺言，当着全班同学的面来了一次灿烂的笑容，在我刚露笑容的瞬间，全班同学不由猛地鼓起掌来，教室里经久不息的掌声使我情不自禁地流出了热泪。在掌声渐息后，我趁机笑着问林栋同学：老师遵守承诺当着全班同学的面来了灿烂的笑容，你是否也当着全班同学的面做一个承诺？是否按时按量完成老师布置的作业。林同学没想到我出这招，他站起来思考片刻，抓抓后脑勺，坚定地说："能！"

    看着他，我再次笑了，他也笑了，全班同学都笑了！从那天起，我和学生都成了天使！永远守护对方的天使！

    与其说我教孩子，不如说这群与我朝夕相处、可爱的孩子们给了我生活的启示，给了我生活的信心和工作的热情，教会了我笑对人生！在此，我想对他们也说声："亲爱的孩子们，谢谢你们！"

一把伞的关爱

容华珍

每当我不经意地打开抽屉，看到这一封信时，心里总会升起一股暖流。

在这个自制的白色信封上，用彩色铅笔画着色彩斑斓的彩虹、爱心、云朵和太阳。信封的封口处，画了一只飞翔的小彩蝶，封口边缘一丝不苟地画了一排淡蓝色花边，上面写着："感谢容老师。"画的画，写的字虽然稚嫩，但也让人感受到了用心。很难想象这是出自我们班上最调皮的男孩子小钊之手。

思绪把我拉回到两年前。

那是二年级上学期的时候，班上转来了一个男生——小钊。他的爸爸妈妈常年出差，只有爷爷照顾他的日常。他活泼，开朗，第一次见面就大声地叫我："容老师好！"丝毫没有一点儿胆怯，和班里的同学也是立马打成一片。然而他活泼过了头，上课喜欢大声喊叫，下课喜欢在走廊追逐打闹，动动这个同学，拉拉那个同学，典型的一个好动分子。这让我这个年轻的班主任头疼不已，渐渐地他成了我经常批评的对象，只要班里一出事，我第一个就想到了他！

一天，小钊又因为纪律问题被留下来做值日。看着他做值日也在玩来玩去，而窗外已经乌云密布，我真是气不打一处来，冲他喊道："你不想回家我还要回家！你给我快点儿！"

小钊愣了一下，便在我的监督下老老实实地扫地了。终于扫完了，这时却下起了雨，我又冲他喊道："你看你，扫那么久！都下雨了我看你怎么回去！"

他低下了头小声说："家里没人，爷爷下午出去了，我家很近，我冲回去。"突然间我觉得这孩子有些可怜，于是缓下语气说："我有伞，你先撑回家吧！"

"我拿了，那老师你怎么办？我不要……"

"少啰嗦，我有雨衣。"我边说边把伞递给小钊，"赶紧回去，不要在路上玩啊！"

"谢谢老师！"小钊撑着伞一路小跑消失在了雨中。

第二天清早我来到办公室，发现办公桌上工工整整摆着一封信，我心想：

是哪个小女孩给我的呀，真漂亮！待我打开，里面的信纸上写着：

尊敬的容老师，非常感谢您这两天把伞借给了我，我非常感激您对我的关心，自己淋雨，把伞借给了我。您天天教我们学习，您辛苦了！

孩子没有署名，但我已经知道，这封信的作者就是整天调皮捣蛋，成天被我批评，昨天被我留下罚值日的他——小钊。一瞬间，我的眼眶有些湿润，我能想象到他昨晚回到家是如何一笔一画完成这一封信的。

上课了，我拿着这封信到班上，把我心里想的告诉了孩子们，当着全班的面感谢了小钊，大家都给予他掌声。再看看小钊，他竟不好意思地笑了。

从这件小事中，小钊也给我上了一课：当我们给予孩子一点儿关爱，哪怕是一个动作、一个眼神、一件看似平常的小事，他们回报给我们的，也许就是大大的惊喜！原来，孩子的世界是不记仇的。

真心相待，教育之魂

黄素飞

听说学校要让每位教师写一篇"我的教育故事"，我认真回想了自己这几年来的从教经历，心中似乎充满很多故事，却不知该从何写起，犹豫了好久，最终决定跟大家分享来到凤翔路小学以来经历的三个很平常的小故事。

故事一：每个孩子心中都渴望爱

"嘭"一声，我急忙跑到教室后门，看见学生小J被门压着小手，满脸痛苦的表情，身子低缩在一边，想叫却叫不出声来，我赶紧抱住他，并一手握住他那只受伤的小手，此时小J的痛苦哀叫也揪得我的心隐隐的疼，我先是努力地安慰他，尽量减轻他的痛苦，然后带他去校医室擦了药，回来的路上嘱咐他以后一定要小心，回到家记得叫妈妈再擦点儿药，尽量先别碰水……小家伙安静地听着，一只手拉着我的手，进教室了竟然还不舍得放开。在送孩子们放学时，小J又跑过来拉着我的手，不久还双手抱着我，托管的老师来带他走他也不愿意走，撒娇说要跟着我……我先是有些惊讶小J的行为，然而更多的是触动，这个平时喜欢捣乱，常违反纪律，爱跟老师对着干，总是和老师保持距离的孩子今天竟也有这么娇气温柔的一面，原来，再表面冷漠的孩子，在他们心中都渴望得到一样东西——爱。难怪教育家陶行知说："真的教育是心心相印的活动，唯独从心里发出来的，才能打到心的深处。"

故事二：我们是好朋友

"老师，你结婚了吗？""老师，你最喜欢哪个明星呢？老师，我爸爸妈妈说这个周末带我去北海玩哦，我好喜欢看海呢……"每当课前的几分钟和下课后，孩子们总是喜欢跑上讲台来跟我聊天，问问我各种问题，说说他们自己的很多趣事，这时候的我们很轻松快乐，没有师生关系，我们就像普通的朋友一样，相互打趣，相互倾听，我很享受这样的朋友关系，因为它让我们之间的距离拉得更近，这种关系让我们彼此都感到温暖和快乐，教育关系应当亦师也亦友。

故事三：你们也是我的老师

"老师，金鱼的记忆有多久呢?"还没等我回答就有好几个学生抢答说金鱼的记忆只有7秒，这时马上又有一个学生站起来说"金鱼的记忆只有7秒是错的"，这下不得了了，几个学生争论了起来，大家都坚持自己的观点，都认为自己是对的，我让孩子们各自说说自己观点的来历，有说是从书里面看到的，有说是从网上看到的，甚至有说是从某个电视节目上看到的，都说得理直气壮，我不得不佩服这些孩子们的知识面，被孩子们这么争论，我竟然一时也不能确定金鱼的记忆到底有多久了，只好假装很淡定地说："既然大家的观点不一致，又各自有理论支撑，为了能够给大家更明确的答案，老师回去从多方面搜查研究再告诉大家答案。"说完虽然暂时松了一口气，但同时也意识到了自己知识的有限，三人行必有我师，哪怕是比我小好多岁的孩子，他们也都可以成为我的老师，在教学生涯中，孩子们教会我的，同样受益匪浅，用之不尽。

没有爱就没有教育，教育是爱的事业，教师应当有爱的情感，爱的行为，爱的艺术。教育过程中的师生是平等的，是亦师亦友的关系，不管是在课堂上还是在课下，真诚对待彼此，心心相印，教学相长，师生共同学习一起成长。唯有真心相待，方为教育之魂。